경쟁할 자유

경쟁할 자유

초판 1쇄 발행 2024년 7월 12일

지은이 김승일
펴낸이 장길수
펴낸곳 지식과감성#
출판등록 제2012-000081호

교정 한장희
디자인 서혜인
편집 서혜인
표지 사진 송미경
검수 주경민, 정윤솔
마케팅 김윤길, 정은혜

주소 서울시 금천구 벚꽃로298 대륭포스트타워6차 1212호
전화 070-4651-3730~4
팩스 070-4325-7006
이메일 ksbookup@naver.com
홈페이지 www.knsbookup.com

ISBN 979-11-392-1983-8(03320)
값 17,000원

- 이 책의 판권은 지은이에게 있습니다.
- 이 책 내용의 전부 또는 일부를 재사용하려면 반드시 지은이의 서면 동의를 받아야 합니다.
- 잘못된 책은 구입하신 곳에서 바꾸어 드립니다.

지식과감성#
홈페이지 바로가기

경쟁할 자유

김승일 지음

FREEDOM TO COMPETE

'경쟁' 있는 곳에 자유가 있다.
경쟁이 없으면 자유도 없다.

지식과감성#

들어가며

　기업 경영에서 경쟁전략은 중요하다. 전략적으로 사업 영역을 선택한 후 경쟁자와 어떻게 경쟁할 것인지를 계획하고 실행하는 것이다. 기업은 시장에서 고객의 선택을 받거나 경쟁력을 유지할 때만 생존할 수 있다. 우선 싸움터를 정확하게 인식하는 것이 중요하다. 고객과 경쟁자는 누구이고 가격, 품질, 속도, 브랜드, 유행 중 무엇이 중요한지 판단하여야 한다. 버스와 지하철, 자가용은 각기 다른 교통수단이지만 서로 경쟁하는 관계이기도 하다. 카페는 주위의 다른 카페와 경쟁을 하지만 제과점이나 공원 벤치가 경쟁자가 될 수도 있다. 경쟁자를 선택한 후 주로 고객의 어떤 부분에 어필할지 결정하는 것이 중요하다. 기업은 스스로 직접 할 부분과 경쟁 수단을 선택해야 한다. 승패는 쉽게 말해 '가성비'에 달렸다. 싼 가격에 좋은 성능과 가치를 제공할 수 있어야 한다. '가성비' 경쟁이다. 경영은 경쟁에서 이기기 위해 자원과 노력을 집중하는 과정이다. 한국경제가 세계 시장에서 성과를 거두고 발전했던 것은 이러한 노력의 결과일 것이다. 자유롭게 경쟁할 수 있는 시장경제 체제가 그것을 가능하게 하였다.

　한편 한국은 학벌사회이다. '경쟁'의 관점에서 학벌사회는 두 가지 상반된 성격을 지닌다. 좋은 학벌을 얻으려고 치열하게 경쟁한다. 동시에 학벌은 하나의 계급으로서 경쟁을 완화하거나 차단하는 성격을 지닌다. 학벌이 평생에 걸쳐 하나의 중요한 보상 기준으로서 능력이나 성과를 대체하기 때문이다. 입시는 일찌감치 치르는 왜곡된 경쟁이다. 나아가 입시는 한국의 연공급 임금체계, 각종 면허에 의한 경쟁제한 등과 더불어 경쟁 차단의 주요 체계를 형성한다. 이 체계는 평생에 걸쳐 자유롭고 공정한 경쟁을 제한하는 주요 기제로 작용한다. 근속에 따라 임금을 인상하는 연공급은 능력이나 성과에 따른 경쟁을 차단한다. 정규직, 비정규직에 따른 차별은 일을 통한 경쟁을 제한하면서 임금 등의 격차를 유발하고 있다. 중소기업과 자영업을 보호한다는 적합업종 제도, 기업집단 내 계열사 간의 내부거래 등도 기업 간 자유로운 경쟁을 차단한다. 정원을 통해 진입을 제한하는 면허제도, 동업자 간의 담합 등도 시장 경쟁을 제한하거나 차단하는 주요 수단이다. 한국은 대·중소기업 간 임금 격차가 유독 크다. 노동시장 이중구조 등의 문제가 심각하며 저성장의 문제도 크다. 이러한 현상은 결국 우리가 가진 여러 제도와 체계에서 비롯된 것이다. 시장경제 체제이지만 '자유와 경쟁'은 곳곳에서 제한되거나 저지되고 있다. 각종 격차는 시장 경쟁의 결과가 아니라 이러한 제한과 규제에서 유발된다.

저자는 경영학을 공부하였고 기업 근로자, 경영 컨설턴트, 경영자로서 일하였다. 또한 중소기업, 중견기업 분야 정책 연구에 종사하면서 대·중소기업 관계와 하도급 문제에 접근하고 공부하였다. 경쟁전략을 공부하면서 경쟁의 중요성을 깨달았지만 정책 연구를 통해 경쟁 차단의 체계를 접했다. 경영학이라는 학문의 세계에서 '경쟁'은 순리이지만 현실에서는 법령이나 제도로 '경쟁'을 차단하거나 제한하는 경우가 많다. 자유로운 경쟁을 저지하거나 회피하게 하는 것이다. 격차와 저성장 등 한국경제의 치명적 문제들은 이러한 경쟁 차단의 체계에서 비롯되고 있다. 세계적으로도 두드러지는 한국의 대기업 종사자 과소, 임금 격차 등의 현상은 그 결과물들이다. 더불어 저자는 애덤 스미스의 『국부론』(The Wealth of Nations), 존 스튜어트 밀의 『자유론』(On Liberty), 프리드리히 A. 하이에크의 『노예의 길』(The Road to Serfdom), 마이클 샌델의 『공정하다는 착각』(The Tyranny of Merit), 대런 애쓰모글루 등의 『국가는 왜 실패하는가』(Why Nations Fail), 밀턴 프리드먼의 『자본주의와 자유』(Capitalism and Freedom), 브링크 린제이의 『포획된 경제』(The Captured Economy), 조홍식의 『자본주의 문명의 정치경제』, 최병선의 『규제 vs 시장』 등을 읽으며 생각을 정리하였다. '경쟁할 자유'를 침해하는 우리의 여러 제도와 시스템의 문제가 크다. 사실 '경쟁'은 생명의 생존 조건이다. 생명을 얻는 순간 경쟁은 시작된다. 전투적이고 치열한 어감이라고 하여 '경쟁'이라는 단어를 기피하고 '사실'을 왜곡해서는 안 될 것이다. '경쟁'은 자연스러운 현상이다. 경쟁은 '자유'와 통하며, '경쟁' 있는 곳에 '자유'가 있다. 경쟁 없는 곳에는 자유도 없다. 하지만 우리 사회는 '경쟁'을 부정적으로 보면서 상생 등의 정책을 앞세워 왔다. 상생이 나쁜 것은 아니다. 공정하게 경쟁하면서 상생하고 동반성장 할 일이다. 시장 경쟁을 제한하고 차단하면서 상생하라는 것에 문제가 있다.

본서는 크게 다섯 부분으로 구성되었다. 1장 '시장경제'는 보이지 않는 손과 시장의 역할, 경쟁할 자유와 경쟁 회피, 시장경제에서의 소득 획득과 보상의 체계, 시장에 대한 국가의 역할 등을 이야기한다. 시장 원리를 중심으로 자유시장 경제 전반을 개관하는 것이다. 2장 '경쟁제한과 입구 통제'는 과도하게 경쟁을 제한하거나 차단하는 한국의 제도나 정책 등을 다룬다. 먼저 경쟁과 상생의 현상, 주요 영역에 대한 진입 통제가 소득 등 보상을 결정하는 문제에 관하여 이야기한다. 다음으로 면허 등에 따른 진입규제, 한 번의 승부가 되어 버린 교육, 연공급 제도 등의 문제와 실상들을 다룬다. 경쟁 회피와 차단으로 경제를 왜곡하는 우리의 제도와 체제를 살피는 부분이다. 3장 '부문 간 격차와 국가 포획'은 한국경제의 발전과 불균형, 노동시장 이중구조 등에 따른 격차와 분리, 자유-효율-공동체의 문제, 이익집단에 포획된 경제 등에 관하여 이야기한다. 경쟁제한과 입구 통제에 따른 우리 사회의 경제, 사회적 결과를 정리한 부분이다. 4장 '개방적 경쟁과 공정한 보상'에서는 경쟁할 자유를 제약하는 우리의 체제를 혁신할 대안들을 탐색한다. 직업과 사업에 대한 입구통제의 체계에서 진입의 자유가 보장되고 출구 평가에 따라 보상받는 체계로 변화해야 하는 것이다. 진입규제와 교육의 개혁, 보상체계 변화 방안 등을 이야기한다. 불평등과 저성장 등의 문제를 해결하는 현실적 대안들을 탐색하는 부분이다. 5장 '변화의 길'에서는 4장에서 제안한 변화나 혁신에 필요한 우리의 사고와 제도적 절차들에 대하여 생각해 본다. 먼저 희망은 변화 방향에 대하여 공감하고 관성과 반대를 극복하는 것으로부터 온다. 변화의 핵심은 담합과 포획을 분쇄하고 정책 결정 과정을 투명하며 공정하게 하는 것에 있다. 마지막으로 누가 이러한 일들의 리더로서 변화를 이끌 것인가에 대하여 논의하고 생각해 본다.

목차

들어가며　4

Ⅰ. 시장경제

1. 보이지 않는 손　14

▶ 시장-자유-협력-경쟁-진화　14
▶ 지식의 발견과 창조　21
▶ 시장의 발전　26

2. 경쟁할 자유와 경쟁 회피　34

▶ 경쟁과 자유　34
▶ 경쟁 회피　40
▶ 경쟁제한의 문제　46

3. 보상체계　56

▶ 소득 획득의 논리　56
▶ 임금체계　65

4. 시장과 국가　74

Ⅱ. 경쟁제한과 입구 통제

1. 입구 통제의 체계   92
   ▶ 경쟁과 상생   92
   ▶ 입구 통제와 보상체계   101

2. 진입규제   106

3. 한 번의 승부   120

4. 연공급 제도   133

Ⅲ. 부문 간 격차와 국가 포획

1. 경제발전과 불균형   146
   ▶ 성장과 발전   146
   ▶ 부문 간 불균형   150

2. 격차와 분리   158
   ▶ 노동시장 이중구조와 격차   158
   ▶ 입구 통제에 따른 분리와 차별   167

3. 자유-효율-공동체의 문제   177
   ▶ 자유와 효율 훼손   177
   ▶ 공동체 약화   181

4. 포획된 국가   186

Ⅳ. 개방적 경쟁과 공정한 보상

1. 입구 통제에서 출구 평가로　196
　▶ 자유로운 경쟁과 공정한 보상　196
　▶ 좋은 시장　204

2. 진입규제 개혁　215

3. 교육 개혁　227
　▶ 학생을 위한 교육　227
　▶ 대학 혁신　237

4. 보상체계 변화　243
　▶ 기여-보상의 체계　243
　▶ 임금체계 혁신　249

Ⅴ. 변화의 길

1. 희망과 변화　260

2. 담합과 포획 분쇄　268
　▶ 가야 할 길　268
　▶ 정책 결정 과정의 공정화　274

3. 우리의 리더　281

참고 문헌　286

I. 시장경제

1. 보이지 않는 손

▶ 시장-자유-협력-경쟁-진화

다음 글은 1958년 레너드 리드가 쓴 수필 「I, Pencil」의 일부이다.[1]

나는 연필이다. 나무와 흑연으로 된 보통의 연필! 쓰는 일이 나의 본업인데 세상의 모든 어린이와 어른에게 친숙하다…. 지금부터 내 계보를 밝혀 보려고 한다. 그것은 당신에게 놀라움과 경외심을 줄 수도 있다! … 나는 북부 캘리포니아와 오리건의 삼나무에서 시작되었지. 삼나무를 베어 철도역까지 나르는 데 수많은 톱과 트럭, 밧줄, 셀 수 없는 무수한 장치들이 동원되었다. … 광물을 채굴하여 철을 만들고 톱과 도끼, 모터들을 생산해 내는 일, 대마를 재배하고 여러 단계를 거쳐 두껍고 튼튼한 밧줄로 만드는 일, 침대와 식당이 딸린 벌목 캠프에서 그들을 위해 여러 식자재를 재배하는 일, 벌목 작업자들이 마시는 커피 한 잔에 기여한 수천의 사람들은 또 어찌하고…. 목재는 캘리포니아의 산 레안드로 제재소로 운반된다. 철도 기관차와 부설 통신 장비들을 만

---

[1] 노벨경제학상 수상자인 밀턴 프리드만 등 여럿의 격찬을 받은 바 있는 글이다. 본문의 글은 https://fee.org/resources/i-pencil에 수록된 글을 최병선의 『규제 vs 시장』에 소개된 내용을 참고하면서 저자가 번역하고 요약한 것이다. 레너드 리드는 미국 최초의 자유시장 싱크탱크 중 하나로 알려진 경제교육재단(FEE)의 창립자이다.

들고 장착한 사람들도 기억될 필요가 있다. 제재소에서는 목공 작업을 한다. 삼나무 원목은 1/4 인치가 안 되는 두께의 연필 길이 판목으로 잘라진다. 그리고 가마에서 건조되고 색칠이 된다. 사람들은 하얀 것보다 예쁜 것을 좋아해서 판목은 왁스 칠이 되고 다시 가마에서 건조된다. 물감과 가마를 만들고, 제재소에 필요한 열과 빛, 전기, 벨트, 모터 등 모든 것들을 공급하는 데 얼마나 많은 사람의 재능이 필요했을까? 아마 제재소의 청소부, 전기를 공급하는 발전소의 엔지니어까지 모두 우리 조상에 포함되어야 할 것이다. 또한 판목들을 차에 싣고 대륙을 횡단하며 수송에 참여한 사람들을 잊으면 안 된다.

드디어 연필 공장에 도착한다. 4백만 달러짜리 공장이다. 근검절약했던 내 부모님이 축적한 자본의 결과물이다. 여기에서 판목들은 복잡한 기계로 8개의 홈이 파이고, 흑연 심과 접착제가 놓여 압축된다. 흑연 샌드위치가 되는 것이다. 마지막으로 기계는 압착된 샌드위치를 나와 일곱 형제로 쪼갠다. 흑연은 실론에서 채굴된 후 복잡한 과정을 거친다. 이곳의 광부들, 그 많은 연장과 흑연을 담는 종이 포대와 포대들을 묶는 줄을 만드는 사람들, 포대를 배에 싣는 사람들, 그 배를 만들 때까지 많은 사람들이 있다! 그리고 그 항로들에 있는 등대지기와 항만 관제사들까지도…. 흑연은 미시시피의 흙과 혼합되며 정제 과정에 수산화암모늄이 사용된다. 화학적으로 황산에 반응된 동물성 유지가 첨가되기도 한다. 수많은 장치들을 통과한 혼합물은 마침내 소시지 분쇄기에서 사출된 듯한 형태가 된다. 그리고 적당하게 잘려 건조되고 화씨 1,850도 고열에서 수 시간 구워진다. 흑연 강도와 매끈함을 위해 멕시코산 칸데릴라 왁스, 피라핀 왁스, 경화된 자연산 유지들로 된 뜨거운 혼합물 처리 공정을 거친다.

　나의 삼나무는 여섯 번이나 래커 칠이 된다. 래커의 성분들은 무얼까? 피마자 재배자와 피마자유 생산자들이 우선 관련된다. 또한 래커가 예쁜 노란색을 띠는 과정에 사람들의 무수한 재능이 관여되고. 라벨 표시작업을 좀 봐! 송진 같은 수지를 혼합한 카본블랙을 열처리한 필름이 사용된다. 수지를 어떻게 만드는지, 카본블랙이 무엇인지 알기나 해? 나의 끝부분에는 놋쇠로 된 쇠테가 달려 있다. 아연과 구리를 채광하고 빛나는 놋쇠 판을 만드는 데 수많은 사람이 참여한다. … 마지막으로 사람들이 잘못 쓴 부분을 지우는 지우개가 달리지. 그 성분은 고무인데 인도네시아산 평지 씨 기름에 염화황 반응 처리를 하여 만든다. 고무와 수많은 촉진제, 이탈리아산 속돌이 사용되고 여러 화학가공 작업이 필요해. 카드뮴 황화물 색소는 마개 색칠을 하는 데 사용이 되지….

　이러한 나, 연필이 어떻게 만들어지는지 전 과정을 아는 사람이 지구상에 있을까? 사실 나를 창조하는 데에 수백만 명이 참여한다. 이들 중 다른 참여자를 몇 명이라도 아는 경우는 흔치 않다. 물론 나를 만드는 전체 방법을 아는 사람은 단 한 사람도 없다. 연필회사 사장도 그 노하우 일부에 공헌할 뿐이다. 실론의 흑연 광부와 오리건 벌목공의 노하우는 그 기술의 유형에서 차이가 날 뿐이다. 하지만 이들을 포함하여 연필 공장의 화학자나 유전의 파라핀 생산 근로자 등은 모두가 나를 탄생하게 한 존재들이다. 놀라운 것은 이들 모두가 연필회사의 사장까지도 각자의 일을 했을 뿐이라는 거다. 최종적으로 나를 원했던 것은 아니라는 사실이다. 설사 원했더라도 초등학교 1학년이 원하는 정도에도 미치지 못했을 것이다. 실제로 이 많은 사람 중에는 연필을 한 번도 보지 못하거나 그걸 어떻게 사용하는지 모르는 사람도 있을 것이다. 그들은 내가 아닌 다른 것 때문에 일한 거야. 수백만의 사람들은 각자 자신의 노하우를 그들이 원하는 재화나 서비스와 교환할 수 있다는 것을 알고 있었던 게지. 나는 그들이 원하는 품목에 속할 수 있지만 아닐 수도 있어. 더 놀라운 것은 나를 태어나게 한 이 무수한 행위들이 그것을 강제하거나 감독하는 총괄 지휘자 없이 행해졌다는 사실이다. 그것은 '보이지 않는 손'이 한 일이었다. "오직 신만이 나무를 만들 수 있다."라는 말이 있다. 이 말에 동의하는 것은 우리가 스스로 나무를 만들 수 없다는 사실을 알고 있으며 그것을 묘사도 하지 못하기 때문이지. 피상적인 용어를 동원하고 있을 뿐이야. 분자의 구성과 변화가 어떻다는 둥…. 연필인 나는 나무, 아연, 구리, 흑연 등 기적들의 복합적 결합물이야. 즉 이러한 자연의 기적들에 인간의 창조적 에너지에 의한 특별한 기적이 더해진 것이지. 인간의 필요와 욕구에 대응하여, 어떤 총괄 지휘자도 없이, 수백만의 작은 노하우들이 자발적으로 연결되고 복합된 결과인 거야. 오직 신만이 나무를 만들듯 신만이 나를 만들 수 있었던 것이지. 어떤 인간도 분자를 모아 나무를 창조할 수 없듯이 이 수백만의 노하우를 지휘하여 나를 만들 수는 없는 거야.

  나에 관한 이러한 이야기를 이해한다면 불행하게도 지금 잃어 가는 우리의 자유를 구하는 데 힘을 보탤 수 있어. 수많은 노하우가 인간의 필요와 수요에 반응하면서 정부나 어떤 강제적 지휘 없이 자연스럽게 연결되고 있어. 창조적이면서 생산적으로 결합된다는 사실을 아는 것이 중요하다. 그렇게 될 때 비로소 우리는 자유의 절대적이고 본질적인 요소인 자유인에 대한 신념을 지닐 수 있어. 자유는 이러한 신념을 먹고 살지! … 내가 말하려는 교훈은 '모든 창조적 에너지를 속박하지 말고 내버려 두라'는 거야. 오히려 사회가 이 교훈에 맞게 움직이도록 하는 것이 중요하지. 사회의 법과 제도 등이 그 장애물들을 최대한 제거해야 하는 거야. 창조적 노하우들이 자유롭게 흐르도록 하는 것 말이지. 사람들이 자유롭게 보이지 않는 손에 대응할 것이라는 사실을 믿을 필요가 있어. 이러한 믿음은 사실로서 확인될 거야. 나, 연필은 단순해 보이지만 태양, 비, 삼목나무, 대지가 실제인 것처럼 나를 창조한 기적도 사실이라는 믿음을 증언하는 존재이지.

리드는 수많은 사람이 참여하여 연필을 생산하는 모습을 그렸다. 여러 갈래의 다양한 공정이 연결되면서 자연스럽게 각자의 지혜와 기술이 융합된다. 특정 지휘자 없이도 각 공정이 조율되고 맞물리면서 연필이 생산된다. 사람들은 단지 자신의 소득을 위해 열심히 일한다. 연필 공장의 작업자, 벌목공, 흑연 광산의 광부, 선원과 트럭 기사 등 수많은 참여자는 자기의 일에 몰두한다. 물론 그 작업의 결과가 좋아야 계속 연필 생산 네트워크에 참여할 수 있다. 오리가 물 위를 유유히 이동하는 것은 그의 다리가 쉴 새 없이 물속을 젓기 때문이다. 오리건의 삼나무는 일본의 삼나무와 경쟁하고 실론의 흑연은 영국의 그것과 경쟁한다. 오리건 삼나무는 선택되지 않더라도 그것대로 훌륭하다. 대기에 산소를 공급하고 삼림을 푸르게 하는 데 기여하기 때문이다. 삼나무를 운반하는 배와 트럭은 나름대로 빠르게 목적지에 도달하려고 노력한다. 경쟁하고 협력하면서 작업들은 연결되고 시장은 움직인다.

'보이지 않는 손(an invisible hand)'의 힘이다. 애덤 스미스는 "사람은 누구나 자신의 이익을 위해 일하지만 보이지 않는 손에 이끌려 의도치 않았던 목적을 달성한다. 그것은 사회의 이익을 증진하려고 의도한 경우보다 훨씬 효과적으로 공공의 이익(public interest)에 기여한다. 나는 공공의 이익을 위한다고 떠드는 사람들이 좋은 일을 많이 하는 것을 보지 못했다."[1]라고 하였다. 리드는 자신이 믿는 이러한 사실들을 전달하려고 애썼다. 인류가 오랜 세월을 거치면서 얻은 '자유'를 지키는 데 도움이 될 것이라 여겼다. 우리는 다른 이들의 창조적인 행동과 그 의중을 충분히 알지 못할 때가 많다. 보잘것없어 보여도 작지만 고결하고 훌륭한 것이 많은 것이다. 그러한 존재들과 그들의 자유를 지키는 것이 중요하다.

자영업자를 비롯한 많은 사업자와 상인들이 시장에서 살아간다. 우리가 매일 식사를 마련할 수 있는 것은 시장의 푸줏간, 양조장, 빵집의 주인들 덕일 것이다. 이것을 가능하게 하는 것은 그들의 자비심이 아니라 그들 자신의 이익을 위하는 행위 덕이다. 우리는 그들의 자비심이 아니라 그 이기심에 호소하고, 우리의 필요에 앞서 그들 자신에게 유리함을 말할 필요가 있다.[2] 사람들이 사는 곳에는 어디에나 시장이 있다. 조개껍데기 화폐와 유물들이 원시 시대의 시장을 일깨워 준다. 인간 공동체는 교환을 통해 욕구를 충족하였다. 교환하고 거래하면서 원하는 것을 얻고 행복해졌다. 자신의 욕구를 충족하면서 상대방에게도 이익이 되었다. 시장에는 인간의 이기심과 공익, 경쟁과 협력이 공존한다.

콩고강의 지류 카사이에는 서안을 따라 렐레 부족이 살고 동안에는 부숑 부족이 산다. 렐레 부족은 가난하지만 부숑 부족은 부유하다. 렐레 부족은 스스로 먹을 것을 생산하지만 부숑 부족은 시장에 팔려고 생산을 하기 때문이다. 부숑 부족은 한층 높은 수준의 기술을 사용하기도 한다. 렐레 부족은 1년에 한두 번 옥수수를 거두는 데 그치지만 부숑 부족은 참마, 고구마 등 다양한 작물을 1년에 두세 차례 거두는 다모작을 한다.[3] 자신이 직접 획득한 것만 소비하는 동물과 달리 인간은 타인이 생산한 것을 훨씬 더 많이 소비한다. 옛 농부에 비해 현대인의 일은 덜 다양하다. 과거 농부는 혼자 모든 일을 했지만 현대인은 훨씬 좁은 범위의 일만 스스로 한다. 하지만 현대인의 삶은 옛 농부에 비해 훨씬 더 다양하고 복잡하다. 분업의 덕이다. 좁은 범위의 일을 해도 타인이 제공하는 제품이나 서비스로 인해 다양한 소비생활을 할 수 있다. 인간은 교환하는 동물이다. 서로 바꾸고, 거래하고, 교환하면서 산다. 사회에 상호의존과 협력이 증가하면서 생활 수준 전반의 향상을 가져왔다. 인간의 이기심이 그 기반에 있다. 한편 분업의 정도는 시장 크기에 의해 제한된다. 시장이 클수록 더 세분화한 분업과 전문 기술이 발달한다. 강이 흐르고 수로가 발달한 곳에 많은 인구가 모였다. 한나라와 로마를 연결했던 실크로드와 도시들에는 무역과 상업이 발달했다. 시장이 커지고 분업이 세분화되면서 문명은 더 고도화되었다. 세계적으로 금, 은이 유통되고 화폐가 발달하면서 거래는 촉진되었고 시장은 넓어졌다.

시장에는 다양한 물건과 사람이 모이고 볼 것도 많다. 각자가 자신의 이익을 좇느라 시장은 활기로 가득하다. 도시의 공기는 자유롭다. 누가 그곳에 있는가는 중요하지 않다. 다양성과 새로움이 재미를 더한다. 자유와 익명성이 시장을 활기차게 하고 발전하게 한다. 만약 자격과 학력을 따져 시장 출입을 통제한다면 그곳의 자유로움과 활기는 사라질 것이다. 그가 누구의 자식인지, 어느 학교를 나왔는지는 중요하지 않다. 다만 도둑이나 깡패를 막아 시장의 질서를 잡는 것이 중요하다. 그 이상의 간섭과 통제는 필요하지 않다. 자유롭게 협력하고 마음껏 경쟁할 수 있는 것은 축복이다. 그러한 시장에서 기술이 발전하고 새로운 문명이 시작된다. 시장에는 매일같이 다양한 물건이 등장하고 수많은 거래가 이루어진다. 많은 것을 금지하고 제한할수록 시장 물건의 다양성은 줄어들고 방문자는 감소할 것이다. 시장의 창조적 에너지를 속박하지 말고 내버려두어야 한다.

▶ 지식의 발견과 창조

시장에서는 구매자와 판매자, 구경꾼, 탐색자, 정부 등이 다양한 관계를 맺으며 살아간다. 구매자와 판매자는 가격 등 거래조건을 놓고 대립하기도 하지만 거래 이행 단계에서는 서로 협력하는 관계가 된다. 각자 거래에서 이익을 얻는다면 상호 win-win할 수 있다. 거래를 반복하면서 상호 만족하는 관계가 되면 신뢰가 쌓일 것이다. 「나, 연필」의 연필 공장과 삼나무 생산자, 목재 제재소, 철도나 차량 운송업자, 흑연 광산, 고무와 왁스, 각종 유지 등의 부자재 공급자, 생산에 사용되는 각종 도구와 기계의 생산자, 운전기사, 전기와 용수의 공급자 등은 앞뒤로 연결되면서 연필 생산의 협력 네트워크[2]를 구성한다. 하지만 이러한 참여자들은 언제든 바뀔 수 있다. 각 사업자는 언제든 사정이 생겨 사업을 접을 수 있다. 계속 사업을 하더라도 품질이나 가격 등의 문제로 네트워크는 언제든 변할 수 있다. 소비자 기호와 기술의 변화, 새로운 경쟁자의 등장 등으로 이들의 관계는 흔들리고 변화한다. 오리건의 삼나무보다 뉴질랜드 삼나무가 품질이나 가격 면에서 더 적합해질 수가 있다. 흑연도 중국 같은 곳에서 더 저렴하게 정제할 수도 있다. 래커 칠의 소재로서 새로운 화학물질이 쓰일 수도 있다. 제재소와 연필 공장 공정에 자동화 로봇이 새롭게 도입되기도 한다. 연필 사용자가 줄어드는 등 시장이 변할 수도 있다. 연필 생산의 협력 네트워크에 변화가 발생한다. 기술과 소비자의 변화에 발 빠르게 대응한다면 시장은 번창할 것이다. 흑연 연필 생산에 영향을 주는 여러 사건이 발생했다. 1960년대 필기구 시장에는 볼펜이 새롭게 등장하였다. 청소년층에서는 연필보다 샤프펜슬을 쓰는 자가 더 많아졌다. 만년필과 볼펜을 합성한 듯한 다양한 형태의 펜들도 선을 보였다. 스마트폰의 등장은 필기와 기록, 정보 전달에 큰 변혁을 가져왔다. 원시 시대처럼 필기구 대신 다시 손가락을 쓰는 세상이 된 것이다. 메시지로 소통하고 말이 통하는 로봇이 등장하면서 인간의 손과 입은 연필을 대신하게 되었다. 하지만 '같은 문서를 만들어도 필기구로 쓸 때 기억에 더 잘 남는다.'라고 하기도 한다.

---

[2] 유사한 용어로 글로벌 가치사슬(global value chain)이 있다. 국내외에 걸쳐 생산과 판매, 인적자원 투입과 재무관리, 기술개발 등의 활동이 이루어지고 연결됨으로써 전체 제품의 가치를 증대시키는 생산 및 기업 활동을 의미한다.

시장에는 협력과 경쟁이 공존한다. 나무 연필을 생산하는 협력 네트워크가 있다면 샤프펜슬이나 볼펜 생산의 협력 네트워크도 있다. 샤프심, 바디, 노브, 지우개, 버튼 등을 소재부터 완제품까지 모두 한 회사가 만드는 것은 거의 불가능하다. 볼과 홀더, 잉크, 볼펜 심, 스프링, 튜브 등으로 구성되는 볼펜의 경우도 그렇다. 나무 연필, 샤프펜슬, 볼펜 등 각각의 협력 네트워크가 서로 경쟁한다. 어떤 네트워크가 고객에게 더 어필하느냐에 따라 승패가 갈릴 것이다. 각 네트워크에 소속된 개별 사업자 또한 자신의 자리를 유지하거나 더 많은 일감을 얻기 위해 열심히 일한다. 시장에서는 이렇듯 협력관계를 맺으면서도 다른 편으로는 각자 또는 집단으로 경쟁을 한다. 협력과 경쟁의 역동성이 시장의 경쟁력이며 매력이다. 하이에크는 "시장 경쟁은 누구에게도 알려지지 않았거나 활용되지 못했을 새로운 사실들을 발견하는 하나의 과정"[4]이라고 하였다. 관련하여 최병선은 "시장은 지식을 발견하는 절차이고, 경쟁은 지식 창출의 과정"이라고 적었다.[5] 지식경제 시대에 시장의 역할은 교육이나 국가경쟁력에 주는 시사점이 작지 않다. 교육은 시장을 닮아야 하는 것인지도 모른다. 시장 경쟁은 사실과 지식을 새롭게 발견하고 새로운 방법과 기술을 창조하게 한다. 시장이야말로 진정한 지식의 보고이자 창조의 용광로인 것이다.

연필 생산에는 삼나무를 베는 각종 도구와 기술, 흑연 채굴 방법과 장비의 개발, 벌목 캠프의 건설과 활용, 제재소의 목공 기술, 고무마개의 가공과 색칠 방법, 각종 운송 장비의 개발과 수선, 각 공정에서 일하는 수많은 사람의 지식과 기술, 지혜, 노하우가 투입된다. 지식과 기술을 활용하는 것은 물론 끊임없이 새로운 소재와 방법을 연구하고 개발하여야 한다. 그렇지 않으면 샤프펜슬이나 볼펜 등 새롭게 등장하는 신제품에 시장을 빼앗기게 될 것이다. 제임스 와트의 증기기관은 토머스 뉴커먼의 기계를 수리하는 데서 시작되었다. 뉴커먼의 증기기관은 크기가 집채만 했고 매연은 심했다. 소리는 너무 컸고 석탄의 연료 효율은 매우 낮았다. 물론 뉴커먼의 증기기관도 그가 독자적으로 개발한 것은 아니었다. 드니 파팽의 엔진과 토머스 세이버리의 복합 밸브 장치를 결합한 새로운 메커니즘이었다. 제임스 와트는 여기에 존 로벅, 매튜 볼턴과 함께 분리 응축기와 관성 바퀴 등을 적용하면서 훨씬 실용적인 증기기관을 만들었다. 그는 훌륭한 발명가이지만 그의 명예를 위해 증기기관 탄생에 기여한 다른 이들을 잊어서는 안 될 것이다.[6]

인스타그램이나 트위터는 대표적인 SNS이다. 인스타그램 창업자들은 처음에 게임 앱을 만들려 했다. 트위터 창업자들은 팟캐스트를 검색하는 방법을 발명하려고 했다. 이들이 SNS로 발전한 것은 우연이었다. 시장에서 기회를 발견하고 그것을 잡았다. 혁신은 우연한 발견에서 시작될 때가 많다. 사람들이 만나 상품, 서비스, 생각들을 교환하면서 혁신이 시작된다. 혁신은 접촉과 거래가 많은 곳에서 일어난다. 모든 착상은 다른 착상들과 조합한 결과이다. 재조합을 통해 혁신이 일어나고 발명이 이루어진다. 대부분 시행착오를 수반한다. 토머스 에디슨은 영감이 아니라 땀을 통해 전구를 완성했다. 새 필라멘트를 만드느라 6,000가지 재료로 실험을 했다. 그는 "나는 실패하지 않았다. 그저 작동하지 않는 1만 가지 방법을 발견했을 뿐이다."라고 하였다. 증기기관차, 터빈, 컨테이너, 무선 전신, 비행기 등은 무수한 실험과 시행착오의 산물이다. 발명과 혁신은 어느 한 사람에 의해 갑자기 일어나는 것이 아니다. 점진적으로 이루어지는 것이며 유레카의 순간은 드물다. 수많은 시행착오와 점진적인 진화를 거친 결과이다. 영웅을 부각하려는 여러 환경과 지식재산권 문제 등이 극적인 이야기를 만들었을 뿐이다. 혁신은 으레 생각하는 것보다 훨씬 더 단체 스포츠이며 집단적 협력의 결과이다.

시장은 누가 더 비싼 제품을 만들고 파는가, 누가 좋은 제품을 더 싸게 사는가로 쉴 틈이 없다. 기술과 지식, 정보가 중요하다. 이미지나 느낌을 기억하는 개인이나 집단의 경험, 숙련된 기능, 노하우, 조직문화, 제품 설계 및 구성도, 공정 등의 매뉴얼, 컴퓨터 프로그램, 데이터베이스 등이 그것들이다. 경험, 기능, 문화 등이 암묵지라면 매뉴얼, 컴퓨터 프로그램, 문자 기반 데이터베이스 등은 형식지이다. 이러한 지식은 서로 융합 또는 변환하면서 새로운 기술과 지식으로 재창조된다. 시장은 지식을 발견하고 창조하는 중심이다. 대학이나 연구실에서 만든 과학 이론이나 기술이 세상을 바꾸는 혁신을 낳기도 하지만 그 반대의 경우도 많다. 증기기관을 통해 열역학을 이해하게 된 것이지, 그 반대가 아니다. 동력 비행이 이루어진 뒤에야 항공역학이 정리되었다. 동식물의 교배는 유전학보다 먼저 등장했다. 야금술은 화학 탄생에 결정적으로 기여했다. 애덤 스미스는 실천의 중요함을 알았다. 그래서 혁신은 대학이 아닌 일반 근로자의 어설픈 수선과 기계 제작자의 창의성에서 유래하는 것으로 이해하였다. 한 조사에 따르면 혁신의 원

천은 대부분 가정이나 기업에 있는 것으로 드러났다. 과학은 기술 발전을 돕고 기술은 거꾸로 과학 발전을 돕는다. 과학은 씨앗이기보다 열매일 가능성이 크다.[7]

시장에서는 새로운 사실들을 발견하고 경쟁 과정을 통해 새롭게 지식을 창출한다. 시장에서 발명되고 진행된 혁신은 다른 곳으로 확산하여 대중화된다. 혁신은 사람들이 서로 거래할 때, 자유롭게 생각하고, 실험하고, 추측할 수 있을 때 일어난다. 시장은 그러한 것들이 일어나기에 적합한 곳이다. 수많은 아이디어가 시제품을 만들고 완성도를 높여 간다. 지식과 기술 기반의 창조가 일상인 현장이다. 그래서 진입이 자유로운 시장, 생각하는 자유, 시도하는 자유가 중요하다. 대학과 연구소들에서 많은 연구를 진행한다. 하지만 시장에서는 알려지지 않은 지성들이 집단으로 작용하여 지식을 창출하고 혁신을 이끈다. 각자가 자기의 목적을 위해 배우고 노력하는 과정에서 지식을 창조하고 혁신을 만들어 낸다.

▶ 시장의 발전

근대 시민혁명과 산업혁명은 자본주의 시장경제 체제 형성의 기반이 되었다. 중심 국가는 영국이었다. 사업할 자유는 각종 기계의 발명과 여러 산업의 발전으로 나타났다. 인류는 다양한 제품의 대량생산과 시장경제 덕에 새로운 물질문명의 시대를 맞을 수 있었다. 그것은 다시 정치적 자유 확대와 민주주의의 발달로 연결되었다. 이 체제는 프랑스와 독일 등으로 확산하였고 미국에도 이식되었다. 하지만 노동 착취와 빈부 격차 등의 문제로 사회주의, 공산주의가 등장하였고 러시아에는 공산주의 정권이 세워졌다. 이에 대해 자본주의는 시장을 유지하면서도 근로자를 보호하고 빈부 격차도 완화하는 방향으로 발전하였다. 민주주의 기반의 시장경제 체제가 그것이다. 국가별로 다르더라도 복지를 강화하고 빈부 격차를 완화하려는 점에서는 공통적이었다. 시장경제는 소유권 보장을 기반으로 개인의 자유, 시장 경쟁 등을 기본 원리로 삼는다. 물론 실제로는 소유권이 제한되고 거대 기업이 등장하여 개인을 위축시키거나 독과점이 확대되기도 한다. 세계화로 소수의 독점이 강화되고 소득 등의 격차가 심화되기도 했다. 하지만 그럴수록 격차를 완화하고 공정한 경쟁 환경을 만드는 것이 중요해졌다. 시장에 대한 국가의 정책과 태도에 따라 개인의 삶과 경제는 크게 달라질 수 있다.

    1583년 케임브리지대학에서 공부하던 윌리엄 리는 사제가 되려고 잉글랜드 캘버턴으로 돌아왔다. 여왕 엘리자베스 1세가 "모든 백성은 늘 뜨개모자를 착용해야 한다."라는 칙령을 공포한 직후였다. 당시 그런 모자는 뜨개질을 통해서만 만들 수 있었다. 모자나 양말 하나를 완성하는 데는 오랜 시간이 걸렸다. 어머니와 누이들은 밤새 침침한 불빛 아래에서 바느질로 의복을 만들었다. 그 모습을 지켜보던 윌리엄 리는 사제 공부 대신 직물 생산기를 만들기로 작정하였다. 교회와 가족에 대한 의무 대신 오직 기계 만드는 데 몸과 마음을 모두 바쳤다. 1589년 드디어 양말 짜는 편직 기계를 만들어 냈다. 바늘 여러 개가 동시에 작동하는 획기적인 발명품이었다. 그는 여왕을 알현하고 기계 생산과 유통의 특허를 받으려고 하였다. 하지만 여왕은 "리 명장의 의도는 높이 사겠소. 하나 그대의 발명품이 나의 가엾은 백성에게 무슨 짓을 할지 모르오. 그들은 일거리를 모조리 빼앗기고 거지가 되고 말 것이오."라며 청을 거절하였다. 뒤에 엘리자베스의 후계자인 제임스 1세에게 다시 특허를 부탁했지만 그 역시 마찬가지이었다. 두 군주는 모두 양말 생산의 기계화가 정치적 불안으로 이어질 것을 우려하였다. 일자리를 잃은 백성의 불안이 왕실의 권력마저 위협할 수 있다고 걱정했던 것이다.[8]

근대 이전에는 새로운 기계를 만들어도 자유롭게 그것을 팔거나 사업할 수 없었다. 왕의 특별한 허가가 필요했다. 1621년경 영국에는 벽돌, 유리, 비누, 석탄, 가죽, 소금, 청어, 가재, 후추 등 특허로 독점하는 품목이 무려 700여 개에 달하였다. 수공업 길드[3] 등이 각자 품목의 생산과 판매를 독점하였으며 새로운 기술의 등장을 막았다. 당시 유럽의 절대 군주는 기사 고용과 무기나 장비 구매에 많은 돈이 필요했다. 금, 은을 획득하려고 수출을 장려하였으며 수입을 막기 위해 높은 관세를 부과하였다. '아궁이세', '창문세' 등 손쉽게 세금 부과가 가능한 품목

---

[3] 중세에서 근세에 이르기까지 유럽의 도시를 중심으로 장인이나 상인이 조직한 조합이다. 대개 군주나 영주 또는 해당 지역의 통치자가 발급한 특허장에 따라 조직되었으며 조합원의 충원, 도제의 고용과 훈련, 생산 도구의 소유와 관리 등에 대한 자치권을 인정받았다. 보통 해당 품목에 대하여 지역의 생산권이나 상권을 독점하였다. 재화나 용역의 가격, 거래 시간, 도제의 수, 품질 기준, 기술의 비밀 유지, 고용 기준 등을 결정할 권리가 있었다. 새로운 경쟁자의 진입을 막고 독점 유지 등을 위해 왕이나 의회에 영향력을 행사하기도 하였다.

에 소비세가 부과되었다. 왕은 주요 사업을 허가할 때도 거액의 수수료를 받았다. 동인도회사도, 영란은행도 그렇게 독점적 사업권을 부여받았다. 경제활동에 대한 백성의 자유는 철저히 통제되었고 대신 왕과 귀족 등 소수가 통제의 수혜를 독점하였다. 특허와 독점체제에 대한 변화는 네덜란드와 영국에서 시작되었다.

1602년 네덜란드에 세계 최초의 주식회사인 동인도회사가 등장했다. 회사는 네덜란드 의회와 상인, 다른 부자와 일반 시민의 투자로 설립되었다. 이들은 주주총회에서 지분율에 따라 투표하고 주요 사항을 결정하였다. 회사는 정부가 아닌 자본가와 상인들의 이익에 따라 움직였다. 앞서 해양에 진출하여 해상무역을 주도했던 스페인이나 포르투갈과는 다른 모습이었다. 1609년에는 암스테르담에 증권거래소가 설립되었다. 동인도회사 주식 거래를 위한 것이었다. 1670년경 회사는 150척의 상선, 40척의 군함, 50,000명의 직원과 10,000명 규모의 군대를 거느렸다. 액면가의 40%를 주식 배당금으로 지급하면서 전성기를 누렸다.[9] 동인도회사는 군대도 거느렸다. 인도네시아라는 식민지를 관리, 통치한 것도 동인도회사였다. 하지만 동인도회사는 국가와 분리되어 운영되었으며 배당과 자본 유통 등에서 자본주의의 선구적 모습을 보였다. 정부로부터 무역독점권 권한을 부여받는 등 국가의 특혜에 의한 특별한 존재였다.

1688년 영국에 명예혁명이 일어났다. 국가의 주요 의사결정 권한이 왕에게서 의회로 넘어갔다. 의회는 사업의 자유와 권리 확대, 개인의 소유권 확립 등 자본주의 발전의 토대를 놓는 역할을 했다. 독점법[4]이 철폐되는 등 자유롭게 경쟁하는 환경이 조성되기 시작하였다. 1689년에는 제조업자에게 큰 부담이 되었던 아궁이세가 철폐되었다. 1694년에는 잉글랜드 은행이 세워져 산업계의 자금줄 역할을 톡톡히 하였다. 담보만 있으면 누구나 대출을 받을 수 있었다. 귀족보다는 상인과 사업가가 주 고객이었다. 새로운 동인도회사가 설립되었고 무역에도 경쟁이 도입되었다. 영국의 모직물 업자들은 옥양목 같은 면직물을 봉쇄하면서 오랫동안 직물 시장을 장악했었다. 하지만 면직물과 아마 생산업자, 비단이나 옥양목 수입업자의 반발을 언제까지 무마할 수는 없었다. 1736년의 맨체스터법은 모직 산업 보호를 완화하고 면직물의 생산과 소비를 허용하였다. 면직물 업계가 산업혁명에서 기술혁신을 주도하고 공장제 생산을 도입하는 등의 계기가 된다.[5] 방적과 직조 분야에서 수력 방적기 등 다양한 방적기가 등장하고 각종 직조기, 역직기 등이 나와 영국의 직물 산업을 이끌었다. 직물 생산의 기계화, 증기기관 동력화, 운송과 제철 분야 발전 등이 기계와 산업의 변혁을 일으켰다. 금융시장의 자유화, 무역상과 수공업자의 권리 강화 등이 수많은 발명과 기술 발전을 가져왔다. 프랑스 대혁명도 길드의 전통적 독점권을 폐지하는 등 유럽대륙에 수공업이 발전하는 계기를 만들었다.

---

[4] 1623년부터 있었던 영국의 법이다. 주요 목적은 왕이 발명가에게 특허 등록료를 받고 그에게 기술을 독점적으로 사용할 권리를 부여하는 것이었다.
[5] 영국의 면직물 산업 발전에 관해서는 부정적 측면도 언급된다. 식민지 인도의 면직물 산업을 관세 등으로 붕괴시키면서 자국의 산업만을 키웠기 때문이다. 인도산 면직물의 영국 수입에는 높은 관세를, 영국산의 인도 수입에는 낮은 관세를 매겼다. 결과적으로 면직물 수출국이었던 인도는 면직물 수입국으로 전락하였다. 인도는 면직물 원료인 면화를 낮은 가격에 영국에 공급하는 식민지가 되었다.

영국 산업혁명은 미국에도 확산하였다. 19세기 중반까지는 미국에서도 정부의 허가가 있어야 회사를 세울 수 있었다. 시간이 오래 걸리고 뇌물도 필요하였다. 남북전쟁 말기가 되어서야 소액의 수수료만으로 회사를 설립할 수 있게 되었다. 전후 미국 경제는 빠르게 성장하였다. 1890년 미국 GDP는 131억 달러로 1870년 67억 달러의 두 배에 달했다. 세계 1위의 공업국이 되었고 이민이 크게 늘어났다. 인구는 1860년 3천1백만 명에서 1890년 6천3백만 명으로 늘어났다. 다섯 개의 대륙 관통 철도가 개통되었고 서부는 급속도로 개척되었다.[10] 누구나 자유롭게 창업하고 근로자를 고용할 수 있었다. 좋은 사회 건설에는 화폐 제도와 권리장전만 있으면 충분하고 나머지는 시장이 알아서 할 것으로 여겼다. 많은 사람이 부유층 또는 엘리트층이 아니어도 사업을 하고 부자가 되었다.

19세기 후반 미국에는 세계 최대의 석유, 금융, 철강, 화학, 기계 등의 거대 기업들이 등장했다. 스탠더드오일 컴퍼니, U.S.스틸, 뒤퐁, 이스트먼 코닥 등이 그들이다. 이들은 시장 점유와 합병 등으로 점차 해당 분야를 독점했다. 가격 담합[6], 신규 사업자 진입 봉쇄, 덤핑을 통한 경쟁자 몰아내기, 노동 착취 등이 빈발하였다. 트러스트[7]가 확산하

---

6) 담합(談合)은 Collusion, 카르텔, 짬짜미라고도 하며 이윤 확보를 위해 판매자 간에 재화 또는 서비스의 가격이나 생산 수량, 거래조건 등을 정하는 경쟁제한 행위를 말한다.
7) 1879년 스탠더드 석유 트러스트가 결성되었다. 그 결과 약 40개 석유회사의 주식이 J. D. 록펠러를 비롯한 소수의 수탁자에게 위탁되었다. 이들 수탁자는 다수 석유회사의 임원선임 및 경영관리를 통일적으로 행하여 석유제품 판매가격 통제, 공급량 제한 등으로 시장을 지배하였다. 그 후 이러한 방식에 의한 독점을 트러스트라고 하게 된다. 미국에서는 19세기 이래 많은 트러스트가 형성되었고 독점이 발생하였다. 미국의 독점금지법을 반트러스트법이라고도 한다.

였고 소득과 부의 격차가 나타났다. 농민과 근로자 등은 조직적으로 저항하였고 의회를 움직였다. 1890년 반트러스트법인 셔먼법(Sherman Antitrust Act)이 제정되었고 독점을 규제하기 시작했다. 1901년 대통령 루스벨트는 "트러스트가 시민복지를 훼손해서는 안 된다. 미국의 번영은 시장경제와 사업가의 창의성에 달려 있다. 막대한 자본의 결합이 필요할 수도 있지만 합리적인 감독과 통제가 필요하다."라고 하면서 독점적 이윤 추구를 경고하였다. 1914년 윌슨 대통령은 또 하나의 반트러스트법인 클레이튼법을 통과시켰다. 연방거래위원회(Fedral Trade Commission)[8] 창설로 독과점과 불공정행위를 더 강력하게 규제하고 처벌할 수 있게 되었다. 이후 미국에서는 합병, 독점, 카르텔 등을 제한하고 시장 경쟁과 공정성을 지키기 위해 수시로 셔먼법과 클레이튼법을 동원하였다.

역사적으로 그리스, 로마, 중국, 이슬람, 페르시아, 이집트 등 모든 국가는 국가 유지와 백성 통치에 돈이 필요했다. 자국 백성이나 피정복민에게서 세금이나 공물을 거두고, 왕실이 직접 농사를 짓거나 무역에 종사하여 문제를 해결하였다. 상업과 국가, 정치와 경제의 구분이 모호한 상태가 지속되었다. 그러다가 16세기 유럽은 상업과 무역을 통해 부를 축적하는 시대를 맞이한다. 금은 같은 화폐와 잘 무장한 선단이 중요하게 되었다. 부국강병이 목표인 중상주의 시대가 온 것이다. 시장과 상인이 토지와 지주를 넘어 중요한 존재로 부상하였다. 상

---

[8] 한국의 공정거래위원회에 해당

업을 장려하기 위해 군대를 강화하고 다시 그것을 강화하기 위해 상업을 진흥하는 등 정치와 경제가 밀접하게 얽혔다. 동인도회사는 무역을 담당했지만 군대를 거느린 폭력 조직이기도 하였다. 국가는 폭력과 상업을 조합하여 시민과 정부의 부를 늘리는 지휘자 역할을 했던 것이다. 마키아벨리는 "잘 조직된 정부라면 국가는 부자여야 하고 시민들은 가난해야 한다."라고 하였다. 하지만 진정한 부국강병은 다수 시민이 부자가 될 때 이루어진다. 애덤 스미스가 국가의 시장 지배를 비판하면서 자유주의 시장경제를 설파하게 된 배경이다.

영국에서 시작된 시민혁명이나 자유주의 사상은 중상주의 방식의 경제 지배와 통치에 변화를 가져왔다. 상인 중심의 시민이 의회의 주요 세력이 되면서 봉건 영주 등의 지위는 쇠퇴한다. 중세의 계급주의가 후퇴하고 시민이 시장과 사회를 주도하게 된 것이다. 도시의 발달은 시골을 자극하였다. 시골 생산물에 시장을 제공하고 그들의 근면과 토지 개량을 부추겼다. 도시 상인은 시골의 미경작지 등을 구입하여 자본을 투입하고 토지를 개량하였다. 반면 시골의 지주는 소심했고 투자에 소극적이었다. 상업과 무역의 번창은 점차 시골 지주들의 쇠퇴를 불러왔다. 하지만 상업은 세습에 의한 부의 유지가 쉽지 않았다. 지주가 별일 없이 대를 이어 땅을 물려주었던 모습에 대비된다. 시장경제 확산은 사람들의 삶과 사회 전반의 변혁을 초래하였다.[11] '신분에서 계약으로'라는 말로 상징되는 시대가 왔다.

2. 경쟁할 자유와 경쟁 회피

▶ **경쟁과 자유**

독일의 교육부 장관이었고 베를린 대학을 세웠던 훔볼트는 "인간은 막연하고 덧없는 욕망이 아닌 영원하고 변함없는 이성을 따라야 한다. 이성은 우리에게 각자의 능력을 최대한 전체적으로 가장 조화롭게 발전시킬 것을 명령한다. 각자가 개별적인 특성에 따라 능력을 발전시키는 것이 중요하다. 특히 지도자가 될 사람은 이러한 사명에 유의하여 그 실현에 매진할 필요가 있다. 개인의 발전을 위해 꼭 필요한 것은 '자유와 상황의 다양성'이다. 개인에게 자유가 있어야 하고 사회에는 다양성이 존재해야 한다. 이러한 여건에서 개별적 활력과 고도의 다양성이 발생하는데 이것이 바로 독창성의 바탕이다."라고 하였다. 존 스튜어트 밀은 관련하여 "유럽 민족들이 정체되지 않고 계속 진보할 수 있었던 것은 놀라울 정도의 문화적 다양성 때문이다. 개인, 계급, 민족이 극단적으로 서로 다르다. 이들 각자가 엄청 다양한 길을 찾으면서 무언가 가치 있는 것들을 만들어 냈다. 각자의 개성을 다양하게 꽃피울 수 있어야 한다. 개성을 잃고 전통이나 관습만을 따른다면 인간은 행복의 주요 요소이자 개인과 사회 발전에 불가피한 개별성을 상실할 것이다."[12]라고 하였다. 나아가 "개인이든 집단이든 타인에게 해를 끼치지 않는 한 절대적으로 자유를 보장하여야 한다. 각자는 자신의 몸이나 정신에 대한 주권자이어야 한다. 이를 위반하는 어떤 권력의 행사도 정당화될 수 없다. 자유는 개인의 이익 추구와 효용 창출에 효과적이지만 가장 중요한 것은 행복한 삶의 근본 요소로서 그 자체가 소중하다는 점이다."라고 하였다.[13] 개인의 자유는 다른 것과 양립할 수 없는 인간 최고의 가치이다. 전쟁과 같은 특별한 상황을 제외하고 개인의 자유를 최대한 보장하여야 하는 이유이다.

자유란 무엇인가? 밀은 "인생에서 각자가 최대한 다양하게 그의 삶을 도모하는 것 이상으로 중요한 것은 없다."라고 하였다. 자유롭게 스스로 삶을 선택하고 능력을 개발할 수 있어야 한다. 하지만 어린이나 미개인같이 선택할 능력이 부족하다면 충분히 자유를 누리기 어렵다. '자유'는 그것을 누릴 만한 사람에게만 주어질 필요가 있는 것이다. 그래서 "미개인을 개명시키기 위한 독재라면 정당한 것일 수 있다."라고 말한다. '자유'를 누리기 위해서 스스로 인격과 능력을 개발할 필요가 있다. 다른 사람으로부터 자신의 자유를 침해받지 않아야 하며 타인의 자유를 침해해서도 안 된다. 사람들은 서로 다르고, 각자의 일을 통해 사회에 이바지할 수가 있다. 자유롭게 자신의 일을 선택하는 것은 인간의 기본 권리로서 보장할 필요가 있는 것이다.[14] 자연적 자유(natural liberty)라는 것이 있다. '개인이 자신의 상태를 개선하려고 자연스럽게 노력하는 것을 막지 말라'는 것이다. 사회적 이익을 해치지 않는 한 개인의 사적 이익 추구는 보장되어야 한다고 주장한다. 예컨대 어떤 시장의 독점자가 타인에게 갑질을 하고 사회 전체의 이익을 해한다면 그의 이익 추구는 제한될 필요가 있다. 그렇지 않은 한 개인이 직업이나 사업을 선택하고 이익을 추구할 자유는 항상 보장될 필요가 있다. 돈은 삶의 향유에 필요한 선택을 가능하게 하는 주요 도구이다. 그런 점에서 '경제활동의 자유'를 제외하고 자유를 논하기는 어렵다. 경제적 이익 추구를 통제하는 것은 곧 삶을 통제하는 것이 된다.

중상주의 시대를 지나면서 사업 독점의 체계는 자유롭게 경쟁하는 시장의 체계로 대체되었다. 왕으로부터 정치적 자유를 얻었다면 경쟁하는 시장을 통해 경제활동의 자유를 찾았다. 사람들은 시장에서 자유롭게 경쟁하면서 압박과 착취에서 벗어날 수 있었다. 그런데 내 자유는 좋은데 타인의 자유는 싫다면 이기적인 태도이다. 타인의 자유도 내 자유만큼 소중하다. 그래서 모두에게 균등한 기회가 주어지고 같은 조건에서 경쟁하는 것이 중요하다. 권력의 강제가 없어도 시장에는 각 개인의 행위를 스스로 조정하게 하는 힘이 있다. 경쟁의 힘이다. 시장경제가 경쟁을 통해 최고의 효율을 낳는 배경이다.[15] 경쟁이 있는 곳에 자유가 있고 자유가 있는 곳에 경쟁이 있다. 경쟁이 없으면 자유도 없는 것이다.

'경쟁(competition)'은 어원 'competere'에서 왔다. 함께(com) 추구한다(petere)는 뜻을 지녔다. 나름의 목표를 이루기 위해 함께 경쟁적으로 노력하는 것이다. 시장은 협력과 경쟁의 네트워크이다. 전쟁이나 게임에서는 직접 상대를 공격하고 방어하기도 하지만 시장에서는 거래 상대방의 선택을 받으려고 서로 경쟁한다. 중요한 무기는 그 선택을 받기 위한 창조적 발상과 실행력이다. 경쟁 상대가 누구인지는 중요하지 않다. 누가 더 싸게, 더 좋은 제품을 파느냐로 승부가 결정된다. 경쟁이 시장을 활기차게 한다. 사실 경쟁은 모든 생명체 삶의 기저에 있다. 생존을 위한 진지한 노력(Struggle for Existence)이자 생명의 과정이다. 상대와 경쟁하기 전에 먼저 자신과의 고독한 투쟁이 시작된다. 게으름과 자만, 나태와 투쟁하는 것이다. 경쟁이란 성실하게 살 권리와 자유를 실현하는 주요 수단이다.

마이클 조던은 "나는 경기에서 통틀어 9,000개가 넘는 슛을 놓쳤으며 거의 300개 경기에서 패배했다. 특히 승리할 수도 있는 결정적 슛에서 26번이나 실패하였다. 나는 실패하고, 실패하고, 또 실패하였다…. 그것이 내가 성공할 수 있었던 이유이다."라고 하였다. 손흥민은 환상적인 감아차기로 답답했던 경기 흐름을 깨트린 후 인터뷰에서 "좋아하는 코스에서 골이 나왔다. 평소 훈련한 결과가 나온 것이라서 매우 뿌듯하다."라고 하였다. 그는 골대 좌우 45도 각도의 소위 '손흥민 존'에서 골문 반대쪽 구석으로 골을 감아 강하게 찬다. 그 슈팅은 몸에 밴 패턴이다. 8세 때부터 아버지의 개인지도를 받으며 매일 1,000개가 넘는 슈팅 훈련을 하였다. 여러 위치에서 슈팅을 시도하고 연습하면서 자신에게 맞는 골 영역을 발견하였다. 반복적인 도전과 실패의 많은 시간이 오늘의 그를 만들었다. 외국인들에게 K드라마 등의 한류는 더 많이 노력하고, 더 많이 연구하며, 더 많은 생각을 한 결과로 평가되고 있다. 팬들에게 독특한 경험을 제공하기 위해 끊임없이 시도하고 시행착오를 거친 결과들이다. 그래야 정교하고 완성도 높은 작품이 나온다. 승리에 필요한 것은 눈앞의 경쟁자를 때려눕히는 것이 아니다. 목표를 향한 집중, 몸과 마음의 헌신, 끝없는 도전이 중요하다.

사촌이 땅을 사면 배가 아프다. '경쟁'은 인간의 숙명인지도 모른다. 그것은 상대와의 비교로부터 시작될 수 있다. 인간으로서의 본능과 남의 인정을 받고 싶은 욕망이 있는 한 경쟁은 지속될 것이다. 게다가 자본주의는 인간의 소비심리를 자극하고 욕망을 더욱 부추긴다. 욕망은 경쟁을 낳고 경쟁은 다시 욕망을 자극하게 된다. 하이에크가 말했듯 시장 경쟁은 새로운 기술과 지식을 창출하는 미지로의 탐험일 수 있다. 인류의 기술, 과학, 문명이 시장에서 경쟁을 통해 시작되고 발전하였다. 소비자는 거래 가능한 다른 판매자가 있을 때 판매자의 횡포로부터 보호받는다. 판매자 또한 거래 가능한 다른 구매자가 있을 때 구매자의 횡포에서 벗어날 수 있다. 근로자는 일할 수 있는 다른 곳이 있기에 특정 사용자의 횡포로부터 보호받는다.[16] 경쟁이 없으면 삶은 활력을 잃고 부패하기 쉽다. 경쟁자가 사라지면 가르치는 사람이나 배우는 사람 모두 공부를 집어치우고 낮잠을 잔다. 종교는 물론 삶의 모든 영역에서 볼 수 있는 현상이다.[17] 혁신이나 발전은 때때로 외부에서 온다. 토머스 뉴커먼에서 스티브 잡스까지 위대한 혁신가는 연줄 없고 제대로 교육도 받지 못한 경우가 많다. 그래도 그들은 증기기관이나 스마트폰을 만들어 냈다. IBM은 마이크로소프트에, 마이크로소프트는 구글과 애플에 기습당했다.[18] 구르는 돌에는 이끼가 끼지 않는다. 흐르는 물은 썩지 않듯 경쟁은 나태와 정체, 부패를 물러나게 한다.

시장 경쟁으로 빈자는 부자가 되고 부자는 빈자가 되기도 한다. 시장의 역동성이다. 이러한 역동성이 경제의 정체를 막고 지속적인 발전을 가능하게 하였다. 자유롭게 경쟁하는 시장에는 성공과 실패가 함께 존재한다. 자유는 성공과 더불어 실패도 수용하는 용기가 있을 때 수호될 수 있다. 경쟁이 싫고 그 결과를 수용하는 것도 싫다면 자유를 원치 않을 수가 있다. 에리히 프롬은 『자유로부터의 도피』에서 말하였다. "자유가 보장되고 개인주의가 발달하면서 사람들은 경제 사회적 문제에 부딪힌다. 한계를 느끼며 공허감과 무력감, 초조감, 불안감 등에 빠질 수 있다. 개인의 욕구와 여건의 차이가 클수록 위축되고 열등감에 휩싸인다. 다수가 군집한 문명의 거대한 메커니즘 틀에 자신을 맡기게 된다. 사회가 규정한 룰과 권위에 순응하며 비로소 안정감과 자신감을 회복하게 된다."라고 하였다.

밀은 "사람에게는 세속의 권력자 등을 맹목적으로 추종하려는 노예 근성 같은 것이 있다. 지시나 금지의 형태로 인간 행동을 규정하는 것은 그 영향이다."라고 하였다.[19] 인간에게는 또한 열등감의 발로로서 자신을 집단과 동일시하려는 욕구가 있다. 그것을 통해 집단 구성원이 아닌 자에 대한 우월성 욕구를 충족한다. 또한 개인은 그간 자제하였던 외부인에 대한 과격한 본능을 집단 속에서 실제의 행동으로 드러내기도 한다.[20] 이러한 인간 성향은 스스로 명령받는 자가 되어 인간 품위를 상실하는 결과로 이어질 수 있다. 스스로 고뇌하는 대신 원하는 것을 쉽게 얻고자 할 때 유혹이 다가온다. 파시스트나 공산주의 세력 같은 것들이다. 인간은 사회주의 같은 집단 본능을 가졌는지도 모른다. 시장의 자유가 수호되려면 이러한 본능을 억제할 필요가 있다. 하지만 간단하지 않은 일이다. 자유로 인한 위험과 불확실성을 스스로 책임질 용기가 필요하기 때문이다. 성숙한 자만이 자신의 가치와 선호에 따라 행동할 수 있다. 독립심, 자조, 경쟁과 위험의 수용, 소신을 지키는 자세, 이웃과의 자발적인 협력, 정직성 등이 중요하다. 자기 운명에 대해 스스로 통제력을 발휘하고 자신의 지위를 개선할 수 있어야 할 것이다.[21]

▶ 경쟁 회피

1688년 영국에는 아프리카 노예무역을 독점했던 왕립 아프리카회사가 있었다. 주인은 왕 제임스 2세였다. 노예무역은 많은 이윤이 기대되었기에 밀무역자들이 몰렸다. 그들은 서아프리카에서 몰래 노예를 사 아메리카 대륙에 팔았다. 그중 나이팅게일이라는 자가 불법을 저질러 화물을 압류당했다. 압류의 정당성에 대해 양측의 청원이 빗발쳤다. 청원 서명 인원 등으로 힘겨루기를 한 결과 1698년 마침내 아프리카회사의 독점은 폐지되었다. 노예무역의 경쟁 시대가 시작된 것이다. 모직물 산업계에서는 오랫동안 타 직물의 시장 유입을 배제하였다. 그들은 의회를 움직여 외국으로부터의 모직물 수입을 금지하였다. 시장에서 소비자에 대한 독점적 지위를 획득한 것이다. 업자들은 또한 양과 양모의 수출 금지로 목양업자와 양모 생산자에 대해서도 독점적 지위를 확보하였다.[22] 1666년과 1678년 의회는 다른 직물로 만든 수의를 입혀 시신을 매장하는 것조차 막았다. 1701년에는 아시아산 비단이나 옥양목을 걸치는 것도 불법화하였다. 이렇게 모직 산업을 보호하였음에도 불구하고 업자들은 면 및 아마 산업 탄압에 나섰다. 하지만 이번에는 맨체스터, 랭커스터, 리버풀에 있는 면직물 생산업자들의 강한 반발에 부딪혔다. 양측의 청원과 찬반 경쟁은 치열했다. 이 분쟁은 1736년 모직 산업 독점에 반대하는 쪽의 승리로 막을 내렸다. 의회 구성원의 다원화는 특정 산업에 편향된 보호 장벽을 낮췄다. 이러한 곡절을 거치며 면직물은 시장에 등장할 수 있었다. 면직물 업자들은 기술을 개발하고 공장제 생산방식을 도입하였다. 산업혁명에서 핵심적 역할을 하며 사회를 송두리째 바꾸는 시동을 걸게 되었다.[23]

자유와 경쟁 기반의 시장경제는 근대에 이르러 시민과 의회의 투쟁 등을 통해 확립되었다. '자유로운 시장과 공정한 경쟁'은 현실이기보다는 시장경제의 지향점이라 할 수 있다. 실제로는 시민의 경제활동을 국가가 통제하고 거대 기업이 시장을 지배하기도 한다. 2022년 기준 월마트 종업원은 210만 명, 인도 타타그룹 70만 명, 폭스바겐 그룹은 약 30만 명에 이르렀다. 국내에서는 삼성그룹 27만여 명, 현대차그룹 18만여 명이었다. 매출은 월마트 5,720억 달러, 아마존 4,690억 달러, 애플 3,650억 달러 등이었다. 2022년 한국 정부의 예산은 약 5,000억 달러였다. 세계적 기업의 연 매출이 한국 정부의 1년 예산을 넘나든다. 자본은 경쟁보다 독점을 더 좋아하는 경향이 있다. 시민들은 왕과 투쟁하여 사업할 권리를 획득했다. 처음에는 경쟁할 자유를 소중하게 여겼지만 시장의 강자가 된 뒤에는 독점 이윤을 탐했다. 시장 경쟁이 치열할수록 사업자가 가져가는 돈은 제한적일 수 있다.

그래서 가격경쟁에서 벗어나고 독점적 이윤을 얻는 꿈을 꾼다. 더 나은 수입을 위해 남다르게 노력하고 투자를 한다. 연필 생산에 동원되는 기술들, 윌리엄 리의 편직 기계, 제임스 와트의 증기기관, 에디슨의 전구 등 어느 것 하나 쉬운 것은 없다. 기술이나 아이디어, 노하우 등을 개발하고 경쟁력을 유지하려면 땀과 지혜가 필요하다. 배송업의 한 기업은 전국적인 창고와 물류 인프라에 선제적으로 많은 투자를 하였다. 초기 적자가 우려되었지만 빠른 배송을 위한 선제적 투자로 고객을 먼저 모으는 것이 중요했다. 경쟁자가 따라오지 못할 정도의 과감한 투자가 필요하다고 여겼다. 물론 그것이 장기간 성공적인 지위 유지를 보장하는 것은 아니다. 새로운 기술이나 노하우는 많은 실패와 시행착오 끝에 획득되는 경우가 많다. 여러 분야에서 신소재는 다양한 원료와 첨가제 배합, 주조 온도 등을 복합한 여러 차례의 시도 뒤에 겨우 개발된다. 마이클 조던, 손흥민, 맥도널드도 도전과 실패, 시행착오를 거듭한 끝에 표준화된 자신만의 레시피 개발에 성공할 수 있었다.

블루오션이라는 것이 있다. 표준화된 제품으로 치열하게 경쟁하는 시장이 레드오션이라면 독특한 제품으로 경쟁자 없이 독점하는 시장이다. 가격경쟁에서 벗어나 더 많은 이윤을 확보할 수 있다. 블루오션 전략은 고객 가치 최대화를 통해 경쟁자를 압도하는 차별화에 초점이 있다. 새로운 시장을 창조함으로써 기존의 경쟁에서 벗어나는 전략이다. 먼저 기존 사업자들이 제공하지 못하는 고객 가치를 찾는 데서 시작하여야 한다. 서비스에 대한 고객의 불만은 무엇인지, 제공되지 못하는 가치는 무엇인지 등을 관찰하고 분석한다. 현재 제품이나 서비스에서 줄이거나 없애도 될 것과 새롭게 추가할 부분 등을 확인한다. 기존 경쟁자의 문제와 어떻게 그들과 차별화할 것인지를 분석하고 검토해야 한다. 예컨대 넷제츠는 출장 전용 항공 서비스를 새롭게 개발하였다.[24] 비즈니스맨은 항공 출장 시 보통 항공기의 비즈니스나 퍼스트 클래스, 혹은 회사 전용기를 이용한다. 일반 항공기는 공항 혼잡이나 긴 출장 시간 등의 문제가 있다. 회사 전용 항공기는 구매와 유지에 적잖은 비용이 든다. 넷제츠는 이러한 문제를 해결할 수 있는 출장 전용 항공기 공유 사업을 시작하였다. 고객은 공유 지분을 구매함으로써 미국 전역 5,500개 이상의 공항을 이용할 수 있다. 비용은 전용기 소유 경우에 비해 훨씬 낮았다.

블루오션을 찾아 사업화하면 고수익이 가능하고 독점적인 시장 지위를 확보할 수 있다. 하지만 독점적 지위는 영원히 지속되지는 않는다. 언제든 모방 사업자나 새로운 서비스의 등장으로 독점이 깨지기 때문이다. 기술특허 등으로 노하우의 독점을 지킬 수는 있다. 하지만 특허로 인정되는 기술이나 노하우의 범위는 제한적이다. 어떠한 경우이든 시장에서 독점적 사업 지위를 장기간 유지하기는 쉽지 않다. 그래서 핵심역량(Core Competence)에 대하여 말한다. 경쟁자가 갖기 어려운 고유하고 희소한 역량을 가져야 한다는 것이다. 경쟁자가 모방하기 쉽지 않은 제품이나 서비스의 설계 기술, 생산기술, 브랜드 이미지, 기타 노하우 등이다. 무형의 지식, 기술, 노하우 등인 경우가 많다. 물론 그것을 개발하고 유지하는 것도 쉬운 일은 아니다. 저가격 전략, 차별화 전략 등도 있다. 싸게 만들어 박리다매를 추구하거나 제품의 품질과 성능, 디자인, 납기 등의 차별화로 고객을 대하는 것이다. 어떤 전략이든 투자와 노력, 시행착오 등을 거쳐 소비자를 만난다. 그러한 노력에도 불구하고 성공이 보장된 것은 아니다. 시장에서 인정받아야 하는 것이다. 평균 수준의 이익을 얻으면서 현상 유지를 할 수도 있지만 시장 변화를 피할 수는 없다. 유행과 기술, 새로운 정부 정책과 경쟁자의 등장 등은 사업과 시장을 변화시키는 요인들이다. 언제든 새로운 제품과 기술, 새로운 경쟁자의 등장 등으로 상황은 바뀔 수 있다.

시장에는 성공할 기회와 더불어 실패할 위험이 공존한다. 다수 사업자는 그것을 당연하게 여긴다. 그러한 일상에 지치기도 하고 손실 발생으로 어려움을 겪기도 한다. 경쟁의 치열함에서 벗어나기 위해 방안을 모색하는 사업자들도 있다. 한 지역의 교복업체 45곳이 입찰에 담합한 혐의로 재판에 넘겨졌다. 이들은 2021년 이후 최근까지 지역 147개 학교에서 161억 원 규모의 교복 입찰에 참여하였다. 사업자들은 289차례에 걸쳐 사전에 입찰 참여자와 입찰 금액을 서로 짰다. 결과적으로 낙찰 가격은 평균 24% 올라갔다. 가스공사는 2009년 17건, 2011~2012년 10건 등 총 27건의 천연가스 주 배관 및 관리소 건설공사 입찰을 진행했었다. 그런데 입찰 참여 건설사들은 지속해서 담합을 했다. 2009년 가스공사가 일괄 발주한 공사 입찰 16건에서 사전에 업체별로 낙찰 공구를 배분한 것이다. 입찰 참가 자격이 있던 기존 12개사와 신규로 진입한 회사 중 4개사가 16개 공구의 대표사가 되고, 나머지 건설사들은 각 공사의 공동수급자가 되었다. 낙찰 예정자는 들러리로 입찰에 참여한 회사들이 자신보다 높은 가격으로 투찰하도록 작전을 짰다. 투찰 가격을 알려 주거나 들러리용 투찰 내역서를 작성하여 들러리 참여자들에게 전달하였다.

담합에 성공하려면 해당 사업자 다수가 참여하고 이탈자가 적어야 한다. 사업자 대부분이 가입한 협회나 조합 등에서 담합을 주도하는 이유이다. 동업자들은 보통 서로 경쟁 관계에 있다. 같은 시장에서 점유율을 놓고 서로 다투는 관계인 것이다. 이러한 환경에서 벗어나려는 것이 담합에 동참하게 되는 배경이다. 애덤 스미스는 "동업자들은 오락이나 기분전환을 위해 만날 때에도 그들의 대화는 공중에 반대되는 음모나 가격 인상을 위한 모종의 책략으로 채워질 때가 많다. 그렇지만 이러한 모임을 법률로 저지하기는 어렵다. 그럴더라도 이러한 모임을 촉진해서는 안 되며 그럴 필요를 만들어서도 안 된다. 어떤 도시가 특정 업종 종사자의 이름과 주소를 등기부에 등록하게 할 때도 이러한 모임이 시작될 수 있다. 처음엔 그들 중 가난하거나 병든 사람, 과부, 고아를 돕기 위해 돈을 모으고 관리할 수도 있다."[25]라고 하였다. 이들은 가격 담합을 하고 품질이나 서비스 경쟁을 자제하며 시장을 지역별로 나누기도 한다. 과거 한국의 소주나 맥주 산업 등에서도 이러한 모습을 발견할 수 있다. 물론 그렇다고 하여 사업자들이 모이는 모든 단체에 문제가 있는 것은 아니다. 단순한 친목이나 정보 교환 이외에 동업계의 발전과 기술개발 등을 위한 활동 등 의미 있는 일을 하는 경우가 더 많을 것이다.

경쟁을 회피하고 독과점적 지대[9]를 추구하는 전형적인 방법의 하나는 새로운 사업자가 해당 업종에 참여하는 것을 막는 것이다. 진입장벽을 높이는 방법을 쓸 수 있다. 높은 기술 수준, 대규모 자본, 접근이 어려운 판매망 등은 주요 진입장벽이다. 개별 기업 스스로 이러한 장벽을 구축할 수 있다. 동업자들이 모여 담합하고 업종 진입에 대한 장벽을 만들기도 한다. 정부가 운영하는 자격증이나 면허[10]는 진입장벽의 또 다른 주요 수단이다. 사업자와 정부가 같이 면허 소유자의 이익을 보호하는 데 뜻을 모으기도 한다. 정부가 사업에 대한 자유와 경쟁을 보장하는 것이 아니라 오히려 그것을 빼앗고 시장을 위축시키는 일에 동참한다. 시민혁명 등으로 없앴던 특권을 업계와 정부가 공모하여 다시 살려 내고 있다. 자유와 경쟁을 싫어하는 자들이 모이고 정부는 이들을 돕는다.[26]

▶ 경쟁제한의 문제

프랑스 발명가 파팽은 1705년 세계 최초로 증기선을 만들었다. 당시 강을 운항하는 것은 뱃사공 길드의 독점 사업이었다. 파팽은 이들의 반대를 무릅쓰고 독일에서 런던으로 증기선 운항을 감행하였다.

---

[9] 정당한 시장 활동을 통해 추구된 이윤이 아니라, 인위적인 진입장벽이나 로비·약탈·방어 등을 통해 획득한 이윤 또는 부당한 이득을 의미, '렌트(rent)'라고도 하며 경쟁 공정성과 시장 효율성을 해친다는 점에서 중요한 문제이다.
[10] '자격증'은 단순히 어떤 자격을 인정하는 증명서이고 면허는 국가가 어떤 특정 행위나 영업을 할 수 있도록 허가한 것이다. '자격'이란 어떤 일에 필요한 지식·기술·소양 등 능력을 지닌 것을 의미한다면 면허란 특정한 일을 할 수 있는 자격을 국가기관이 허가한 것을 의미한다.

증기선은 기어코 산산조각이 났다.[27] 길드 동업자들은 강 운항과 자신들의 일자리 방어를 위해 서로 짜고서 증기선을 파괴하였다. 하지만 그 효과는 얼마 가지 않았다. 곧 증기선이 대세가 되었기 때문이다. 길드는 시장에서 해당 부문 사업을 독점하였다. 조합원이 아니면 해당 사업을 할 수 없었다. 길드는 상품 규격이나 품질 등의 기준을 만들고 조합원들은 이를 준수하였다. 이러한 기준과 규칙 때문에 조합원들은 새로운 기술이나 재료를 지녔어도 사용하지 못했다. 조합원들의 혁신을 규제하고 새로운 기술 유입을 막았다. 장인(master)은 도제(apprentice)를 받아 가르쳤다. 길드는 한 장인이 거느릴 수 있는 도제의 수를 제한하였다. 잠재적 경쟁자를 줄여서 경쟁을 제한하려는 것이었다. 엘리자베스 1세 때의 도제조례는 도제가 적어도 7년 간 장인에게 봉사할 것을 규정하였다. 그렇지 않으면 도제는 해당 직업에 종사하거나 동종 기술을 사용할 수 없었다. 도제는 이러한 노동 봉사를 한 후에야 직인을 거쳐 장인이 되었다. 애덤 스미스는 이러한 도제 연한을 잘못된 것으로 보고 비판했다. 표준화된 시계 제조 기술을 익히는 데는 2~3주면 충분하다고 했다. 도제 기간 중의 노동은 도제의 것이 아니라 장인의 것이었다. 도제들은 임금을 한 푼도 받지 못했고 한 업종에서 다른 업종으로 자유롭게 이동할 수도 없었다. 소비자 요구와 기술이 바뀌어도 길드가 지배하는 시장의 대응은 더뎠다. 왕이나 길드가 자신들의 이익을 위해 상품이나 기술의 진보를 막았던 것이다.[28] 길드는 배타적 특권을 누리고 지대를 획득하였다. 그들의 부당한 이득은 제품의 공급 부족과 높은 가격으로부터 왔다. 생산자의 이익을 위해 일반인의 이익이 희생된 것이다. 왕과 길드는 이렇게 백성의 돈을 빼앗아 갔다. 네덜란드, 덴마크, 포르투갈, 스페인, 영국 등은 식민지를 지배했었다. 동인도회사 같은 회사가 무역을 독점했지만 국가 발전에는 큰 도움이 되지 못했다. 무역 상인들이 국가의 이익보다 자신들의 이익을 더 우선했기 때문이었다.[29] 조선 시대 육의전 등 시전 상인은 국가로부터 별다른 경쟁자 없이 영업권을 보장받았다. 그들은 정부가 부과하는 세금과 물품 조달 등 공역을 부담하면서 대신 도성 안의 상품 유통을 독점하는 특권을 누렸다. 시전 상인들은 같은 상품을 판매하는 사람들끼리 모여 동업자 조합을 꾸리고 자신들의 상권을 보호하였다. 조합원의 자격과 가입 조건은 엄격했으며 혈연관계를 중시하였다. 정부는 시전 조합원에게 일종의 특권을 부여했다. 다른 상인은 그러한 장사를 할 수 없었다. '금난전권'이 그것이었다. 처음에는 육의전에만 적용했으나 나중에는 일반 시전에까지 확대하였다. 조선의 자유로운 상공업 발전을 크게 저해하였다.

중세에서 근대에 걸쳐 길드는 왕과 도시의 비호 아래 유럽 경제를 지배하였다. 현재 민주주의 국가의 업종별 단체 등에서도 옛 길드와 유사한 행태들을 볼 수 있다. '우버'나 '리프트' 등 앱 기반의 승차 서비스가 등장했을 때 택시 산업 종사자 등은 격렬하게 저항하였다. 택시 면허는 제한적으로 발급되었으며 서비스는 충분치 못하였다. 이에 우버 등은 독창적이면서도 편리한 방법의 승차 서비스를 내놓았다. 2015년의 한 보고서는 비즈니스 여행자 등의 46%가 우버를 이용했다고 밝혔다. 택시 면허의 존재 이유가 불투명해졌다. 안전하고 편리한 승차 서비스를 위해 면허제가 필요하다는 명분은 허물어졌다. 그해 소비자들은 총 68억 불을 더 내더라도 우버를 탈 것이라 하였다. 이러한 상황에서 택시업계는 앱 개발과 카드 결제 등 편의성 증대를 위해 노력했다. 그 결과 뉴욕과 시카고 등에서 택시에 대한 불만은 감소하였다.

유럽은 전체적으로 약 5천 개 직종에서 면허로 사업 진입을 통제한다. 미국은 한 개 이상 주에서 면허를 요구하는 직종이 최소 1,100여 개에 이르고 있다. 미국은 연방 정부가 아닌 주가 면허제도의 운영자이다. 1970년대 이후 미국의 민간부문 노조 가입률은 29%에서 7%로 크게 하락했으나 면허가 필요한 부문 종사자는 10%에서 30% 수준으로 늘었다. 30개 이상 주에서 면허가 필요한 직종에는 의사, 변호사, 매니큐어사, 이발사, 유치원 교사, 운동 트레이너, 마사지 치료사, 경매사 등이 있다. 그 외 다수 주에서 박재 제작자, 조경사, 인테리어업자 등의 면허를 발급한다. 텍사스에서 이발사 면허를 얻으려면 1년 이상의 연수를 받아야 한다. 가발 제조사가 되려면 300시간 수업을 받고 실기와 필기시험을 통과해야 한다. 플로리다의 실내장식 디자이너는 4년제 대학을 졸업해야 가능하다. 앨라배마의 손톱 미용사는 750시간 실습을 하고 시험을 통과해야 일할 수 있다.[30] 원래 미국은 사업과 직업 선택에 규제가 적은 대표적인 나라였다. 하지만 최근 수십 년간 면허 제도로 진입을 제한하는 사례가 급격히 증가하였다. 이러한 규제가 미국 경제의 혁신과 성장을 심각하게 제약할 것이라는 우려가 확산하고 있다.

자격 및 면허제도 등에 의한 진입규제는 직업의 자유, 사업할 자유를 직접 규제한다. 경제활동의 자유, 직업 선택의 자유 등 기본권적 인권을 침해할 수 있다는 우려가 크다. 물론 각국 정부는 이러한 면허가 소비자 안전과 이익 등을 위해 필요하다고 주장한다. 능력과 자격을 갖춘 자에게만 사업을 허가함으로써 소비자 안전을 도모하고 질 높은 서비스 제공을 보장한다는 것이다. 하지만 문제는 필요 이상의 과도한 자격이나 불필요한 교육을 요구하는 데 있다. 미국의 한 주는 이발사가 갖추어야 할 지식과 교육에 관한 법령에 "이발, 위생, 세균학, 두발·피부·손톱·근육·신경의 조직, 머리·얼굴·목의 구조, 살균·방부제에 관한 기초화학, 두발·피부·손톱·땀샘의 질병, 단발, 면도, 머리 손질, 머리 장식, 염색, 표백, 옅은 염색 등에 대한 과학적 기초지식을 정식으로 교육받아야 한다."라고 규정하고 있다. 또한 다수의 주 의회는 "이발사는 다른 이발사들로 구성된 위원회로부터 승인을 받아야 한다."라고 선언하고 있다. 미국에서 직업 면허를 부여하는 기관의 75%는 해당 직업 면허를 소지한 개업자들로만 구성되어 있다.[31]

면허는 일에 필요한 능력이나 자격 여하에 따라 일할 권리를 제한적으로 부여하는 것이다. 하지만 미국 등의 연구에 따르면 면허와 일하는 능력 간의 연관성은 크지 않은 것으로 나타난다. 다만 분명한 것은 면허제 도입에 따라 대부분 서비스 공급은 감소하고 가격은 상승한다는 사실이다. 소비자에 대한 긍정적 효과는 거의 없는 것으로 조사되고 있다. 예컨대 치과 분야의 의사 선발 시험 수준을 높였으나 진료의 질은 향상되지 않았다. 의사에 대한 진료 불만이나 의료 사고도 줄지 않았다. 반면 시험이 엄격한 주의 의사 소득은 덜 엄격한 주에 비해

12% 더 많았다. 주택 대출 중개나 아동 보육 분야의 면허도 서비스 품질을 높이지는 못했다. 꽃 전문가(florist) 면허제를 시행하는 루이지애나와 면허제가 없는 텍사스를 비교했다. 두 집단 간 꽃꽂이와 꽃장식 등에서 실제 실력 차이는 없는 걸로 나타났다. 다수 면허는 실무 역량 평가보다 필기시험이나 교육 이수 여부 등으로 자격을 부여한다. 해당 일에 필요한 실제 능력이나 경험보다 도움 안 되는 시험공부나 교육에 과도한 시간과 비용을 투입하게 된다.

국가는 인적, 물적 자원을 잘 개발하고 운영하여 최선의 제품과 서비스를 산출하는 환경을 제공할 수 있어야 한다. 그런데 면허 제도 등 정부의 과도한 규제는 이러한 목표 달성을 방해한다. 제품과 서비스 등의 가치 창출에 투입되어야 할 비용과 시간이 시험과 교육에 소모되는 등 인적, 물적 자원을 낭비하기 때문이다. 소비자 이익보다 사업자의 이익을 먼저 보호하기도 한다. 미국의 한 연구는 면허제 도입 후 해당 직종 소득이 평균 18% 증가하였음을 밝혔다. 또한 트럭 운송 산업, 의사, 약사, 변호사 등이 면허제를 통해 소득이 상승하는 것으로 드러났다. 서비스의 가격은 5~33% 정도 증가하였다. 서비스 공급 감소로 인한 사회적 후생 손실은 연 400억 달러에 달하는 것으로 나타났다.[32] 잘못된 면허제로 인한 자원배분 왜곡은 경제성장의 저하, 빈부 격차의 확대로 연결된다. 하층의 고용기회를 축소하고 해당 전문직의 소득을 늘리는 것이다. 미국의 경우 면허 관련 시험과 교육 등의 장애물이 해당 부문 고용을 285만 명 정도 감소케 한 것으로 나타났다. 특히 대학 학위가 없는 사람들의 직업 선택 범위를 제한한다. 미국인의 32%만이 대학 학위를 가지고 있지만 면허의 43%는 대학 학위를 요구한다. 결국 이러한 제도는 흑인을 포함한 소수 인종이나 범죄 이력자에게 더욱 불리하게 작용하게 된다.

특히 서비스 공급에 필요한 숫자보다 부족한 수의 면허를 발급할 때의 문제가 크다. 면허 소지자는 우월적 지위에서 소비자를 대하고 독점적 지대를 가져간다. 제도에 따른 독점과 착취가 발생하는 것이다. 의사는 엄격한 훈련과 시험제도에 의해 자격이 제한된다. 미국 의사협회는 의대의 권위를 이용하여 의사 배출을 제한하는 역할을 한다. 의사협회는 미국에서 가장 강력한 노동조합의 하나인 것이다. 협회가 의과대학을 승인하고 학생 수를 제한한다. 미국의 의사 수입은 유럽에 비해서도 훨씬 높으며 대부분 소득 상위 1% 안에 든다. 의사 수를 제한하면서 영리 행위를 허용하고 있기 때문이다. 비싼 의료비로 인해 사람들은 의사에게 가는 것을 꺼린다. 그로 인해 수술이나 처치의 기회는 줄어들고 의료 질이 낮아질 수도 있다. 2008년 기준, 미국 초진 의사의 세전 소득은 연 18만 불로서 호주, 프랑스, 독일 등에 비해 54% 높았다. 정형외과 의사 연봉은 평균 44만여 불로서 소득이 가장 높았으며 타국 의사의 2배 이상에 달했다. 최근 의사 보조원, 의료 처치 간호사(NP, Nurse Practitioner), 조산사 등에게 의사 권한의 일부가 주어지고 있다. 의사의 진료 독점권이 완화된 것이다. 21개 주에서 NP는 의사 감독 없이 진찰하고 환자를 치료하며 약 처방을 할 수 있다. 이때 NP의 약 처방권을 제한한다면 의사 소득은 7% 정도 오를 것으로 분석되었다. 의사와 마찬가지로 치과의사도 치과위생사와 업역 갈등을 겪고 있다. 치과위생사가 처치 일부의 자율권을 확보한다면 치과의사 수입은 16% 정도 감소할 것으로 보고되고 있다.

미국 변호사는 성인 인구의 0.6% 정도이지만 연방의회 의원의 약 40%를 점유한다. 법의 제정과 집행에서 절대적인 영향력을 행사하고 있다. 변호사가 되려면 미국 법률가협회의 통제에 따라 엄격한 시험을 치러야 한다. 그런데 리걸줌(Legalzoom)[11]이라는 온라인 법률서비스 회사가 등장하였다. 8개 주의 변호사협회는 이 회사가 변호사법을 위반했다는 이유로 소송을 제기하였다. 저렴한 비용으로 전화 자문 서비스를 하는 경쟁자를 막으려는 것이었다. 미국 법원은 리걸줌 서비스의 무죄를 선언하였다. 미국인의 약 80%는 변호사를 고용하기 어려운 형편인 것으로 알려져 있다. 그 후 미국 변호사협회는 동 서비스의 유용성을 인정하였다. 하지만 계속 신규 변호사의 진입을 제한하고 변호사의 업무 영역을 늘리려고 시도하고 있다. 미국에서 부동산 매매를 할 때는 보통 서너 명의 변호사가 동원된다. 매도인, 매수인, 임차인 등을 각각 대리하며 법률 사항을 점검하고 자문하는 것이다. 2006년 기준 인구 천 명당 변호사 수는 미국 3.05명, 영국 2.5명, 캐나다 2.21명, 독일 1.68명, 프랑스 0.72명이었다. 인구 대비 미국의 변호사는 적지 않다. 그래도 변호사 수 제한에 따라 그들이 더 가져가는 지대 소득은 1970년대 25%에서 2010년 대 50% 이상으로 증가하였다.[33]

---

11) 변호사 없이도 유언장이나 저작권 등록 등의 법률 문서를 작성할 수 있도록 자문 및 지원, 변호사 소개, 등록된 변호사의 자문 서비스 제공 등을 사업으로 함. 2012년 가장 혁신적인 기업 26위에 선정, 2021년에 나스닥 상장, 종업원 천여 명

유럽 진출을 시도한 다이슨 청소기는 기존 업체들의 로비로 시장진입이 지체되었다. 그사이 시장에는 중국 업체들의 유사한 청소기가 등장하였다. 담합 등으로 새로운 것의 진입을 막더라도 언제까지 기술진보와 혁신을 막을 수는 없다. 과거에는 왕이 길드에 독점 사업권을 부여했지만 현대는 공익을 이유로 제도적 독점을 허용하고 있다. 안전과 위생, 사회복지, 합리적 국가 운영 등이 그 명분이다. 면허를 통한 진입 제한, 내부적 담합, 권력기관과의 유착 등에서 과거와 유사한 모습을 볼 수 있다. 소수가 주요 정보를 공유하고 다수의 요구를 무시하면서 정경유착으로 부정부패가 스미고 자란다. 공익이 아닌 사익을 위해 사업자 집단과 정치가 거래를 하는 것이다.

면허 제도는 안전과 서비스 질 등 소비자 이익을 앞세우지만 그러한 효과가 분명한 경우는 많지 않다. 오히려 높은 서비스 가격과 낮은 품질로 해당 고용은 감소하고 산업경쟁력은 약화하는 경우가 많다. 자유로운 시장 활동을 제약함으로써 창조적 파괴의 싹을 자르고 해당 시장은 쇠퇴할 뿐이다. 자유로운 경쟁은 새 기업들의 신제품과 아이디어를 통해 산업을 혁신한다. 그렇지만 생산자 집단은 그들의 이익을 위해 뭉치고 경쟁을 제한하기도 한다. 여러 영역에서 사업자들의 담합과 면허 제도가 결합하여 제도적 독점을 낳고 있다. 제도나 법을 통해 경쟁을 제한하는 것은 면허제도뿐만이 아니다. 학력이나 정규직 여부에 의한 구분과 차별은 경쟁을 차단하고 자유를 제약한다. 일을 통한 경쟁, 성과에 따른 보상을 막는 결과가 된다. 경쟁을 제한하면 경쟁이 갖는 활력과 역동성은 사라지기 쉽다. 건전하고 공정한 경쟁에 기반하여야 할 경제는 독점체제가 된다. 시장 경쟁의 결과로 발생하는 독점은 영속적이지 않지만 국가에 의한 제도적 독점은 제도가 바뀌지 않는 한 지속된다. 경쟁이 사라진 영역은 부패하기 쉽다. 공권력이 그것을 감싸고 방어하는 상황이라면 문제는 매우 크다.

3. 보상체계

▶ 소득 획득의 논리

시장 경쟁의 많은 부분은 돈과 관련되어 있다. 사람들은 어떻게 돈을 버는가? '각자에게 걸맞게 주는 것이 정의'라는 말이 있다. '걸맞게 주는' 것이란 어떤 것인가? 경제학자 맨큐는 "사람은 자신의 정당한 몫을 받아야 한다. 사회에 더 많이 기여한 사람은 더 많은 소득을 얻을 자격이 있다."라고 하였다. 약 250년 전 애덤 스미스는 소득에 영향을 미치는 다섯 가지 요인에 대하여 설명한 바 있다.

첫째, 각 직업이 주는 쾌적성의 정도이다. 일의 난이도, 작업 환경의 깨끗하고 더러움, 명예의 정도 등에 따라 보수를 결정하는 것이다. 예컨대 재봉사는 직포공보다 적게 번다. 재봉사 일이 훨씬 쉽고 깨끗하기 때문이다. 대장장이는 광부에 비해 적게 번다. 덜 더럽고 덜 위험하기 때문이다. 푸줏간이나 사형 집행인이 많은 보수를 받는 것은 그 불쾌감 때문이다. 여관이나 술집 경영자도 그러한 이유로 많이 번다.

둘째, 기술 습득에 들어가는 비용의 정도이다. 보통 기계공, 제조공의 임금은 농촌 근로자에 비해 더 많다. 수년간의 도제 수업을 해야 하기 때문이다. 독창적인 예술과 자유직업을 갖기 위한 교육은 힘들고 비용이 많이 든다. 따라서 미술가, 조각가, 변호사, 의사에 대한 보수는 후할 필요가 있다.

셋째, 고용의 안정성이다. 대부분 제조업에서는 연중 거의 모든 날에 일할 수 있다. 하지만 벽돌공이나 석공은 날씨가 나쁘거나 추우면 일할 수 없다. 또한 이들은 주문에 따라 일한다. 따라서 그 불확실성에 대해 보상할 필요가 있다. 벽돌공, 석공의 보수가 보통 일꾼에 비해 50% 높거나 두 배 정도 되는 이유이다. 목수의 기교가 석공보다 훌륭하지만 임금은 석공보다 낮을 때가 많다. 목수는 석공보다 안정적으로 취업할 수 있기 때문이다.

넷째, 책임의 정도이다. 금은이나 보석 세공인의 임금은 보통 근로자에 비해 높다. 귀중한 재료를 다루기 때문이다. 의사와 변호사는 귀중한 생명과 재산을 다룬다. 그 높은 책임에 대하여 높은 보수를 받는 것이 타당하다.

다섯째, 직업의 성공 가능성이다. 구두 제조공의 도제는 거의 확실하게 구두 만드는 법을 배울 수 있다. 하지만 법률 공부를 해서 변호사가 될 확률은 기껏해야 1/20 수준이다. 그리고 40세쯤 되어야 직업에서 이득을 보기 시작한다. 그런 점에서 비싼 변호사 수수료를 이해할 필요가 있다. 사실은 보상이 너무 적다. 이러한 사정에도 불구하고 이 직업에 사람들이 몰리는 이유는 명예욕과 선천적인 자신감 때문이다.[34]

그가 설명한 소득 결정의 다섯 가지 요소는 이상적이며 규범적인 성격을 지녔다. 작업이 어렵고 일감이 불안정할수록 충분히 보상받아야 한다는 그의 주장이 새롭다. 그는 시장 성과에 따라 보상받는 것을 보상의 기본 원리로 생각하였다. 현대에도 경쟁적 시장에서의 성과만큼 분명하고 정당한 보상 기준은 많지 않다. 더 우월한 분배 방식을 찾기 어려운 것이다. 밀턴 프리드먼은 다음과 같이 말하였다.

시장경제에서 소득은 본인과 그가 소유한 도구들이 생산한 바에 따라 분배된다. 시장 성과에 따라 보상을 받는 것이다. 만약 이것이 지켜지지 않는다면 사람들은 시장 교환을 위한 일에 최선을 다하지 않을 것이다. 성과에 따른 보상은 지구상의 자원을 최대한 효율적으로 사용케 하는 기반이다. 인류사회는 이러한 방식을 윤리적 관점에서 수용하게 될 것이다. 문제는 성과에 따른 보상이 소득과 부의 불평등을 유발할 수 있다는 점이다… 하지만 자본주의가 발전할수록 불평등이 증가한다고 생각한다면 오해이다. 예컨대 인도, 이집트 등에서는 총소득의 절반 정도가 자산소득이지만 미국에서는 대략 5분의 1 정도가 그렇다. 다른 자본주의 선진국의 경우도 그 비율은 비슷하다. 이들의 총자본은 개발도상국들보다 훨씬 많지만 총소득 중 자본소득의 비중은 오히려 줄고 있다. 이는 자본주의가 사람들의 능력을 확장하고 발전하는 기회를 제공하는 데 따른 것임을 의미한다. 기술과 노하우, 제품 혁신에 대해 보상하는 것이다. 결과적으로 선진 자본주의 사회의 불평등은 많이 완화되었다. 하지만 공산주의를 택했거나 신분사회 질서에 기반한 곳의 불평등은 더 심하다. 자본주의 사회 불평등의 많은 부분은 시장 불완전성에서 유래한다. 특히 시장에 대한 정부의 잘못된 개입이 그 원인인 경우가 많다. 정부의 독점적 공공사업, 인허가 등에 따른 제도적 독점, 면허제도 등이 불평등을 확대하고 있는 것이다.[35]

시장 성과만큼 좋은 분배의 기준은 없다. 오히려 정부의 잘못된 시장 개입이 분배를 왜곡하고 격차를 유발하고 있다. 그런데 시장 성과는 능력을 반영하는 것인가? 성과는 능력에 따른 것이라고 쉽게 생각할 수 있다. 하지만 하이에크는 "시장에서의 결과는 능력과 무관하다. 소득은 단지 그가 시장에서 제공하는 재화와 용역의 가치를 소비자가 어떻게 평가하느냐에 달려 있다. 소득은 수요와 공급의 우연성에 기인하는 것이다. 내가 시장에서 어떤 위치에 있느냐에 따라 나의 소득이 결정된다."라고 하였다. 능력과 소득은 관계가 없다고 한 것이다. 소득을 '행운'의 결과로 돌려서 능력과 괴리된 불평등에 대한 비판을 무력화하려고 했다. 소득 불평등을 능력의 반영이라고 한다면 상처에 모욕을 더하는 것이 될 것이라 여겼다. 소득이 낮거나 성공하지 못한 사람들의 정신적 부담이 클 것이기 때문이다. "소득 불평등이 각자의 능력과는 무관한 것으로 생각한다면 부자는 덜 거들먹거리고 빈자는 덜 애끓어 할 것이다."라고 하였다. 이에 대해 존 롤스는 "사람들은 누구나 능력을 기르고 닦아 마음껏 발휘할 필요가 있다. 다만 그의 승리가 전적으로 그에게 속한 것은 아니다. 많은 돈을 번다고 해서 그 사람의 능력이나 미덕이 반영된 것은 아니다. 시장에서 부풀려진 보상은 공동체 전체와 나눠 가져야 한다."[36]라고 말했다.

시장경제에서 소득은 원칙적으로 시장 성과에 따를 것이다. 하지만 시장 성과는 불안정하며 참여자 간 격차가 크다. 운도 따른다. 그런데 실제로 시장 성과에 따라 직접 소득을 획득하는 사람들은 그렇게 많지 않을 수 있다. 물론 자영업자는 직접 시장에서 활동한 결과로 소득을 얻는다. 하지만 취업자 중 자영업자는 상대적으로 많지 않다. 취업자 중 자영업자 비중은 국가별로 다르다. 대체로 선진국은 자영업자 비중이 작고 기업 등 조직에 속한 근로자 비중이 크다. 미국, 독일 등 주요 선진국의 자영업자 비중은 10% 전후 정도이다. 이에 비해 한국의 동 비중은 20%를 넘는다. 선진국의 경우 전체 취업자의 70~90%는 사업자가 아니라 임금 근로자이다. 그들은 대기업, 중소기업, 공공부문 등에 근무한다. 이들은 시장이 아니라 자신이 속한 조직의 임금 체계에 따라 임금을 받는다. 공공기관 등은 조직 성과를 화폐적 가치로 측정하기 어려운 경우가 많다. 대기업은 전체의 시장 성과는 측정되지만 각 부문이나 개인의 기여 정도를 측정하기가 쉽지 않다. 그래서 임금이나 급여 산정 때 '능력'이라는 기준을 고려한다. 전체 성과에 대한 개별 종사자의 공헌 정도를 측정하기 어려우니 대신 '능력'을 기준 삼자는 것이다. 그렇다면 성과 산출에 필요한 역량을 어떻게 정의하고 측정할 것인지가 중요해진다.

사회는 기업이나 공공부문에 필요한 역량을 갖춘 인재들을 길러 내야 한다. 그에 성공하면 흥하고 그렇지 못하면 쇠퇴할 것이다. 선비사회 조선에서는 글 읽기가 중요했으며 사무라이 사회 일본에서는 칼 쓰기가 중요했다. 사람의 능력을 무엇으로 평가하느냐에 따라 교육의 내용과 방법은 달라질 것이다. 성과, 학력, 경험, 근속, 시험 중 무엇을 보상의 주요 기준으로 삼느냐에 따라 한 나라의 교육과 경제는 큰 영향을 받는다. 민주주의 사회는 "모든 시민이 인종, 성별, 계층 등의 차별 없이 공평하게 경쟁하며 노력과 재능에 따라 능력을 개발한다."라는 것을 이상으로 삼는다. 하지만 그 이상을 제대로 실현하고 있는 국가는 많지 않다. 능력 개발에 관련된 공정성에 대한 논의가 많다. 부자에게 유리한 교육 제도와 그에 따른 보상체계의 문제이다. 부유한 사람들은 특권을 영구화하려 하고 전문직업인은 자신들의 유리함을 자녀들에게 물려줄 방법을 찾는다. 능력주의(Meritocracy)란 '능력에 따라 사회적 지위나 권력이 부여되고 경제적 보상을 받는 것은 정당하다'는 사상이다. 시험을 통해 능력을 평가하고 정부 관료나 고위직에 선발하는 것은 이러한 철학의 반영 결과일 것이다. 특히 대학 학위를 능력의 대표적 지표로 인정하고 보상하고는 한다. 관련하여 중산층 등이 입시제도를 활용해 자녀를 명문대에 보내는 현상을 새로운 '세습 귀족제'라고 비판한다.

미국에는 2차 대전 후 1970년대까지 대학 학위가 없어도 좋은 일자리가 많았다. 부족함 없이 가족을 부양하고 중산층으로 살아갈 수 있었다. 하지만 1980년대가 되면서 상황은 바뀌었다. 1980~2020년 사이 대졸자의 임금 프리미엄은 크게 증가하였다. 1979년 대졸자는 고졸자보다 40% 더 받았지만 이제 80%를 더 받고 있다. 1979년 제조업 일자리는 1,950만 개에서 2016년 1,200만 개로 크게 줄어들었다. 1979년 이후 미국의 1인당 GDP는 85% 증가하였으나 비대졸 백인 남성의 실질 소득은 오히려 낮아졌다. 1971년 백인 노동 계층은 93%가 고용되었지만 2016년에는 80%로 떨어졌다. 2017년 비대졸자는 대졸자보다 자살, 알콜성 질환 등으로 희생될 가능성이 세 배나 많았다.[37] 이러한 현상은 미국의 학력 기반 능력주의와 깊은 관련이 있다. 입시부정 사건이 발생하고 기여입학제의 문제가 부각되었다. 입시에서 저소득 계층 학생에게는 SAT보다 내신이 더 유리하지만 고소득 계층 자녀에게는 SAT가 더 유리하다. 한국과 판박이이다. 입시가 부자들만을 위한 것이 되었다고 비판한다. 아이비리그 학생의 2/3 이상이 소득 상위 20% 이상 가정의 출신이다. 하위 20% 가정 출신은 전체의 4% 이하에 불과하다.[38] 부자들은 왜 자식들에게 재산이나 사업체를 물려주기보다 교육에 투자하는가? 개인 능력이나 직업에 의한 불평등보다 부모로부터 받은 부의 불평등을 더 부당하게 여기는 경향이 있다. 그런데 교육을 통한 능력이나 학위는 그 개인의 능력으로 간주하기도 한다. 사실 개인 노력의 결과인지, 물려받은 것인지를 구분하는 일은 쉽지 않다. 사람들이 좋아하는 목소리를 지닌 것은 누구에 의한 것인가? 어떻게 되었든 능력 평가를 통해 동료가 자기보다 더 많은 급여를 받는다면 불만은 크다.[39]

능력주의는 학력이 일하는 능력이나 성과와 연관성이 약하다는 점에서도 비판받는다. 예컨대 좋은 통치에는 실천적 지혜와 시민적 덕성이 필요하다. 공동선에 대해 숙고하고 그것을 효과적으로 추구할 수 있어야 한다. 하지만 그러한 능력과 좋은 점수로 명문대에 들어가는 능력 사이의 연관성은 크지 않다. 명문대 졸업자가 저학력자보다 통치를 잘한다는 생각은 능력주의적 교만에 기초한 것이다. 조지 워싱턴, 에이브러햄 링컨, 해리 트루먼 등은 대졸자가 아니었다. 영국의 경우 장관들의 학력이 낮고 출신 계층 분포가 다양할 때 성공적이었다. 고학력 계층이 의회를 지배할 때의 정치가 오히려 더 좋지 않았다.[40] 산업계나 기술계는 어떨까? 직무에 따라 공학이나 인문과 사회에 관한 기본 지식이 필요하다. 그러나 그렇다고 학력이나 명문대 출신 여부가 결정적으로 중요한 것은 아니다. 일의 성과는 지식 이외에 문제를 해결하려는 열정, 태도, 사람들 간의 관계에 따라 결정된다. 학력의 영향은 상대적으로 크지 않다. 학력이 과거 지식의 학습 결과라면 특허는 새 아이디어와 기술 등 미래를 지향한다. 학위 획득에는 부모의 부가 역할을 하지만 특허 획득에서는 큰 영향이 없다. 미국에서 1820~1845년에 특허를 받은 사람 중 부모가 지주나 전문직 종사자인 경우는 19%에 불과하였다. 에디슨은 어머님 가르침 외에 정규 교육은 거의 받지 못했다. 그 외에 수많은 발명가, 성공한 기업인 중 대졸이 아닌 자는 아주 많다.

미국에서는 '성공은 자신의 덕이며, 자신이 기울인 노력에 따른 것'이라 생각하는 대학생이 증가하고 있다. 1980년대 초 하버드와 스탠포드의 입학 경쟁률은 5 대 1 수준이었는데 2019년에는 20 대 1을 넘었다. 소득 수준 최하층에서 태어난 사람이 최상위층에 도달할 가능성은 점점 더 줄고 있다. 미국의 부 대물림 현상은 유럽이나 일본보다 훨씬 심하다. 특히 우려스러운 것은 능력주의에 내재한 모욕의 감정이다. 대학에 가지 않은 잘못이 개인에게 있다고 보는 것이다. 사회 상층

부에 오르지 못한 사람들의 자괴감은 크다. '뒤처졌다. 책임은 자신들에 있다'고 생각하는 데서 오는 절망감이 문제이다. 조지 H.W. 부시, 빌 클린턴, 버락 오바마, 토니 블레어 등은 청년들에게 대학에 가고 능력을 발휘하라고 조언했다. 제조업 부실 등에서 오는 국가경쟁력 문제를 교육에서 찾고 대학 교육을 중요하게 여겼다. 하지만 결과적으로 일자리는 늘지 않았고 학력 간 소득 격차는 더 벌어졌다. 특히 대학 졸업장이 비대졸자의 사회적 기여를 폄하하고 특권과 오만을 유발하는 면에서 문제가 되고 있다. 능력주의의 가장 큰 폐해는 기회의 평등을 가장하고 계층 간 이동을 제약하는 데 있다.[41]

한국이나 미국 근로자의 노조 가입률은 전체 근로자의 10%를 조금 넘는다. 노조 가입자는 상대적으로 소수이지만 그들의 고임금이나 노사 교섭이 전체 근로자에 미치는 영향은 크다. 밀턴 프리드먼은 노동조합에 가입한 근로자들의 임금이 약 10~15% 인상 효과가 있다고 보았다. 이로 인해 85~90%의 다른 근로자들 임금은 약 4% 정도 삭감된다. 노조로 인해 특정 직업이나 산업의 임금이 인상되면 해당 부문 고용은 감소한다. 더 많은 사람이 다른 직업을 찾게 되고 그 다른 부문의 임금수준을 낮춘다. 또한 면허 제도 등으로 특정 집단에 대한 소득을 보장하는 것은 필연적으로 그 밖의 다른 이들의 희생을 초래한다. 이러한 특권들이 늘어날수록 그 바깥 삶들의 불안정성은 증가한다. 경직적으로 보호된 우산 밑의 사람과 그 바깥 간에는 심연의 격차가 존재한다. 젊은이들은 연금을 탈 확실한 권리를 얻었을 때 결혼하려고 한다. 젊은 시절 소득이 보장되는 도피처에 들어가지 못하면 평생 최하

층에 머물 것이라고 우려한다. 보장받지 못하고 조직화 되지 않은 근로자들이 배제되고 있다.[42]

시장경제는 평평한 운동장에서의 승부로 승패를 가르는 것이 장점이다. 경쟁에 따른 승패와 소득 차이는 시장의 일상이다. 그것은 한 번으로 그치는 것이 아니라 지속되고 반복된다. 이기기도 하고 패할 때도 있지만 역동적 경제의 원동력이다. 이러한 자유가 불안할 수 있다. 그래서 사람들은 경쟁을 차단하고 안정적인 소득이나 지위를 획득하는 데 관심을 기울인다. 담합 등에 의한 지대 추구 행위, 명문대 학위 획득, 노조 등을 통한 안정적 임금 추구 등이 그것이다. 하지만 시장 경쟁을 거부하는 수단들의 효과는 사회 전체로 볼 때 긍정적이지 않다. 세상에 내놓는 것에 앞서 먼저 가져갈 것을 챙기기 때문이다. 그들에게 혜택이 돌아가는 만큼 남에게는 피해를 준다는 사실을 기억하여야 한다. 경제 사회적 격차를 유발하고 경제 전체의 성장과 일자리 창출을 방해하는 문제는 크다.

▶ 임금체계

오늘날 자영업자를 제외한 다수 취업자는 임금 근로자이다. 장인과 지주, 개인 무역상 등이 국가 경제를 이끌던 때와는 다른 모습이다. 취업자 다수가 국가나 국영기업, 크고 작은 기업들에서 근무한다. 시장에서 활동한 결과가 아니라 정해진 규율에 따라 일하고 임금 등의 소득을 얻는다. 근로자가 어떤 기준으로 임금을 받는지가 중요한 것이다. 취업자 다수가 필요한 일자리를 얻고 적절하게 보상받는 시스템이 필요하다. 임금체계는 기본적으로 노사 자율의 영역이다. 하지만 그것은 공정성과 효율 등의 면에서 국가 전체적으로도 매우 중요하다. 임금 결정 방식은 근로자의 사기나 생산성은 물론 국가의 경제성장이나 일자리 창출 등에 미치는 영향이 크다. 다수 국가가 법령 등을 통해 기업의 임금체계 등에 개입하는 배경이다. 물론 임금체계의 세부적인 것은 개별 기업의 몫일 것이다. 하지만 국가는 기업 등에게 임금체계의 큰 틀과 방향을 제안하면서 이끌어 가고 있다.

　임금체계에서 가장 중요한 것은 임금 결정의 기준이다. 우선 투입형과 성과형으로 나눌 수가 있다. 임금을 생산량, 매출액, 이익을 기준으로 지급한다면 성과형이다. 임금을 근무한 시간이나 일수에 따라 지급한다면 투입형에 해당한다. 자본가와 근로자는 각각 어떤 형태를 선호할까? 자본가 또는 경영자는 성과형을 선호하고 근로자는 투입형을 선호할 것으로 생각할 수 있다. 경영의 많은 부분은 산하 조직과 인력을 관리하는 일에 관련된다. 부문별로 목표와 계획을 세우고 성과를 관리하도록 한다. 능력이 부족하면 교육을 하고 실수가 잦으면 벌을 줄 것이다. 사기가 저하되면 격려하고 동기를 부여할 필요가 있다. 하지만 경영자는 부하들이 자신이 바라는 만큼 열심히 일하지 않는다고 느낄 때가 많다. 이때 만약 성과나 그에 공헌한 만큼 임금을 지급할 수 있다면 관리 부담이 크게 줄 것이다. 부하들 스스로 성과를 내기 위해 노력할 것이기 때문이다. 이러한 이유로 자본가나 경영자는 성과급형 임금체계를 선호할 가능성이 크다. 운수업계에 만연한 지입제, 생산라

인별로 생산량에 따라 임금을 지급하는 소사장제, 자영업자의 외형을 띤 특수형태근로종사자 등은 그 결과물들이다. 근로자는 어떠한 입장일까? 상황과 성향에 따라 다를 것이다. 만약 성과 측정이 단순하고 좋은 성과를 낼 자신이 있다면 성과급형을 선호할 가능성이 있다. 하지만 성과 측정의 방식이 복잡하고 성과에 자신이 없다면 고정적 임금을 선호할 것이다. 경영 성과에 대하여 자본과 노동의 기여 정도를 측정하는 것도 쉽지 않다. 사용자와 근로자가 충분히 협의하고 결정할 문제이지만 간단하지 않다.

실제 임금체계에서는 투입량이나 성과 이외에 여러 기준이 사용된다. 대표적으로 근로자 능력이나 직무 특성을 고려하는 방법들을 들 수 있다. 연공급, 직무급, 직능급 등의 방식이 그것들이다. 연공급은 호봉급이라고도 하며 주로 근속연수, 즉 연공에 의해 임금을 결정하는 체계이다. 한국기업과 공공기관에는 연공급 체계가 광범위하게 도입되어 있다. 미국과 유럽 등에서는 찾기 어려우며 공공부문 등에 일부 존재할 뿐이다. 연공급 체계에서는 근속연수 증가에 따라 임금이 상승하며 연공이 승진의 기준이 되기도 한다. 연공급에서는 같은 시기의 동일 직급 입사자 간 임금 차이가 거의 없다. 같은 일을 해도 근속연수에 따라 임금은 2~3배 이상 벌어질 수 있다. 문제의 하나는 장기근속에 따라 생산성이 계속 증가하지 않으면 임금이 생산성보다 높아지게 된다는 점이다. 이러한 체계에 고용까지 보장하면 근속할수록 기업의 고용 부담은 계속 늘어난다. 장기근속자가 정년 전에 조기퇴직 압박을 받게 되는 배경이다.

반면 직무급에서는 업무 난이도, 근무 강도, 책임의 정도, 요구되는 기술 등에 따라 임금이 결정된다. 직무 가치를 평가하여 그에 따라 임금을 지급하는 것이다. 예컨대 건설업 분야에는 건축 설계, 실내 건축, 조경 시공, 폐기물 처리, 안전관리, 경리, 토목 시공, 전기설비, 폐기물 처리, 현장 감독 등의 분야가 있고 그 안에 세분된 여러 직무가 있다. 이러한 직무들의 가치를 평가하고 등급을 부여하여 임금 산정의 기초로 삼는다. 연공급에서는 '공개채용' 등으로 신입사원을 한꺼번에 채용한 후 개별 직무에 배치하고는 한다. 하지만 직무급 체계에서 그러한 일은 발생하지 않는다. 직무별로 필요할 때 근로자를 채용하기 때문이다. 직무급은 미국과 서구의 대표적인 임금체계이다. 직무에 따라 임금이 결정되므로 그 직무 수행자가 누구이든 동일한 임금을 지급한다. 사람이 아니라 직무에 따라 임금이 결정된다. 조직의 모든 직무에 대해 업무 특성, 책임, 요구되는 학력과 기술, 근무 환경 등을 조사하고 분석하는 것이 중요하다. 그에 따라 직무에 필요한 능력과 기술, 경험과 학력, 필요 자질이 정리되고 평가된다. 그리고 조직 내 모든 직무의 중요도와 가치를 상대적으로 평가한다. 이에 따라 직무등급을 부여하고 상응하는 임금을 결정한다.

미국은 2차대전 중 임금 불평등 완화를 목적으로 직무급제를 도입하였다. 그 후 직무를 분석하고 평가하는 방법을 계속 개발하고 보급하였다. 노사 모두 직무급의 필요성과 공정성에 공감하면서 직무급은 급속히 퍼졌다. 처음에는 세분화한 직무별로 임금을 지급하는 순수 직무급제였다. 1970년대 이후에는 순수 직무급에 역량급, 성과급을 가

미한 체계로 발전하였다. 중요한 것은 미국 정부가 임금차별 금지를 천명함에 따라 직무급이 크게 확산하였다는 사실이다. 1963년의 동일임금법(The Equal Pay Act)과 1964년 민권법(Civil Rights Act)은 임금 관련 차별을 금지하였다. 임금은 직무와 관련해서만 차이가 날 수 있음을 선언한 것이다. 기업들은 임금 설정에 관해 충분한 자료를 제시해야 했다. 직무를 세밀하게 분석하여 임금을 정하고 근로자 간 임금 격차를 객관적으로 설명하는 등의 노력을 했다. 같은 일을 해도 정규직[12]과 비정규직[13]이 있고, 소속에 따라 임금 격차가 발생하는 것은 용납되지 않는다. 직무분석을 하려면 준비가 필요하다. 직무의 내용, 난이도, 기대 성과, 필요 능력 등에 대한 정보를 수집하고 분석하는 데 비용과 시간이 소요된다. 다수가 인정할 수 있는 공정하고 객관적인 분석이 되어야 한다. 미국 노동부는 이를 위해 표준화된 직무에 관한 정보를 제공하며 지원하고 있다. 기업 등의 조직들은 직무분석 관련 자료나 임금 정보를 손쉽게 구할 수 있다.

영국은 1970년 동일임금법(Equal Pay Act)을 제정하였다. 이를 계기로 직무급 임금체계가 도입되었고 동일노동-동일임금 체계가 확산하였다. 예컨대 2016년 영국의 스완지 지방정부의 직무등급은 모두 12개 등급이었다. 전체 등급은 다시 모두 44개의 임금 단계로 구성되었다. 2017년 임원을 제외한 최저 연봉은 1만 5천 파운드였으며 최고는 4만 9천6백 파운드였다. 최고 연봉은 최저 대비 3.3배 수준이었다.

---

[12] 기간의 정함이 없는 근로자
[13] 정규직 근로자가 아닌 기간제, 시간제, 파견, 용역 형태의 근로자

계속 동일 직무에 종사한다면 근속에 따른 임금 인상은 5년까지만 인정되었다. 임금 인상은 근속, 성과와 기여, 역량 등의 평가에 의한다. 한편 1940년대 초반 독일의 철강 및 금속산업은 직무평가를 통해 임금을 결정하기 시작했다. 이때 여성이나 외국인 근로자가 많은 미숙련 노동에서는 시간급 등을 적용하였다. 2차 대전 후 기업은 근로자 동기부여, 기술환경 변화에 대응, 직무구조의 투명성 등을 위해, 노동조합은 미숙련 근로자의 임금 인상, 남·여 균등 임금 실현, 임금 결정의 과학화로 기업의 자의성 배제 등을 위해 직무급을 수용하게 된다. 2005년 바덴-뷔르템베르크주 노사는 협약을 통해 직무급 중심의 임금체계를 확립하였다. 직무 기본급은 직무별 지식과 능력 40%, 사고력 20%, 권한과 책임 20%, 의사소통 및 관리능력 20%를 평가하여 결정한다. 임금은 기본급에 능률급과 시간 외 수당 등을 합쳐 지급한다.

특히 독일은 산업별로 중앙집중적 단체교섭을 통해 임금체계와 임금수준을 결정한다. 산업별로 정부와 노조 대표가 협상한 결과는 개별 조직의 임금 및 근로조건에 그대로 반영된다. 협상을 벗어난 임금 결정이나 정규직 여부에 따른 격차는 있을 수 없다. 산별교섭으로 개별 직무별 임금수준이 정해진다. 동일한 직무의 근로자는 근무 조직이나 고용 형태와 무관하게 동일임금을 받는다. 동일노동 동일임금의 원칙을 실현하고 있다. 예컨대 폭스바겐에 부품을 공급하는 소기업 근로자도 폭스바겐 수준의 임금을 받는다. 단체협약에서 전체적으로 결정된 임금구조와 임금수준은 개별 사업장이 사후적으로 조정할 수 없다. 베를린시 평생교육원에는 모두 18명의 직원이 근무한다. 이 기관의 직무급 등급은 모두 15개이다. 가장 낮은 등급의 임금에 비해 최고 등급의 임금은 4.09배 수준이었다. 경영관리직 2명은 14등급, 교육 기획 및 운영 종사자 10명은 11~13등급, 경영지원 부문 6명은 7~8등급에 해당하였다. 또한 독일은 생산직과 사무직 간 달랐던 임금체계를 하나로 통합하였다. 직무 성격이나 업무 환경과 무관하게 동일노동-동일임금 원칙을 적용하게 된 것이다. 노동조합도 동참하여 개별 기업 간 경계를 허물고 모든 근로자 간의 연대를 추구한 결과였다.[43]

일본은 2천 년대 초반까지도 기업 등의 조직은 대부분 연공급 방식의 임금체계를 운영하였다. 하지만 지금은 조직과 부문에 따라 직능급, 역할급, 직무급 등이 혼용되고 있다. 2차 대전 이후 연공 중심의 임금체계에서 연공성을 제거하거나 완화하려는 노력을 지속한 결과이다. 직무급이 담당 직무에 따라 임금을 결정한다면 직능급은 맡은 직무뿐만 아니라 개인의 여러 경험, 훈련 이수 등 속인적 요소를 반영하는 것이다. 직능급은 숙련급이라고도 하며 근로자의 직무능력 또는 숙련 정도에 따라 임금을 결정한다. 근본적으로 직무능력이나 자격 등을 평가하여 임금을 인상한다는 점에서 연공급과 다르다. 하지만 시간이 지나면서 실제로는 연공을 기준으로 직능을 평가하는 경향을 보였다. 그래서 등장한 것이 역할급이다. 직무에서 담당할 역할, 기대하는 공헌 등을 고려하여 역할 등급을 부여하는 방식이다. 매년 직무별로 성과 목표를 설정하고 성과를 평가함으로써 다음 해의 임금을 결정한다. 직무급에 숙련도나 성과를 반영하는 서구식 직무급 체계와 유사한 결과가 된다. 근속에 따라 자동으로 호봉이 오르고 임금도 오르는 현상은 사라지게 된다. 일본 생산성본부는 관리직에서는 역할·직무급이 지배적이며 사원급에서는 직능급 외에 역할·직무급의 비율이 빠르게 증가하고 있다고 본다.[44]

　미국, 독일 등 서구에서는 직무급 체계가 일반적이다. 담당 직무의 난이도나 책임에 따라 임금을 결정하는 것을 기본으로 한다. 동일 등급 내에서는 노력이나 성과와 더불어 근속도 임금 인상에 반영한다. 즉 근속에 따른 연공 개념이 완전히 배제된 것은 아니다. 하지만 근속에 따른 임금 상승은 5년 정도로 제한하며 그 임금 인상 폭은 우리보다 훨씬 작다. 직무급에서는 정규직, 무기계약직, 기간제 등으로 종사 형태가 다르더라도 직무별로 동일한 임금표를 적용한다. 정규직, 비정규직 등 종사 형태에 따라 별도의 임금체계를 적용하는 우리와 크게 다른 모습이다. 선진 주요국은 사무직과 기타직 간의 임금체계를 통합하고 직군 간 임금의 형평성을 강화하는 추세이다. 동일노동 동일임금의 가치를 실현하기 위한 것이다. 부당한 임금차별을 막으려는 오랜 노력의 결과라 할 수 있다. 동일노동 동일임금(Equal pay for equal work)이란 정규직, 파트타임, 파견 사원 등의 고용 형태, 성별, 인종, 종교, 국적 등과 무관하게 동일 직무 종사자에게는 동일임금을 지급한다는 임금 결정 원칙이다. 국제 노동 기구(ILO)는 이 원칙을 그 기구 헌장에 실었으며 기본적 인권의 하나로 보고 있다.[45]

　직무급이 서구의 임금체계라면 연공급은 한국의 임금체계이다. 직무급이 하는 일에 따라 임금을 결정한다면 연공급은 조직 진입 순서와 위계에 따라 임금을 결정한다. 연공급 조직은 승진과 배치에도 능력보다 근속연수를 우선하는 경향이 있다. 직무급이 근로자의 개별성에 기반을 둔다면 연공급은 조직의 집단성을 중요하게 여긴다. 직무급이 일과 개인을 우선한다면 연공급은 집단이 먼저이고 개인은 그에 종속적이다. 연공급의 이러한 성격은 인사와 임금 결정에서 개인의 역량과 기여를 무시하는 결과가 된다. 개인 간 경쟁할 자유를 제약하고 기회가 봉쇄되는 것이다. 구성원들은 이러한 문화로 인해 조직 내 창의적 활동과 경쟁을 회피하는 데 익숙해진다. 연공급 체계에서는 입사 후 근속하기만 하면 임금과 생활이 보장된다. 굳이 성과를 내고 노력하지 않아도 된다. 시장에서는 고객에게 제공하는 결과물의 가치가 중요하다. 하지만 연공급에서는 해당 조직의 입구를 먼저 통과하는 것이 무엇보다 중요하다.

4. 시장과 국가

　베네치아는 중세 세계에서 가장 부유한 도시 중 하나였다. 인구는 1050년 4만 5천 명에서 1200년 7만 명, 1330년에 11만 명으로 불어났다. 베네치아의 번영은 당시 다른 곳보다 앞섰던 포용적 정치경제 제도[14]에서 찾을 수 있다. 당시 유명했던 제도의 하나로 '코멘다(commenda)'라는 계약 형태를 들 수 있다. 합자 회사의 초기 형태로서 무역 거래 위탁을 계약의 주요 내용으로 한다. 코멘다에는 보통 두 명의 파트너가 참여했다. 한 사람은 자본을 대면서 베네치아에 머물고 다른 사람은 물품을 옮기며 무역하는 것을 담당했다. 무역에 따른 손익은 출자 자본의 비율에 따라 달랐다. 100% 자본을 댔다면 이익의 75%를 챙겼고 67% 자본을 댔다면 50%를 챙겼다. 이러한 계약으로 엘리트층이 아닌 청년들도 무역을 통한 신분 상승이 가능하였다. 개방적이고 민주적인 정치체제가 이를 뒷받침했다. 의회와 법원 등이 베네치아 수장의 권력을 제한하였고 분권화된 정치가 경제를 이끌었다. 새로운 경제 제도를 통해 신흥 부자들이 등장하였으며 기존 엘리트층

---

[14] 대런 애쓰모글루 등은 일반 대중이 직업과 사업 등 경제활동에 자유롭게 참여해 자신의 재능과 역량을 충분히 발휘할 수 있는 경우를 '포용적 제도'의 경제라 하였다. 또한 사회 전반에 권력이 고루 분배되어 서로 견제하고 충분히 중앙집권화된 다원적인 정치제도를 '포용적 정치제도'라 불렀다. 이에 대하여 착취적 정치경제 체제에서는 소수 특권층이 권력을 쥐고 휘두르며 나머지 사회구성원의 자원과 노동을 착취하는 제도를 운영한다.

의 정치권력에 도전했다. 하지만 1286년 40인 평의회는 평의회 의원직의 상속, 승계를 결정하였다. 베네치아 쇠퇴의 전주곡이었다. 1315년에는 세습 귀족에 의한 의회 체제로 변모되었다. 코멘다 방식의 계약은 더 이상 허용되지 않았다. 기존 엘리트층이 신흥 상인계급의 출현을 배제하려고 했다. 베네치아 정부는 무역을 국유화했고 무역상들은 높은 세금을 물어야 했다. 장거리 무역은 귀족의 전유물이 되었다. 베네치아는 몰락하기 시작했다. 1500년경 베네치아 인구는 10만 명으로 줄어들었다.[46]

영국의 산업혁명에는 명예혁명의 영향이 컸다. 다양한 계층을 대변하는 다원화된 의회 등의 체제가 중요했다. 자유롭게 사업을 할 수 있는 등 시민의 체제가 만들어졌다. 상업적 문화와 운하, 철도 등의 발달은 타 산업 발전의 기반이 되었다. 이러한 인프라가 전국을 커다란 하나의 시장으로 만들었다. 1840년대에 외국의 곡물 수입을 금지했던 곡물법은 폐기되었다. 수입 곡물이 전국적으로 유통되면서 영국 농민의 이익은 크게 줄었다. 하지만 근로자의 식비를 크게 절감할 수 있었고 여타 산업의 경쟁력을 강화하는 기반이 되었다. 프랑스는 영국에 비해 과학이나 기술에서 앞서 있었다. 하지만 사업할 자유, 경쟁할 자유 등 경제발전의 기반이 되는 체제의 발달은 늦었다.

19세기 미국에서는 누구나 특허를 출원할 수 있었다. 새로운 아이디어와 제조 방법을 안다면 큰 비용이 들지 않았다. 부유층, 엘리트층만이 아니라 다양한 배경의 사람들이 특허 소유자가 되었다. 토머스 에디슨도 그중의 하나였다. 그는 특허를 팔아 큰돈을 벌었지만 직접 창업도 했다. 그가 설립한 GE는 미국의 대표적 기업으로서 명성을 날리게 되었다. 그의 아버지는 널빤지 장사, 재단사, 술집까지 온갖 직업을 전전했다. 에디슨은 어머님 가르침 외에 정규 교육은 거의 받지 못했다. 1820~1845년에 특허를 받은 사람 중 부모가 지주나 전문직인 경우는 19%에 불과했으나 서민층 사람은 40%에 달했다. 하지만 특허 자체로 돈이 되는 경우는 많지 않았다. 사업을 해야 돈이 되었는데 투자 자금이 중요했다. 그런 면에서도 미국은 발명가들에게 기회의 나라였다. 19세기 미국 금융 중개업과 은행업은 경제발전의 견인차가 되었다. 1914년 미국의 은행은 무려 2만 7천여 개였으며 총자산은 173억 달러에 육박했다. 은행과 금융기관들은 치열하게 경쟁했다. 발명가는 낮은 금리로 쉽게 창업자금을 조달할 수 있었다. 미국은 이미 정치에서도, 혁신에서도 민주적이었다.[47] 그것이 미국의 성장과 혁신을 이끌었고 팍스 아메리카나 시대를 연 힘이었다.

미국의 번영은 유럽보다 훨씬 더 자유시장 자본주의에 헌신한 결과였다. 자본주의의 발달을 주도하고 자유무역을 확산하였다. 유럽은 '성채 사회'인 반면 미국은 '대상(caravan) 사회'였다. 유럽인은 가진 것을 지키려 성채를 세웠지만 미국인은 새로운 기회를 찾아 이동했다. 시어스와 로벅은 우편 주문 시스템으로 농민에게 상품을 팔았고 레이 크록은 햄버거 제국을 건설하며 세계로 진출했다. 영국 창업자는 사업이 번창하면 영지와 작위를 사서 뽐냈으나 미국에서는 창업자보다 높은 작위는 없었다. 미국은 창업자, 기업가의 나라였다. 하지만 이러한 미국도 1930년대 공황을 맞아 자동차, 화학, 알루미늄, 유리, 무연탄 등 산업에서 자유로운 경쟁은 거의 사라졌었다. 생산 과잉을 해결하려고 정부가 주요 품목의 가격과 생산에 간여하였다. 누가 무엇을 얼마만큼 생산할 것인지까지 결정했다. 이는 기존 기업들의 이익을 보호하는 결과가 되었다. 대기업은 높은 가격으로 이익을 챙겼으나 중소기업은 성장의 기회를 빼앗겼다. 소비자는 가격 인상으로 소비에서 얻는 가치가 줄었다. 경제는 최악의 불경기를 겪었다. 하지만 보호받는 산업의 근로자 임금은 전에 비해 20% 정도 더 많았다. 거대 노조와 대기업은 경쟁이 사라진 시장에서 결탁하고 이익을 나눴다.[48]

일본은 1868년 1월 메이지유신을 선포하였다. 상하 양원이 설치되고 귀족과 사무라이, 평민 등의 차별이 철폐되었다. 지방 번주 등의 땅은 환수되었고 토지 사유권 제도가 도입되었다. 누구든 자유롭게 직업을 선택할 수 있게 되었다. 1869년에는 도쿄와 오사카를 오가는 증기선 항로를 개척하였고 도쿄와 요코하마를 잇는 철도를 건설하였다. 1890년 성문헌법을 만들어 아시아 최초의 입헌 군주제 국가가 되었다. 이러한 변화들은 중국이나 한국 등 아시아의 다른 나라가 가 보지 않은 길이었다. 중국은 1839~1842년 아편 전쟁을 겪었으나 황실 중심의 정치는 바뀌지 않았다. 이에 비해 일본은 1853년 페리 제독의 도쿄만 등장 이후 개혁을 시작하였다. 사쓰마번 등의 주도로 도쿄의 봉건 막부를 무너뜨리고 제도 개혁에 나섰다.

한국은 분단된 지 80년이 다 되었다. 빠른 경제 개발 등으로 세계적인 관심의 대상이다. 하지만 북한은 기본적 식량조차 부족하여 시민 다수가 굶주리며 고통을 겪는다. 이러한 차이의 원인은 무엇보다 정치경제 체제의 극단적인 상이함에 있을 것이다. 남쪽은 일반 대중이 비교적 자유롭게 자신이 원하는 바를 선택하고 역량과 재능을 발휘한다. 사유재산 제도와 법치를 기반으로 자유로이 경쟁하고 보상을 받는다. 반면 북한은 김일성과 그의 후손이 절대 권력을 쥐고 백성을 지배해 왔다. 법은 공산당의 통치 도구일 뿐 통치자 1인의 명령과 생각이 모든 것을 결정한다. 사업할 자유, 직업 선택의 자유는 물론 없다. 북의 노동지도원은 한국의 고용지원센터 직원에 해당한다. 인민의 일자리는 그들에 의해 일방적으로 지정된다. 통치자와 주변의 소수가 다른 이들을 착취하여 자신들의 배를 불린다. 착취적 정치경제 제도의 극단적 행태를 보여 주고 있다. 남북한 격차는 이러한 체제의 차이에서 오는 것이다. 남북한의 경제 지표 등은 자유 민주주의 시장경제의 상대적 우월성을 보여 주는 좋은 증거들이다.[49]

시장에서는 다수가 자율적으로 각자의 것들을 교환하는데 결과적으로 모두에게 이익이 된다. 시장은 자연적으로 발생하기도 하지만 국가 체제와 무관한 것은 없다. 정도의 문제일 뿐이지 시장 있는 곳에는 항상 국가 통제가 있었다. '불완전한 시장과 불완전한 정부'가 공존해 왔다. 시장의 모습은 국가마다 천차만별이다. 자본주의 체제의 시장일수록 자유롭고 사회주의에 가까울수록 통제는 많다. 자본주의 시장경제를 택한 나라 간에도 차이가 작지 않다. 무엇을 시장에 맡기고, 무엇을 국가가 담당하느냐에 따라 시장 모습은 크게 다르다. 미국, 이스라엘,

스페인 등에서는 피를 사고파는 것이 가능하다. 매혈 여부를 개인 자유의 영역으로 본다. 하지만 다른 나라들은 도덕적 이유로 매혈을 금지한다. 그렇다고 피를 수입하는 나라가 더 도덕적이라고 하기는 어렵다. 미국의 의료 서비스는 민간 의료보험 회사가 주도한다. 이에 반해 유럽은 국가가 직접 의료 서비스를 공급한다. 미국은 기본적으로 노동이나 토지 거래를 시장 자율에 맡기지만 유럽은 다양한 규제로 이러한 거래를 관리한다. 같은 시장경제이더라도 시장의 모습은 많이 다르다.

시장에서는 참여자들이 거래 등으로 연결되면서 집단 지성을 발휘한다. 반면 국가는 영토 내에서 합법적으로 물리적 강제력을 동원한다. 시장이 자율적으로 거래를 한다면 국가는 폭력을 독점하면서 통치를 한다. 국가는 법을 통해 기업이나 시민에게 획일적인 메시지를 전달하고 집행한다. 소득세, 재산세를 규정하고 세율을 매겨 세금을 징수한다. 한번 그것을 결정하면 누구에게든 통일적으로 적용되며 해당 법령이 개정되지 않는 한 사정은 변하지 않는다. 시장이 자율적이고 유연하다면 법령은 경직적이고 획일적이다. 역사적으로 모든 제국은 약탈에 기초한 정치 공동체였다. 먼저 자신이 지배하는 영토의 주민들을 약탈했다. 고대 바빌로니아는 국가가 상인들에게 세금 거두는 사업을 하청 주었다. 중국에는 과도한 세금을 경계하는 통치 윤리가 있었을 정도로 징세가 과도했었다. 그리스, 로마, 중국, 이슬람, 페르시아, 이집트 등 과거 제국들은 예외 없이 약탈적 국가였다. 시장은 국가가 약탈하기에 좋았다. 아테네 등 그리스의 도시국가들은 지중해 식민지에서 공물을 챙겼다. 세금과 공물은 다시 군대를 조직하고 무력을 강화하는 데 쓰였다. 16세기부터 유럽 국가들은 너나없이 무역으로 부를 축적하고 부국강병에 골몰하였다. 이때 국가와 상업은 구별되지 않았다. 상업을 위해 군사를 키웠고 군대를 강화하려고 상업의 진흥이 필요했다. 그런데 18세기 이후 영국을 필두로 자유주의 시장경제가 등장했다. 영국과 나머지 중상주의 국가들은 서로 대립하고 경쟁하였다. 시장을 정치로부터 자유롭게 하자는 세력과 시장을 국가가 지배하려는 세력이 다투었다. 20세기에는 여기에 자유주의와 공산주의 간 대립과 경쟁이 더해진다. 시장 중심의 정치경제 체제와 국가가 시장을 대체하려는 체제 간의 경쟁, 즉 냉전이 시작되었다. 자유로운 시장이 중심이 될 것인가, 아니면 국가가 경제 전반을 통제할 것인가는 국가를 규정하는 근본적인 부분이다.

대런 애쓰모글루 등은 『국가는 왜 실패하는가(Why Nations Fail)』에서 창조적 파괴와 정치경제 제도의 관계에 관하여 이야기했다. 경제활동의 자유와 시장 경쟁의 역동성이 창조적 파괴의 기반이며 경제발전과 국가 융성을 이끈다고 보았다. 슘페터는 "자본주의의 핵심은 창조적 파괴의 과정"에 있다고 하였다. 기존 기술과 일자리를 파괴할 정도의 새로운 기술과 혁신이 경제발전을 이끈다는 것이다. 창조적 파괴를 주도하는 것은 기업이다. 기업가는 창조적 파괴를 통해 역사 발전을 주도하고 개척한다. 자본주의의 생명력은 그들이 이끄는 창조와 혁신에서 온다.

1834년 미국의 사이러스 매코믹이 개발한 곡물 수확기로 인해 시간당 곡물 산출량은 밀이 500%, 옥수수는 250% 증가하였다. 1840년 아이작 싱어의 새 재봉틀은 상의 한 벌 만드는 시간을 14시간 20분에서 1시간 16분으로 단축하였다. 철도 운송 비용은 마차의 4% 수준에 불과하였다. 최초의 라디오 뉴스는 1920년 8월 31일 미국 디트로이트 한 방송국에서 시작되었다. 신기술은 들불처럼 번져서 1924년에는 무려 556개의 방송국이 생겨났다. 1920년대 재즈의 시대는 라디오와 더불어 왔다. 라디오는 사람들에게 자유를 선물했다. 이익을 추구했던 방송국 창업자들이 이러한 혁명을 이끌었다. 창조적 파괴의 대표적 사례로 포드 자동차 모델T가 있다. 헨리 포드는 1863년 미시간주에서 4남 2녀의 장남으로 태어났다. 농부의 아들이었지만 어릴 때부터 '시계 수리공'이라고 불리었고 솜씨가 좋았다. 그가 열네 살 때 어머니 메리 포드가 갑자기 세상을 떠났다. 멀리 있던 포드는 마차를 타고 오느라 어머니의 임종을 보지 못했다. 아버지는 그가 농장을 이어받길 바랐으나 그는 농장을 경멸했다. "나는 농장을 특별히 사랑한 적이 없다. 나는 농장의 어머니를 사랑했다."라고 말했다. 그는 중학교 졸업 후 디트로이트에서 견습 기계공으로 사회생활을 시작하였다. 증기기관을 다루면서 직접 엔진을 개발하기도 하였다. 그리고 발명왕 에디슨의 조명회사에서 일하며 수석 엔지니어로 승진하였다. 마침내 그는 에디슨의 전폭적 지지로 증기가 아닌 가솔린 엔진 자동차를 만드는 데 성공한다. 1903년 드디어 헨리 포드는 자동차 회사를 세웠다. 시카고의 한 도살장에서 쓰는 컨베이어 벨트를 보고 자동차 생산 공정을 설계하였다. 모든 작업은 흐르는 컨베이어 벨트 위에서 이루어졌다. 근로자들은 자신의 자리에서 맡겨진 작업만을 했다. 부품과 작업의 표준화, 분업화, 전문화를 통한 포드 시스템이었다. 1908년 모델T 1대 만드는 데 1시간 걸렸는데 1914년에는 24초가 걸렸다. 1대당 평균 2천 달러였던 차 가격은 1925년 255달러로 떨어졌다. 자가용 시대가 열렸다. 1914년에는 하루 근무 시간을 9시간에서 8시간으로 줄였고 임금은 파격적인 일당 5달러로 인상했다. 당시 타 공장 근로자들의 평균 임금은 2.38달러에 불과하였다.[50]

  미국은 영국의 식민지였을 때도 영국 관련 무역이 아닌 부문에서는 완전한 자유를 누렸다. 식민지 의회 구성이나 과세권 등에서 식민지 주민은 모국 주민보다 더 평등하고 공화적이었다. 그것이 자유로운 시장경제의 기반이 되었다. 반면 스페인과 포르투갈의 식민지는 본국보다 더 전제적이고 폭압적이었다. 식민지 하급 관리들의 전횡은 매우 약탈적이었다. 독립 이후에도 중남미 지역의 시장경제가 충분히 발달하지 못한 주요 배경이다. 실리콘 밸리는 벤처기업, 창업투자 기업, 이민자들의 도시이다. 구글, 애플, 페이스북, 마이크로소프트, 아마존, 넷플릭스 등 그곳의 기업들은 미국 상장기업 시가총액의 25%를 차지한다. 대·중소기업, 스타트업 등 다양한 규모의 기업과 자본, 스탠포드와 UC버클리 등의 우수한 인력이 조화를 이루며 공존한다. 경쟁을 통해 실력 있는 기업은 살고 그렇지 못한 기업은 도태된다. 기술과 재능 있는 인재는 반드시 기회를 얻는다는 신화들이 만들어졌다. 실패는 아프지만 결정적이지는 않은 곳이다. 기업들의 높은 생산성은 고액 연봉으로 연결된다. 종업원들은 자유와 책임을 함께 부여하는 제도와 문화 속에서 일한다. 넷플릭스는 직원에게 최고 연봉을 주면서도 자유로운 기업 문화로 유명하다. 하지만 프로젝트 결과에 따라 가차 없이 해고 되기도 한다.[51] 인텔의 대표였던 앤디 그로브는 헝가리 난민 출신이고 스티브 잡스는 시리아 난민의 아들이었다. 중국인이나 인도인이 경영하는 기업들도 많다. 선마이크로 시스템즈, 인텔, 휴렛패커드 등 자유로운 분위기의 기업들을 다수 배출하였다. 자유분방함과 개방성이 창조적 파괴를 생생하게 구현한다. 한편 미국은 2010년대 셰일가스 혁명에 힘입어 러시아와 사우디를 제치고 석유 매장량 세계 1위 국가가 됐다. 그 기반의 하나는 셰일가스 채광권이 국가가 아닌 지주에게 있었기 때문이었다. 풍부한 자본의 지원을 받는 모험 기업이 경쟁적이고 진취적으로 원유 채굴업에 진출하였다. 셰일 생산에 열정적이었고 다양한 채굴 방법을 시험하고 실행하였다. 지속적인 실험과 시행착오는 수압 파쇄법을 혁신하는 결과로 나타났다.

자유와 경쟁 기반의 포용적 정치·경제 체제가 창조적 파괴와 경제적 번영을 이끌었다. 인도, 중국, 페니키아, 그리스, 아라비아, 이탈리아, 네덜란드, 영국처럼 다른 도시와 자유롭게 교역한 곳에서 창조적 파괴와 혁신이 빈번했다. 다른 착상들이 서로 만나 짝을 짓고 새로운 발상을 낳았다. 혁신은 뇌 속에서가 아니라 뇌 사이에서 일어나는 집단 현상이다.[52] 창조와 혁신은 언제나 점진적으로 진행되며 유레카의 순간은 흔치 않다. 창조적 파괴는 시행착오가 축적되면서 발생하고 시장에서 평가된다. 하지만 세상은 영웅을 조명하려고 하고 사람들은 특허로 돈을 벌려고 한다. 이러한 구조가 영웅과 순간을 과도하게 부각한다. 모든 착상은 다른 생각과 발상들의 조합이다. 창조는 기존 것들의 재조합이며 주로 상품, 서비스, 생각을 교환하는 데서 발생한다. 창조와 혁신은 일종의 단체 스포츠이다. 연필 만드는 법은 누군가의 머릿속이 아니라 머리와 머리 사이에 저장되어 있다. 창조와 진보는 협력에서 발생한다. 협회, 동호회, 기술연구소 등이 시장과 협업하고 지식을 공유한다. 자유를 억압한 대제국은 창조와 혁신에 부정적이었다. 이집트, 페르시아, 아스텍, 잉카, 합스부르크, 명나라, 대영제국보다 제네바, 피렌체, 베네치아, 시에나, 밀라노 등 상인들의 작은 도시에서 혁신이 만발하였다. 분열된 유럽이 통일된 중국보다 더 창의적이었다.

착취적 구조에서는 경쟁을 피하며 새로운 기술에 반대하거나 저항한다. 창조적인 발상과 도전은 뒷전으로 밀리기 쉽다. 1445년 독일 마인츠의 구텐베르크는 금속활자를 만들었다. 문맹률은 급격히 줄었고 대중 교육은 확산하였다. 15세기 후반에는 프랑스, 이탈리아, 영국, 헝가리 등 유럽 각지에 인쇄기가 등장하였다. 하지만 1485년 오스만 제국 술탄은 칙령으로 아랍어 인쇄를 금지하였다. 1727년에 겨우 인쇄기가 들어왔다. 당시 이스탄불에는 무려 8만 명의 필경사가 있었다. 제국은 백성들이 글 깨치는 것을 경계했다. 일자리 상실이 두려운 필경사 조합과 종교 지식을 독점하려던 사제들은 인쇄기 도입에 맹렬하게 반대하였다. 19세기 초 영국 노팅엄의 섬유산업 근로자들은 공장을 점거하고 기계를 부쉈다.[15] 새로운 기계가 자신들의 생존 기반을 무너뜨린다고 여겼기 때문이다. 런던의 이륜마차 마부들은 우산 도입

---

15) '러다이트 운동'이라 불린다.

을 격렬하게 비난하였다. 산과 의사들은 출산 때 마취제를 이용하는 것을 오랫동안 거부하였다. 음악가들은 녹음된 음악을 라디오로 내보내는 것에 반대했다. 미국의 말 협회는 오랫동안 트랙터 도입에 반대하였다. 얼음 채취 사업자들은 안전을 이유로 냉장고 사용에 반대하였다. 전화기는 '사생활을 파괴할 것'이라고 하면서 규제할 것을 요구했다. 커피는 에티오피아의 것이었다. 1500~1600년대 커피가 아라비아, 튀르키예, 유럽으로 퍼질 때 격렬한 반대로 금지되는 일이 잦았다. 1511년 메카에서는 모든 커피점이 폐쇄되고 커피콩은 불태워졌으며 종사자들은 매질을 당했다. 커피점이 잡담을 통해 선동을 일으키는 곳이 되었다는 이유였다. 1580년 콘스탄티노플의 무라드 3세는 커피 마시는 것을 통제했다. 그는 가족들을 모두 죽이고 왕위를 차지했었다. 사람들이 커피점에서 그의 행위에 관해 떠들어 댈지도 모른다는 편집증에 시달렸다. 1673년 영국 왕 찰스 2세도 커피 판매 금지를 시도하였다. 커피와 차 판매점에서 사람들이 왕과 나라에 대해 말하고 떠드는 것이 불편했다.

근대의 오스트리아, 헝가리, 러시아 등은 창조적 파괴 거부로 산업화에 뒤처졌다. 왕과 귀족, 지주와 장인 등은 창조적 파괴에 겁먹고 시장과 기술의 변화를 막기에 급급했다. 그 결과 과거의 영화를 뒤로한 채 경제적, 정치적 패자로 전락하였다. 북한 정권이 시장을 억압한 결과로 백성들은 굶주림 속에서 살아간다. 일본의 대기업과 거래 중소기업 간의 끈끈한 협력관계는 유명하다. 대기업이 거래 중소기업 은행 대출에 보증을 서거나 그 퇴직자가 거래기업의 임원으로 가기도 한다.

이러한 구조에서 전기차 같은 산업 혁신이나 기술 변화에는 모두 소극적이다. 같이 일자리가 없어지거나 거래 관계가 끝날 수도 있기 때문이다. 최근 유럽의 경제 침체는 유럽연합의 혁신에 대한 적대적 태도에서 비롯된다고 한다. 디지털 스타트업 규제 등으로 유럽에는 미국의 구글, 페이스북, 아마존 등에 해당하는 디지털 거인이 없다. 유럽집행위원회와 유럽의회는 모두 모바일 데이터, 전자담배, 수압 파쇄법, 유전자 변형, 봉투 없는 진공청소기, 유전자 편집 등에 강하게 반대하면서 그 도입을 저지하고 있다.[53] 유럽에는 미국보다 카르텔이 광범위하게 퍼져 있다. 주된 원인의 하나는 유럽 법원이 사업자들의 공동 판매기구를 통한 조정과 담합을 용인하는 데 있다.

1997년 클린턴 정부는 세계 전자상거래 기본원칙(Framework For Global Electronic Commerce)을 제정하였다. 인터넷 참여자가 규제 없이 자유롭게 거래할 수 있도록 앞서 환경을 조성한 것이었다. 그 후 20여 년에 걸쳐 미국은 해당 산업에서 폭발적인 성장을 하였다. 하지만 미국도 최근에는 경제의 정체와 생산성 저하 등을 걱정한다. 창조적 파괴의 역동성이 감소하고 빈부 격차도 세계적이기 때문이다. 사업을 위한 관청 방문 횟수가 늘어나고 소요 시간과 비용도 증가하고 있다. 창업을 위한 교육 수강, 자격 또는 면허 획득 등의 진입규제도 문제이다.[54] 몇십 년 사이 미국경제도 경쟁에 덜 개방적이고 내부자를 보호하는 경향으로 변했다. 주요 문제는 상층 엘리트들이 소득과 부를 그들에게 유리하게 재분배하는 시스템에 있다. 안락하고 풍요로운 국가가 됨으로써 혁신과 창조를 좇는 정신들이 사라진 것일

까? 미국은 원래 핍박과 절망으로 고국을 등졌던, 가진 것 없는 사람들의 나라였다.

창조적 파괴를 어떻게 수용하느냐에 따라 국가의 성쇠가 결정된다. 창조는 경쟁을 기반으로 한다. 그렇지만 국가는 직접 사업을 하거나 면허 등으로 시장 경쟁을 제한하고 독과점을 허용하기도 한다. 창조적 파괴를 유발하는 포용적 체제는 시민혁명 이후 신흥 상인이나 사업가 계층의 주도로 시작되었다. 의회의 권력 분점과 절대주의 체제에 대항하는 광범위한 연합이 주효했다. 지금도 마찬가지이다. 포용적 체제와 착취적 체제 중 어느 것을 선택할 것인지는 시장과 국가에 달렸다. 기술혁신과 창조적 파괴는 인류사회를 번영케 했지만 특정 계층의 경제적 특권이나 이익을 파괴하곤 했다. 인류사는 이러한 변화와 관련된 갈등의 역사이기도 하다. 갈등은 엘리트 계층에 유리하게 해소되고 그들이 더 확고하게 권력을 쥐는 계기가 되기도 했다. 하지만 새로운 기술이나 제품은 결국 시장과 대중 생활에서 대세가 되었다.

창조적 파괴와 혁신은 경제가 성장하는 기반이지만 일시적으로 경제적 격차를 확대하기도 한다. 하지만 격차는 시장 경쟁의 차단이나 제한을 통해서도 발생한다. 사회적 갈등과 복지 예산 등 격차로부터 발생하는 정치·사회적 비용은 적지 않다. 시민 다수가 빈곤하면 소비는 제한되고 경제는 침체할 가능성이 크다. 혁신을 조장하여 경제를 성장시키고 분배 불평등을 완화하는 것은 대부분 국가의 주요 과제이다. 전통 경제학에서는 형평과 효율을 이율배반적인 것으로 보았다.

둘 중 하나를 희생해야 다른 것을 얻을 수 있다는 것이다. 최근의 불평등 증가는 정보 기술과 세계화가 원인이라고 이야기한다. 동시에 강자들이 자신들에게 유리하게 게임 규칙을 조작한 결과라는 주장도 설득력을 얻고 있다. 미국의 경우 경제성장의 과실은 보통의 미국인보다 상대적으로 소수인 엘리트 계층에 집중되었다. 지대추구와 뇌물, 면허제에 따른 경쟁제한, 감독기관과 대상 간의 결탁 등 정치제도의 부패가 저성장과 불평등의 공통된 원인이라는 것이다. 정부가 불평등을 치유한 것이 아니라 시장의 자유와 힘을 훼손하면서 불평등에 공헌하였다. 부유층 자녀가 많은 상위권 대학에 예산을 지원함으로써 부유층과 빈곤층 간 격차는 오히려 확대되었다. 재벌 기업과 거래하는 중소기업에 대한 지원은 결국 재벌을 지원하는 결과가 된다. 불평등은 보이지 않는 손이 아니라 오히려 정부 행동에 따라 확대되고 있다. 기업가정신과 경쟁을 억압하고 혁신과 역동성을 저해하는 일에 정부가 나선 것이다. 저성장과 과도한 격차는 정치의 부패라는 하나의 뿌리에서 시작된 것이라 할 수 있다. 자유롭고 공정한 시장을 복원함으로써 해결의 실마리를 찾아야 할 것이다.

Ⅱ. 경쟁제한과 입구 통제

1. 입구 통제의 체계

▶ 경쟁과 상생

　1945년 해방과 더불어 미군이 한반도 남쪽에 들어왔다. 정치경제의 많은 곳에 미국 것이 이식되었다. 자본주의 시장경제 체제는 그렇게 우리의 것이 되었다. 1960~1970년대에는 국가 주도의 성장 전략으로 경제가 빠르게 성장하였다. 서구 자본주의가 시민혁명 등으로 시장경제 체제를 만들어 발전한 모습과 다르다. 한국경제는 개인의 자유와 권리보다 국가의 경제자립과 생존을 앞세워 발전했다. 자유와 민주에 대한 경험은 적었고 먹는 문제의 해결이 시급했다. 동족상잔의 후유증은 컸고 남북 간의 대치는 지속되었다. 자본 축적이 없는 상황에서 국가는 수출주도의 성장 전략을 펼쳤다. 초기에는 섬유, 합판, 가발, 신발 등의 경공업이 발전하였다. 1970년대에는 중화학 공업 발전이 뒤따랐다. 철강, 전자, 기계, 설비 등 산업에는 막대한 자본 투자가 필요했다. 대규모 공장과 기계설비를 통해 품질 확보는 물론 규모의 경제 역량을 갖추어야 했다.[1] 국가는 분야별로 소수 기업에 자본을 몰아주었다. 정부는 기업의 해외 차관 도입에 직접 보증을 서기도 하였다. 국가가 경제에 깊이 개입하였고 소수 기업에 자본과 투자가 집중되었다.

경제가 성장하면서 다른 분야로 기회가 확대되었다. 자신의 노력과 정부 지원으로 성장 기반을 마련한 기업가들은 여러 산업에 진출했다. 외형상 여러 개의 기업이지만 사실은 1인 지배의 재벌[1]들이 탄생하였다. 단기간에 경제성장 기반을 구축하려는 정부와 자본의 이해가 결합한 결과였다. 자동차, 조선, 석유화학, 전자, 철강, 반도체 등의 제조업에서 세계적 규모의 기업들이 등장하였다. 서비스업보다는 제조업, 내수보다는 수출, 소기업보다는 대기업이 주도하는 경제가 되었다. 국가 전략은 단기간의 급속한 경제성장으로 나타났다. 경제활동의 자유와 노동기본권 등을 상당 부분 유보한 결과이기도 하였다. 자유와 경쟁 대신 국가의 통제와 자원의 집중이 두드러졌다. 선택받은 소수는 기회를 활용하였고 부를 축적했다.

재벌들은 적은 자본으로 여러 산업에 진출하였다. 5%도 안 되는 지분으로 많은 계열사를 지배하는 불균형이 시작된 것이다. 재벌에는 핵심 제품 생산, 영업, 부품, 장비 등에 관련된 계열사들이 있다. 이들 간의 거래는 그룹 내 핵심 부품 등을 안정적으로 수급하고 기술을 보호한다는 면에서 효과적일 수 있다. 하지만 이들 거래로 그 기업이나 주주들의 부가 재벌 대주주 개인에게 이전된다면 문제가 크다. 예컨대 자기 지분이 5%에 불과한 기업의 구내식당 운영을 자기 지분이 100%인 급식업체에 맡긴다. 대주주 일가가 소유한 IT 회사가 계열사들의

---

[1] 재벌은 거대 자본을 가진 일가 가족, 친척 등 동족(同族)을 주축으로 경영을 하는 혈연적 기업체를 의미, 한국 재벌은 미군정 및 1948년 정부 수립 이후 취해진 귀속재산의 특혜적 불하, 은행의 특혜적 융자, 그리고 원조물자의 특권적 배정 등을 통해 초기 자본을 축적하였다. 특히 원재료나 자본재 원조에 의존하여 성장하였던 3백 산업(제당·제분·면방공업)을 통해 재벌들은 부를 축적하였다.

컴퓨터시스템을 관리하면서 돈을 번다. 정상가보다 높거나 낮은 가격의 내부거래로 많은 부가 대주주 개인에게 유출되기도 한다. 기업 합병이나 분할의 경우에도 기업의 부가 재벌 대주주 개인에게 이전된다. OECD는 「2018년 한국경제 보고서」에서 "한국 상위 재벌의 지배력 확장과 계열사 증가 등이 한국경제의 활력을 떨어뜨린다. 부의 편법 이전과 부패 등이 문제"라고 하였다. 재벌 일가가 일종의 터널링[2]으로 계열 기업의 부를 그들의 사적 회사로 이동시키는 것이 문제이다. '코리아디스카운트' 발생의 주요 원인이기도 하다.[2] 문제의 내부거래들은 재벌 사업의 주력 부문이 아닌 분야에서 발생할 때가 많다. IT서비스업, 건설업, 소모품 등의 구매 및 판매 중개업, 운송업, 부동산업, 광고대행업, 청소 및 방제업, 식자재 유통 및 급식업 등이 그것이다. 그런데 이러한 업종에는 다수 중소기업, 소상공인이 진입해 사업하는 경우가 많다. 재벌 내부거래는 시장을 거치지 않고 그 계열사 간에 이루어진다. 외부 기업이나 소상공인에게는 해당 거래에 참여할 기회 자체가 주어지지 않는다. 그들은 내부거래로 물량이 쪼그라든 시장에서 경쟁하며 버텨 내야 한다.

중소기업도 종종 동업종 조합이나 협회 등을 통해 경쟁을 회피하고 지대를 추구한다. '중소기업적합업종 제도'[3] 등으로 대기업의 진입을 막고 소수 기업이 경쟁을 제한하면서 시장을 지배한다. 조명산업, 중

---

[2] 일감 몰아주기, 사익편취 행위 등으로 불린다. 재벌 등이 계열사 간 내부거래 등을 통해 회사나 주주들보다 총수 일가 이익을 먼저 챙기는 행위로서 불법이다.
[3] 「대·중소기업 상생협력 촉진에 관한 법률」에 의거 대기업의 사업 진입을 제한하는 업종을 지정하는 제도. 대기업의 무분별한 사업 확장을 막고 중소기업의 사업 영역을 보호하는 것을 목적으로 한다.

고차 판매업, 자동차 전문 수리업, 김치 산업, 제과업 등의 분야에서 대기업과 중소기업 간 갈등이 크다. 대기업은 이미 진입한 사업을 지속하거나 새로운 사업에 진입하려고 하지만 중소기업은 대기업을 배제하려고 한다. 대기업이 배제된 영역에 중국 등의 제품이 들어와 시장을 장악하기도 한다. 대형마트 진출이 예정되면 해당 지역 자영업자 대표 등이 격렬한 반대를 펼친다. 양측이 상생안을 만든 후에야 마트는 건축을 시작하고 가게 문을 연다. 마트 진출을 반대했던 대표의 가게 앞으로 새 포장도로가 나거나 마트에 납품할 권리를 새롭게 얻는 자가 생기기도 한다. '자영업자와 상생'한다던 혜택은 그들 소수에게 돌아갔다.

국가는 재벌 문제 해결을 위해 여러 정책을 도입하였다. 우선 중소기업 보호, 육성 정책이 있다. '중소벤처기업부'라는 부처도 있다. 공정거래위원회는 「하도급법」을 통해 불공정한 하도급[4] 거래를 방지하고 중소기업을 보호한다고 한다. 일감을 주는 '갑'이 '을'에게 갑질하지 말라는 것이 주요 내용이다. '상생' 또는 '동반성장'[5]으로 불리는 정책은 한국에만 있다. 「대·중소기업 상생협력 촉진에 관한 법률」이 있으며 그것을 추진하는 별도 조직이 있다. 대기업이 거래 중소기업[6]과

---

[4] 하청이라고도 하는데 기업이 자신의 제조, 건설 등 작업 일부를 다른 기업(수급사업자)에게 위탁하고 위탁받은 기업(수급사업자)은 그것을 생산하여 위탁한 기업(원사업자)에게 납품하는 것을 말한다. 시장 거래와 대비된다. 자본주의가 고도로 발달하고 독점이 심할수록 독점기업(원사업자)과 중소기업(수급사업자) 사이에 기업 계열화가 이루어진다. 이러한 수직적 결합 아래에서 중소기업은 하청받은 부품을 생산하거나 원료 가공 작업을 한다. 하도급 관계에서 거래를 하는 것이다.
[5] 노무현 정부는 '상생', 이명박 정부는 '동반성장'으로 불렀다.
[6] 전에는 업종별로 상시근로자 수를 기준으로 중소기업 여부를 가렸다. 예컨대 제조업에서는 300

협력하면서 상생하자는 것이다. 외국에도 대·중소기업 간 문제가 있지만 정부가 기업 간 협력을 법으로 규정하고 상생을 강제하는 나라는 없다. 기업 간 문제는 기본적으로 시장의 자율 영역으로 보기 때문이다. 사실 시장경제에서 상생은 산업 현장이나 시장에서 일상적으로 일어나는 일들이다. 한국은 대기업 주도 성장 전략으로 성과를 냈지만 불균형 등의 문제를 유발했다. 정부는 문제7) 개선을 위한 정책들을 폈지만 경제력 집중을 완화하고 공정한 경쟁 환경을 조성하는 데 실패하였다. 국가는 대신 중소기업을 지원하는 정책을 택했다. 불공정한 경쟁 환경을 놔둔 채 상생을 강제하게 된 것이다.

삼나무와 흑연으로 된 연필을 생산하는 데는 많은 사람과 지혜들이 동원된다. 삼나무 벌목, 목재 운반, 목공 작업, 목판 운반과 가공, 흑연 채굴과 운반, 흑연 혼합물 작업, 판목과 흑연 심의 접착 공정 등이 이어진다. 누가 시킨 것이 아니며 상생과 동반성장을 외친 것도 아니다. 보이지 않는 손에 이끌려 사람들은 자유롭게 자기의 일을 했을 뿐이다. 거래하면서 기업들은 가격을 놓고 다투기도 하지만 납기와 품질을 맞추려고 협력하기도 한다. 거래가 반복되면서 신용이 쌓이면 같이 발전하는 관계가 된다. 시장은 법으로 정하지 않아도 대부분 잘 돌아간다. 대·중소기업 간 문제 중 중요한 것의 하나가 거래가격이다. 상생한다

인 이하면 중소기업이었다. 하지만 2016년 이후에는 업종별 매출액 기준으로 바뀌었다. 업종별로 매출액이 10억~120억 이하이면 소기업, 120억~1500억 이하이면 중기업이다. 소기업, 중기업을 합쳐 중소기업이라 한다.
7) 재벌들은 지금도 순환 출자, 지배주주 중심의 이사회 등을 통해 적은 지분으로 다수 계열사를 지배하고 있다. 관련 내용을 더 깊이 이해하려면 인터넷 등에서 이러한 출자와 관련된 내용들을 찾아볼 수 있다.

고 하지만 뒤에서는 약속한 가격을 무리하게 깎고는 한다. 약자는 사실 '상생'에 앞서 제값 받기를 원한다. 이러한 문제는 놔둔 채 국회나 정부는 '상생' 관련 법을 제정했다고 자랑한다. 자유와 경쟁 기반의 시장에서 어느 한쪽이 상대를 일방적으로 지원하게 하는 것은 억지이다. 싸게 생산하여 비싸게 팔려는 것이 경제이고 시장이다. 대기업도 국내외 경쟁을 무릅쓰고 일방적으로 거래 중소기업을 배려하기는 어렵다. 정부는 수십 년에 걸쳐 중소기업 육성, 하도급 공정화, 동반성장 정책 등을 펼치며 예산을 투입해 왔다. 하지만 IT 등 일부를 제외하면 중소기업이 대기업으로 성장한 예는 많지 않다. 한국경제를 주도하는 대기업 대부분은 50~60년대에 등장하였다. 미국은 21세기 전후로 새로이 등장한 마이크로소프트, 애플, 구글, 아마존 등이 경제를 이끌고 있다. 미국 경제가 한국보다 더 역동적인 모습이다.

   정부는 금융, 외국인 고용, 수출 시장 개척, 교육 및 컨설팅, 정부 물품 조달 등으로 중소기업을 지원하고 있다. 정부가 기업규모를 기준으로 정책을 차별 적용하는 것이 합리적일 때도 있다. 세금 정책에서 연간 매출액 수십조 기업과 수천만 원의 자영업자를 차별하는 것은 합리적일 수 있다. 재무 여력이 부족한 기업이 외국의 상품 전시회 등에 참여하도록 지원할 수도 있다. 문제는 지원이 필요한 기업에 제대로 혜택이 주어져야 한다는 데 있다. 상황에 따라 지원 대상 기업 기준을 다르게 할 필요가 있다. 모든 지원과 규제를 중소기업 규모 기준 등의 획일적 기준으로 차별하는 것의 문제가 크다. 적합업종, 동반성장, 중소기업 지원 등 모든 대상에 획일적 기준을 적용한다. 효과보다 폐해가 클 수 있다. 공정거래법에서 '상호출자 제한집단'이라 부르는 재벌은 자산 10조 이상 기업이다. 반면 중소기업은 1차 금속이나 전기장비 제조업은 연 매출 1,500억 이하, 자동차 제조업은 1,000억 이하 등 매출액 기준으로 정한다. 중소기업 중에서도 업종별 종업원이 5~10인 미만이면 특히 '소상공인'이라 한다. 재벌은 아닌데 중소기업보다 크다면 '중견기업'으로 분류한다. 산업 정책에서 이렇듯 획일적 규모 기준으로 기업에 대한 지원과 규제를 차별하는 나라는 없다. 독일은 규모 기준에 따른 기업 분류는 통계 목적으로만 사용한다. 규모 기준으로 정책을 차별 적용하면 폐해가 더 크기 때문이다. 한국은 정책의 효과보다 정책 집행의 편의성을 더 선호하는 것으로 보인다. 국회나 정부는 대중이 대기업을 규제하고 중소기업을 지원하는 것을 지지하는 것으로 여기는 것 같다. 실제 효과에 대한 고민은 별로 없어 보인다. 규모 기준 정책은 폭력적일 정도로 무모한 포퓰리즘의 발로라 할 수 있다.

중소기업이 중견기업으로 성장하면 중소기업적합업종에 의한 보호와 각종 지원에서 배제된다. 그래서 중소기업 스스로 성장을 자제하여 중견기업, 대기업으로 성장하지 않으려고도 한다. 피터팬 증후군이다. 종업원 5인 이상 제조기업이 10년 후 300인 이상 기업으로 성장한 비율은 0.13%, 500인 이상 기업으로 성장한 경우는 0.01%에 불과하였다. 기업규모에 의한 정책 차별은 국가 차원의 효율적 자원배분을 저해한다.[3] 정책으로 대기업을 배제한 자리는 중소기업 몇몇이 차지한다. 호랑이 대신 고양이가 앉는 것이다. 시장에서 인위적으로 강자를 퇴출하면 남은 자의 자생력과 산업경쟁력은 약화한다. 인도에서는 소기업 보호 업종 지정을 해제한 후 해당 업종의 전체 매출은 오히려 증가하였다. 소기업 보호 정책이 오히려 지역의 매출과 고용을 감소시켰던 것이다. 이탈리아에서는 15인 이상 규모 기업의 근로자 보호를 강화한 결과 소규모 기업 비중이 증가하였다. 14인 이하 기업들이 성장을 자제한 것이다.

그런데 상생 정책은 기업인 간의 상생을 지원하는 것이다. 대기업과 중소기업 근로자 간의 상생을 지원하는 것이 아니다. '상생'을 앞세운다면 기업 간 상생과 더불어 종사자 간 상생을 추구할 필요가 있다. 한국의 대·중소기업 간 임금 격차는 심각한 수준이지만 정부와 국회는 손 놓고 있다. 임금체계, 정규직과 비정규직 차별 등에 대한 개선 의지는 빈약하다. 만약 정부가 '상생'을 정책의 주요 목표로 삼는다면 임금 격차 문제를 개선하는 것에 초점을 둘 필요가 있다. 사실 재벌-중견기업-중소기업-소상공인 등은 그냥 두어도 시장에서 서로 의지하며 상생할 것이다. 그런데 정부가 정책으로 상생을 강요하다 보니 오히려 이들을 갈등 관계로 만들고 있다. 예컨대 적합업종 제도로 인해 기업 규모 별로 서로 적대적 갈등 관계에 있다.

개인의 자유를 응원하는 체제는 상업 발달과 밀접하게 관련된다. 북부 이탈리아 상업도시에서 르네상스가 발흥하였다. 이후 발전한 시장 경제는 개인의 자유를 전제하였다. 자유주의의 바탕에는 개별 인간을 존중하는 사상이 있다. 인간은 자신의 견해와 선호에 따라 재능과 취향을 발전시킬 수 있어야 한다. 개인의 자유에 기초한 인간의 에너지가 획기적인 과학 발전과 생활 수준 향상을 가져왔다. 자기 운명을 스스로 통제하고 이웃과 자발적으로 협력하는 것도 자유의 주요 영역이다. 개인주의에 대해 국가주의는 국가라는 공동체를 중요하게 여기며 개인의 이익보다 국가의 공공선을 우선한다. 존 F. 케네디는 "국가가 있어야 시민이 있다. 국가가 당신을 위해 무엇을 해 줄 것인가를 생각하기 전에 당신이 국가를 위해 무엇을 할 수 있는지 생각해 보아야 한다."라고 했다. 한때 우리 사회에서 많이 인용되었던 말이다. 국가가 전쟁이나 심한 빈곤에 처했을 때 일시적으로 국가를 우선할 수 있다. 하지만 자유와 민주가 중요한 일상에서 개인과 국가는 상호보완적이어야 마땅하다. 개인은 국가를, 국가는 개인을 생각하여야 한다.

한국 성인 천 명을 대상으로 '경쟁'에 관해 물었다.[4] '경쟁은 사회에 해로운가, 이로운가'라는 설문에서 매우 이롭다 15.0%, 이롭다 65.7%, 해롭다 16.4%, 매우 해롭다 2.2%로 대체로 경쟁에 대해 긍정적으로 인식하였다. 또 다른 조사에서 '경쟁은 생산성 향상에 도움이 된다'에 찬성한 비율은 79%에 이르렀다.[5] 우리 사회는 대체로 '경쟁'을 불가피하며 유용한 것으로 인식하고 있다. 또한 '경쟁'이라는 단어와 관련되는 것으로 입시와 시험(14.5%), 취업(14.4%), 생존이나 삶 자체(6.1%), 경제와 돈(5.8%), 기업 간 경쟁(4.3%), 승진(1.6%), 싸움과 치열(1.5%), 스트레스(1.4%) 등을 들었다. 많은 사람이 '경쟁'과 관련하여 입시와 취업을 연상하였다. 입시나 취업에서의 경쟁이 그만큼 치열하다는 것을 시사한다. 삶과 돈, 기업 간 경쟁에 비해 입시나 취업 경쟁을 두 배 정도 더 많이 연상하고 있다. 입시나 취업 경쟁은 주로

10~20대에서 발생한다. 하지만 삶, 돈, 경제 등은 평생에 걸치는 것이며 성인들에게 더 중요할 수가 있다. 10~20대는 자유롭게 학습하고 경험하는 등 성인이 될 준비를 할 때이지만 입시와 취업을 위한 경쟁에 내몰린다. 경쟁은 성인들이 직장이나 시장에서 더 치열하게 치러야 할 것인지도 모른다. 청소년들은 치열하게 공부 경쟁을 하는데 성인들은 경쟁을 차단하거나 회피하면서 상생을 외치는 것은 아닌지 생각해 볼 일이다. 경쟁은 협력과 공존한다. 그것은 삶의 일상이자 자유의 징표이다. '한국은 경쟁이 치열한 사회'라고 한다. 특히 입시나 자격증 등 신분이나 면허 획득을 위한 경쟁이 치열하다. 자유로운 시장 경쟁이 아니라 오히려 그것을 회피하고 자리를 선점하려고 경쟁한다. 평평한 운동장에서 경쟁하는 것이 아니라 먼저 유리한 위치에 서려는 경쟁이다. 평평한 운동장이 낯설고 쉽지 않기 때문일까?

▶ 입구 통제와 보상체계

진입이 자유롭고 경쟁이 활발한 시장에는 많은 사업자와 사람들이 모이고 가성비 좋은 제품도 많다. 그런데 가성비, 제품의 좋고 나쁨은 소비자가 판단하는 것이다. 사업자가 많은 투자를 하고 연구개발을 해도 그것을 소비자가 인정하지 않으면 소용이 없다. 기업은 제품의 판매와 생산 등을 기획하고 구매, 생산, 유통을 거쳐 판매에 이른다. 제품을 준비하고 기획하는 단계를 입구라 한다면 구매자에게 제품을 판매하는 시점은 출구가 될 것이다. 어떤 면에서 시장은 출구 평가로 승부가 결정되는 곳이다. 그것이 시장의 매력이자 힘이다. 시장에서는 누구나 이러한 출구 평가에 도전하여 자신을 알리고 승자가 될 수 있다. 그 과정에 고용이 창출되고 소비자 만족은 증가할 것이다. 국가가 경제를 시장에 맡길 수 있는 것은 시장의 이러한 기능 때문이다. 소비자가 선택하지 않는 시장은 망한다. 가 봤자 좋은 물건도 없고 값만 비싸면 누가 그곳에 가겠는가? 시장에는 무수한 제품이 출시되고 소비자의 평가를 받아 피드백된다. 출구 평가가 중요하다.

그런데 이런 방식을 좋아하지 않는 경우가 있다. 이미 시장에서 독점자의 지위에 있거나 경쟁을 반기지 않는 사람들이다. 현재의 독과점이 흔들려 새롭게 경쟁하는 상황을 원하지 않는다. 가격경쟁이나 기술개발에 신경 써야 하고 매출 감소로 시장에서 사라질 수도 있다. 그래서 그들은 경쟁보다 새로운 시장 진입자를 막고 자신의 독점적 지위를 유지하려고 한다. 한편 국회, 행정부, 법원과 관련 기관 등은 국가를 유지하고 발전시키는 역할을 담당한다. 자유롭게 진입하여 공정하게 경쟁하는 시장을 만들어 시민에게 제공할 수도 있다. 그러나 때때로 이들은 그에 반대되는 일도 한다. 시장에 새로운 사업자가 들어와 경쟁하는 것을 막는 법을 만드는 등 시장에 간섭하고 경제활동의 자유를 제약한다. 그들에게는 자신의 담당 영역에서 화재나 질병, 안전사고, 사업자 불만, 환경 문제 등이 발생하지 않도록 예방할 의무가 있다. 또한 그들은 자신의 분야에 많은 인력과 예산이 배정되기를 원한다. 시민의 자유나 권리를 제한해서라도 자신들에게 유리한 법과 제도를 마련하는 일에 과감해질 수 있는 것이다. 그러한 행동은 안전사고 등을 방지하는 데 필요한 일을 했다는 증표로서 면책의 기반이 되기도 한다. 사업자들은 이러한 틈을 타 국회나 정부를 이용하고 자신들의 이익을 추구한다. 예컨대 서비스 품질 확보를 위해 해당 면허의 신규 발급을 최소화해야 한다고 주장하는 것이다. 그것이 공익을 위한 길이라고 강변한다. 신문 칼럼이나 방송 등을 통해 관련된 논리를 펼치기도 한다. 관련되는 자료나 보고서를 만들고 국회나 정부에 관련된 제안을 한다. 다른 반대의 소리가 없다면 그들 주장대로 법과 제도가 만들어지고 시행될 수가 있다.

이 같은 이유로 인해 누구나 자유롭게 진입하여 사업하고 활동할 영역들의 입구가 막히거나 진입이 통제될 수 있다. 한국의 의료, 법률, 금융, 교육, 교통 등의 영역도 과도한 규제로 인해 입구가 좁고 진입이 어렵다. 반면 음식업, 숙박업, 도소매업, 기타 자영업 등에의 진입은 자유롭다. 특정 업종이나 영역의 목소리들은 잘 집약되고 소리도 크다. 반면 목소리가 잘 모이지 않고 힘도 없는 경우들도 많다. 강하게 진입을 통제한 곳에는 소수만이 진입하며 그들 간의 경쟁은 없거나 약하다. 반면 입구가 개방된 곳에는 보통 다수가 진입하고 그들 간의 경쟁은 치열하다. 취업자는 어떤 시장에 종사하는가에 따라 평균적 소득이 달라진다. 평균적으로 입구가 통제된 곳의 종사자 소득이 입구가 개방된 곳의 종사자 소득보다 더 높다. 면허 발급이 시장 수요에 미치지 못해 서비스 공급이 불충분한 경우 고소득을 얻는다. 또한 종사자의 근로계약이나 근무 형태에 따라 소득이나 고용 보장에 차이가 난다. 정규직과 비정규직의 차이를 들 수 있다. 보통 정규직은 평균소득도 높고 고용 보장도 되지만 비정규직은 그렇지 못하다.

시장경제는 제품 가격이나 품질 등에 대한 소비자 평가를 중심으로 움직인다. 상인이나 사업자의 소득도 그에 따라 결정된다. 출구 평가로 움직이는 체계인 것이다. 이에 대해 면허 획득이나 특정 집단에 속하는 것만으로 소득이나 지위가 결정되는 것은 입구 통제의 체계라 할 것이다. 일의 성과나 사회적 기여와 관계없이 그 입구의 통과만으로 보상 등이 결정되기 때문이다. 입구에는 두 종류가 있다. 하나는 특정 직업이나 사업 영역의 입구이며 다른 하나는 고임금과 고용이 보장되는 조직의 입구이다. 그러한 입구 통과에는 자본, 시험, 학위 등이 필요하다. 물론 사업을 하거나 직장에 들어갈 때는 필요한 능력이나 자격을 갖추어야 할 것이다. 문제는 필요한 것보다 과도하게 자격이나 조건을 요구할 때이다. 정부는 때때로 사업자에게 불필요한 면허, 기계설비, 자본금 등을 요구한다. 그런데도 사람들은 왜 그곳에 몰리는가? 입구를 통과하면 큰 보상이 기다리기 때문이다. 시장이나 사회의 요구보다 적은 인원만을 선발할 때는 특히 그렇다. 의사나 변호사 자격, 좋은 학벌의 경우 평생 고소득이나 혜택이 보장된다. 자격 획득에 많은 비용이 들어도 평균소득은 그 이상일 수가 있다. 소비자 평가 없이도 높은 소득을 얻는다.

입구 통제체계의 주요 문제의 하나는 불필요하게 개인의 자유를 제약한다는 점이다. 이 체제에 익숙해지면 사람들은 '자유'가 침해되는 중요한 현상에 무감각해진다. 일에 필요한 능력을 지녔어도 잘못된 잣대로 그들의 일할 자유, 경쟁할 자유를 규제하고 차단한다. 입구 통과자들은 때때로 자신들이 통과했던 입구를 막고 새로운 진입자의 진입을 봉쇄한다. 새로운 기술과 경쟁할 자유를 스스로 폐기하는 것이다. 고객에 대한 서비스나 성과보다 현재의 것을 나눠 먹는 데 관심을 둔다. 해당 영역은 결국 변화에 적응하지 못한 채 쇠퇴할 가능성이 크다. 점차 동료들의 소득도 줄고 고용도 축소될 것이다.

한국경제는 발전했다. 하지만 경쟁을 차단하는 입구 통제적 제도나 정책이 여러 분야의 성장과 발전을 막고 있다. 진입규제, 입시와 교육, 연공급 체계 등이 그것이다. 이들은 서로 연결되고 결합하면서 자유롭게 경쟁하고 보상받을 체제를 흔들고 있다. 자유로운 경쟁 대신 특정 집단에 속함으로써 소득과 고용을 보장받는 구조가 되었다. 정부가 특정 직업이나 사업에 진입하는 데 정원을 설정하거나 과도한 규제를 한다. 진입에 과도한 비용과 시간이 소요되어도 해당 영역 진입자는 독점적 지대로 보상을 받는다. 반면 진입이 자유로운 나머지 영역에서는 시장 경쟁이 치열하다. 입시와 교육은 주요 직장이나 직업의 입구를 통과하는 주요 수단이 되었다. 입시로 인해 청소년의 직업이나 진로가 사전에 과도하게 제약 또는 왜곡되고 있다. 한편 연공급은 한국의 대표적인 임금체계로서 공공부문과 대기업에 만연되어 있다. 연공급은 능력이나 성과보다 근속기간에 따라 임금이 자동 상승하는 체계이다. 그런 점에서 연공급에서는 조직에서 어떤 일을 어떻게 하느냐보다 그 입구 통과가 중요하다. 입시 과열 등 입구 통과를 위한 경쟁을 더욱 치열하게 만든다. 일의 결과나 사회적 기여로 소득이나 지위가 결정된다면 입시 과열은 크게 완화될 것이다.

2. 진입규제

　미국에서 안경을 맞추어 끼려면 검안사와 안경사를 만나야 한다. 검안사는 환자의 눈을 검사하여 안경과 콘택트렌즈를 처방한다. 4년제 대학 과정을 이수하거나 3~4년 과정의 석사과정 이수가 필요할 수도 있다. 안경사는 안경을 맞추어 가공하고 판매를 한다. 절반 이상의 주에서 전문대학 수준의 교육을 요구하고 여타의 주에서는 별다른 자격이 필요 없다. 유럽은 검안사, 안경 판매, 안경 제조 역할을 각각 분담하기도 하며 안경 맞추는 데 2주에서 한 달 정도가 소요된다. 이에 비해 한국은 검안사와 안경사, 제조와 판매의 자격을 분리하는 규제가 없다. 즉 안경사가 눈 검사, 렌즈 가공, 맞춤 등을 한꺼번에 진행한다. 안경을 주문한 후 빠르게 받을 수가 있다. 한국을 방문한 외국인의 호평이 이어지는 배경이다.

　스마트폰 앱으로 차량을 예약하고 승차하는 서비스로 우버는 2019년 뉴욕거래소에 상장하였다. 누구나 서류를 갖추어 우버에 자신의 차량을 등록하고 Uber X 기사가 되면 우버를 운전할 수 있다. 승객은 이 차를 콜택시처럼 이용한다. 사업자는 면허 없이 택시 영업을 할 수 있다. 소비자는 편하게 택시를 이용한다. 하지만 택시 기사가 분신하는 등의 사고와 분쟁도 잇달았다. 면허를 통한 택시 서비스의 통제가 옳은 것인지에 대한 논쟁이 일었다. 한국에서는 택시 면허 없는 우버의 영업은 금지되었다. 2023년 6월 한국 대법원은 여객자동차운수사업법 위반 혐의로 기소된 쏘카 대표와 법인 등에 무죄를 확정했다. 쏘카 대표는 "4년간의 싸움 끝에 혁신은 무죄라는 것이 확정되었다. 하지만 그간 정치인들은 혁신을 거부하는 기득권 편에 섰다. 그들은 법을 바꾸면서 혁신을 막았다…. 혁신을 만드는 기업가를 저주하고 기소하였다. 법으로 혁신을 막고 기득권을 지키는 일은 더는 없어야 한다."라고 밝혔다. 이에 앞서 2020년 3월 일명 '타다금지법'으로 불렸던 자동차운수사업법 개정안이 국회 본회의를 통과했었다. 택시 기득권을 보호하느라 서비스 혁신의 싹을 잘랐다. 이에 따라 타다의 '베이직' 승차 서비스는 중단되었다. 택시의 획일적인 서비스, 심야 택시 승차난 등의 불편을 개선하려던 서비스가 사라진 것이다. 당시 타다는 회원 수 170만 명, 차량 1,500대 규모의 운송 서비스회사로 성장했었다. 일간 이용자 중 재탑승 비율은 90%, 운전기사에 대한 평균 평점은 5.0 만점에 4.7점이었다. 새로운 서비스 사업자와 기존 택시업계가 상생할 수도 있었다. 미국, 일본, 중국 등에 이미 우버, 디디추싱 등 새로운 승차 서비스가 제공되고 있었다. 사업자들과 정부가 논의하고 합의하여 보다 나은 승차 서비스를 개발할 여지가 있었다. 하지만 무산되고 말았다.[6]

2014년 로톡은 온라인 법률서비스 플랫폼을 열었다. 이용자들은 로톡 앱이나 웹사이트에서 광고를 보고 변호사를 선택하여 상담했다. 저렴한 수임료에, 편리한 서비스로 월 이용자는 100만 명에 이르렀다.

로톡 가입 변호사 숫자는 2,000~3,000명 선이었다. 변협은 로톡의 방식이 변호사법이 금지하는 '변호사 소개·알선 행위' 등에 해당한다며 고발했다. 검찰은 고발된 로톡 운영사 로앤컴퍼니 대표와 법인에 대해 불기소 처분하였다. 해당 광고가 특정 변호사만을 소개하거나 알선하는 행위가 아닌 것으로 판단했다. 상담료가 로톡이 아닌 해당 변호사에게 직접 지급되는 것에도 주목했다. 법무부도 앞서 "로톡은 합법적 법률서비스 플랫폼이며 변호사법에 위반되지 않는다."라고 밝혔다. 미국과 일본도 중개형 플랫폼은 규제하되 로톡과 같은 광고형 플랫폼은 허용하고 있다. 관련하여 벤처기업협회는 "기업에서 혁신의 싹이 자라지 못하는 상황이 계속될 것"이라며 우려했다. 하지만 변협은 로톡 가입 변호사를 징계할 수 있도록 내부 규정을 개정하고 해당 변호사에 대한 조사에 착수했다.[7] 공정위는 변협의 '로톡 가입 변호사 징계'를 '사업자단체 금지행위'이며 불법이라고 규정했다. 로톡의 변협 신고에 대해 "변협이 불법을 저질렀다."라고 판단하였다. 징계 대상 변호사들은 변협에 반발했다. "변협은 회원 변호사와 국민 위에 군림하는 단체이어서는 안 된다. 법은 국민을 위한 것이지 변호사들이 독점할 것이 아니다."라고 하였다. 한국은 변호사로 개업하려면 변호사법에 따라 대한변호사협회에 등록해야 한다. 로톡을 이용한 변호사들은 작은 로펌의 젊은 변호사들인 경우가 많다. 자문 내용도 대부분 민·형사상 법률 상식이나 절차를 답해 주는 것에 불과하다. 하지만 소비자들은 이런 것조차 물어볼 곳이 마땅치 않다. 변호사, 판사, 검사 등의 법조계는 대체로 권위적이고 폐쇄적이다. 외부에서 이들의 일에 대한 성과를 평가할 자료가 별로 없다. 그들 내부의 인맥이나 관계가 중요할 뿐이다. 그들은 독점적 위치에서 사건에 법을 적용하고 재판을 한다. 송사에서 이기려면 유능한 변호사가 필요하다. 사람들은 그 유능함이 법조계 내 인맥과 관계에서 온다는 것을 안다. 특히 형사사건에서는 고위 검사 출신 변호사의 인기가 높다. 검사 인맥에 기반하는 전관예우[8]를 기대하기 때문이다. 검, 판사는 물론 행정부 고위 관료 출신들도 로펌에 근무한다. 그들의 고액 보수는 해당 분야 전관예우와 관련되어 있다. 외국 로펌들은 한국 법률시장의 폐쇄성에 대한 불만이 크다. 외국 판사와 변호사들은 판결에 점차 인터넷과 AI를 활용하고 있다. 하지만 한국은 법률서비스 부문의 IT 기술 도입이 더디다. 업계의 영역 지키기와 법조계 내의 담합구조 때문으로 보인다.

리걸테크산업협의회 회장은 "한국 법률서비스 시장의 서비스 공급과 소비 방식은 디지털 경제 수준에 비춰 너무 낡았다. 오늘날 변호사가 고객을 만나는 방식은 20여 년 전과 크게 다르지 않다…. 소비자 선택권은 정보 비대칭 해소에서 시작되어야 할 것이다. 소비자에게 불편한 것이 무엇인지 연구는 하지 않은 채 증원에 반대만 한다…. 미국 주들이 규제를 완화하는 첫 번째 판단 기준은 시민이 느끼는 효용 여부"라고 했다.[8] 변호사가 늘고 있지만 일반 시민들은 아직 변호사 서비스가 낯설다. 법률서비스 시장의 문턱은 여전히 높다. 2016~2021년에 민사소송 1심 10건 중 7건은 변호사 없는 '나 홀로 소송'이었다.

---

[8] 전직 관리에 대한 예우를 말한다. 문제가 되는 것은 공직에 있던 인물이 퇴임 후 기존 업무와 연관된 일에 전관의 지위를 이용하여 부당한 이익을 얻는 경우이다. 공공부문에서 벌어지는 대표적인 부패 카르텔의 하나이다.

형사 1심의 나 홀로 소송 비율은 전체 절반에 가까웠다. 특히 1심 소액 사건에서는 원고와 피고 모두 변호사가 없는 경우가 83.5%에 달했다. 원고와 피고 모두 변호사가 있는 비율은 고작 1.1%였다. 변호사 수임료는 여전히 높다. 최소 수임료는 330만 원이며 상담료는 별도로 시간당 10만 원이다.⁹ 2019년 기준 한국의 인구 1만 명당 변호사 수는 5.8명이다. 미국 38명, 영국 22.7명, 독일 19.9명, 프랑스 10.3명에 비하여 매우 적다. 정보 비대칭은 심하다. 서비스 공급자의 전문 분야, 서비스 품질과 성과, 서비스 가격 등 소비자가 사전에 알 수 있는 정보는 매우 부족하다. 유사 사건 변호의 경험, 승소율, 수임료, 서비스 수준 등을 알 수가 없다. 경쟁이 부족하고 시장은 폐쇄적이다. 공급자 우위의 시장이다. 시장 정보가 없으니 법률 브로커에게 의존한다. 검사와 판사를 지낸 전관 변호사에게 사건이 쏠린다. 선후배 간 유착이 한국의 법률서비스 시장을 후진적 수준에 머물게 하고 있다. 그 폐해는 매우 크다.

미국의 간호사와 보조 의사는 컴퓨터와 진단 장비를 통해 의사가 하던 일을 한다. 하지만 한국에서는 아직 의사만이 환자를 치료하고 약사만이 약을 판다. 모든 의료행위와 관련 품목의 판매에 의사와 약사가 꼭 필요한 것은 아니다. 한 병원의 국제진료센터장은 "아태지역의 중국, 싱가포르, 호주는 원격의료 도입 초기부터 영리기업이 플랫폼 개발을 주도했다. 코로나19 팬데믹 전후로 정부 지원이 두드러졌다. 세 나라와 달리 한국은 그렇지 않았다."라고 하였다. 또 다른 의사는 "원격의료는 환자의 편의성 및 미래 의학 차원에서 꼭 필요하다. 다만

의료 영리화와 서비스 질에 대한 우려 해소, 개인 정보 보호, 합리적 보험 수가 등은 고려할 필요가 있다."라고 하였다. 원격의료에 대해 시민의 62.1%는 긍정, 18.1%는 부정 의견을 보였다. 한 전문가는 "원격의료는 세계적 추세이지만 한국에서는 관련 논의조차 없다…. 이를 허용하는 의료법 개정안조차 발의되지 않고 있다. 한국은 외국 정부와 원격의료 서비스 계약을 맺을 정도로 기술력이 있다. 하지만 기업들은 국내에서 사업 기회를 얻지 못해 해외로 나간다. 안타깝다."라고 하였다.[10] 한 기업은 피부에 붙여 유전자 검사를 하는 패치를 개발하였다. 우편으로 결과물을 보내면 3일 안에 피부암 여부를 알려 준다. 하지만 법은 병원이 아닌 기업이 유전자 검사를 하는 것을 허용하지 않고 있다. 해당 기업은 국내 사업을 포기한 채 싱가포르나 인도네시아에서 사업할 준비를 하고 있다.[11] 다른 벤처기업은 기저귀에 스마트 센서를 달아 노인 환자를 관리하는 시스템을 개발하였다. 하지만 일본에서 먼저 제품을 출시하였다. 건강보험공단에서 인정하고 등록하여야 하는데 사례가 없다는 이유로 거절되었기 때문이다.

한국 의료보험제도가 좋다는 평가가 있다. 하지만 지방으로 갈수록 병, 의원과 의사는 부족하다. 의료 취약지역에 응급 또는 입원 환자를 위한 병원이 없어 지역 의사제 도입이나 의료 서비스 체계 개선이 필요한 상황이다. 흉부외과, 비뇨기과, 외과, 소아청소년과 등은 전공의 수급에 어려움을 겪고 있다. 중환자가 많고 노동강도가 센 데 비하여 급여 등의 보상이 충분치 않기 때문이다. 의사 부족 문제는 결국 의사들의 수입과 연결되어 있다. 의사들의 지방 기피와 전공별 의사 수급 문제는 오래된 일이다. 한국 의사 수는 인구 천 명당 2.5명으로 OECD 평균인 3.5명보다 상당히 적다. 보건사회연구원은 2035년에 우리나라 의사가 약 2만 7천 명 부족할 것이라고 보았다. 의사협회는 이에 대해 의사 증원은 공급과잉을 만들 것이라고 반박한다. 의대 정원을 늘리는 시도는 매번 반발에 부딪혀 좌절해 왔다. 의약품 산업 등에서도 여전히 의사 자격을 지닌 인력이 필요하다. 정부는 의대 정원 2천 명 증원을 추진하는데 의사협회 등의 반발이 심하다.

인터넷 은행을 제외하면 한국엔 1990년 이후 30여 년간 신규로 설립된 은행이 없다. 별 변화 없이 KB·신한·하나·우리·농협 등 5대 은행이 시장을 과점하고 있다. 한국 금융 소비자들은 싫으나 좋으나 이들에게 묶여 거래한다. 소비자는 갑이 아니고 을이다. 한국은행이 기준금리를 인상하면 은행들은 그 대부분을 소비자에게 전가한다. 대출의 경우 미국에서는 기준금리 변동분의 40% 정도를 소비자에게 전가하는데 한국에서는 70%를 전가한다. 한국의 은행들은 자신에게 불리한 금리를 주로 소비자에게 전가하지만 미국 은행들은 대부분을 스스로 흡수하거나 부담한다. 미국이나 EU에는 각각 1만 개 정도의 은행이 있다. 그 85~90%는 소형은행들이다. 은행 간 치열한 경쟁으로 은행의 예대금리차는 크지 않다. 수익 기회가 생기면 언제든지 새로운 사업자가 은행업에 진입한다. 은행 간 인수와 합병도 빈번하다. 한국에서는 은행 사업에 필요한 최소자본금이 일반은행 1,000억 원, 지방은행 250억 원이다. 금융 당국이 은행업 허가를 검토할 때의 기준도 자의적이다. 이에 비하여 미국이나 유럽은 1~10억 원 정도의 자본금만 있으면 은행을 열며 인가 기준은 투명하다. 국내 은행은 창업자금 등 시장의 수요 자금을 충분히 공급하지 못하고 있다. 신용도 낮은 소비자의 고금리 고통은 크다. 하지만 은행들의 연간 이자 수익은 수십조 원에 이른다. 미국 등에는 고정금리 대출이 많은데 한국에는 변동금리 대출이 많다. 국내 은행은 자신이 위험을 부담하는 대출 상품 개발에 소홀하다. 모든 피해는 소비자에게 돌아간다. 은행들은 과점체제에 익숙하고 소비자를 위한 경쟁에 큰 관심이 없다. 정부 지시로 수출기업에 자금을 지원하고 아파트를 담보로 대출한다. 만약 미국이나 유럽처럼 은행업 진입이 자유롭다면 상황은 달라질 것이다. 치킨집 경쟁하듯 대출 경쟁으로 금리 담합이나 고금리 등의 현상은 사라질 것이다. 가계대출을 통한 이익 과점이 어려우면 기업 금융을 통한 수익 추구에 나설 것이다. 이러한 변화는 국가의 경제성장 잠재력 상승으로 연결될 가능성이 크다. 한 전문가는 한국의 은행이 미국이나 유럽처럼 효율적이라면 GDP는 2% 정도 추가 상승할 것이라 하였다. 낮아진 이자 부담으로 시민 소비는 증가하고 원활한 자금 융통으로 기업 활동은 활발해질 것이다.[12]

한국의 정치는 후진적이다. 누구나 자유롭게 정치 분야에 진입하고 경쟁할 수 없다. 정치제도나 관행이 신참자에게 불리하고 기존 정치인에게 유리하다. 5개 이상의 시도당과 각 시도당에 1,000명 이상의 당원이 등록해야 신생 정당을 만들 수 있다. 정치 신인은 당원협의회장이나 지역위원장직을 겸하는 현역 의원과 달리 현수막을 걸 수 없다. 기존 정치인들은 현수막 걸고 의정활동 보고회도 하지만 정치 신인은 자신을 알릴 수가 없다. 공직선거법은 선거일 기준 120일 이전의 사전 선거운동을 제한하고 있다. 정치신인 등 원외 인사는 선거 예비후보 등록 이후에만 후원회 개설이 가능하다. 예비후보 등록 전까지는 현수막 설치 등 모든 비용을 사비로 충당해야 한다. 해외에는 이렇듯 신인 정치인의 선거 활동을 규제하는 경우가 거의 없다. 미국에는 선거운동 기간이라는 개념 자체가 없으며 정치 신인의 선거운동을 제한하지 않는다. 출처가 투명하다면 정치후원액에 상한이 없고 예비후보 등록 전에도 모금할 수 있다. 한국에서는 현역 의원만 4년 내내 선거운동을 할 수 있다. 정치 신인은 기존 정당의 추천이나 공천을 받아야만 정치에 입문할 수가 있다. 현재의 양당 체제는 이렇듯 신인을 배제한 기득권들의 야합 결과이다. 이러한 규제를 풀어 정치개혁을 시작하여야 할 것이다.[13]

국내 법령은 특정 산업에 관해 명시된 사업이나 행위만을 허용하고 기타 사업은 금지하는 경우가 많다. 포지티브 방식의 규제이다. 예컨대 여객자동차운수사업법에는 대리기사 서비스에 관한 규정이 없다. 택시 등의 기업이 대리기사 파견 등 다양한 서비스를 제공할 수 없는 것이다. 관련된 기술이 발전하고 수요가 변하더라도 사업자는 필요한 서비스를 제공하지 못한다. 인터넷 금융거래에 공인인증서를 활용했었다. 법은 윈도우가 아닌 다른 운영체제의 인터넷 거래를 금지했다. 소비자 불편은 컸고 전자서명 관련 기술의 발전은 부진했다. 2023년 8월 대법원 전원합의체는 "한의사의 초음파 진단기기 사용을 금지하는 취지의 규정은 존재하지 않는다."라고 판결하였다. 앞서 한의사 A

씨는 2010년 자신의 한의원에서 파킨슨병과 치매 진단에 뇌파계를 사용했다. 이로 인해 복지부 등으로부터 자격정지 처분을 받자 불복 소송을 냈었다. 한의사는 양방 의학도 배우지만 현장에서는 양의학 기술을 활용하지 못한다. 한의사는 한의학 이론에 맞게 진료해야 한다는 의료법 때문이다. 변리사가 특허침해 소송을 대리한다면 전문성과 비용 등에서 효과적일 수 있다. 하지만 변호사 쪽에서는 변리사의 그러한 역할을 용납하지 않는다. 변호사와 변리사·법무사·세무사·회계사·공인노무사 간에는 직역 간 분쟁이 잦다. 사업 영역에 관한 분쟁은 사업자 이익에 중요하다. 하지만 가장 중요하게 고려할 것은 그 서비스 이용자의 편의와 이익이다.

2021년 기준으로 총 4만 4,257개의 민간 자격증이 운영되고 있다. 10년 전 1,053개에 비하면 약 43배로 폭증하였다.[14] 세계 상위 100대 창업 기업이 한국에서 사업을 하려고 했다면 53%는 사업을 못 했을 것이라고 한다. 진입규제 때문이다. 한 조사에 따르면 한국의 신산업 등 사업을 할 수 있는 자유는 54개국 중 38위이었다. 대만, 독일, 미국, 일본보다도 순위가 낮았다. 그 원인에는 기득권의 저항, 포지티브 규제, 소극적인 행정 등이 있다. 기득권자들이 강하게 버티는 분야일수록 신산업, 신기술 수용에 소극적이다.[15] 여러 분야에서 기존 업계는 IT 기술 기반의 새로운 기업들과 갈등하고 충돌을 빚고 있다. 수수료를 낮춘 세무회계 서비스 플랫폼, 부동산 거래 플랫폼, 단말기 없이 카드 결제를 하는 스마트폰 앱, 비대면 원격 진료 서비스, 숙박 공유업 등이 그 예들이다. 뜨개질과 편직기, 뱃사공과 증기선, 필경사와 인쇄기, 마차와 자동차, 사진기와 스마트폰 등의 관계가 연상된다. 언제까지 기술의 추세, 수요의 변화를 막을 수는 없을 것이다.

2021년 한국 로펌이 1년간 외국 기업 등으로부터 벌어들인 법률 서비스 수입은 9억 6,860만 달러로 사상 최고였다. 반면 기업 등이 외국 로펌에 지출한 법률 서비스 지출액은 15억 2,270만 달러에 달했다. 법률 서비스 수지는 6,600억여 원 적자였다.[16] 국내 로펌이 국내시장의 제한된 경쟁에 치중한 나머지 해외시장 개척에 소홀한 결과라는 지적도 있다. 국내는 한국 변호사가 시장을 독점하지만 해외에서는 전문인력 미비 등으로 경쟁력이 부족하다. 한편 금융산업 협회장은 말했다. "한국에는 글로벌 최고의 분야가 많지만 금융은 아니다. 규제 때문이다. 금융시장 환경은 빠르게 변하는데 정부 규제는 과거에 머물러 있다." 금융 기업이 혁신을 통해 세계 수준의 경쟁력을 갖기 어려운 배경이다. 빠르게 기술이 발전하는 핀테크, 가상화폐 등에 대한 규제는 산업의 발전을 가로막고 있다. 디지털 시대를 맞아 소비자 선택 폭은 넓어졌다. 온라인동영상 서비스(OTT) 발전도 소비자의 콘텐츠 선택 폭을 확대하였다. 보험 분야에서도 의료데이터와 연계한 맞춤형 보험상품 개발, 건강 진단과 분석 등이 가능해야 할 것이다.[17]

OECD의 보고서는 한국 서비스 산업이 각종 진입규제로 개방과 경쟁이 미흡하며 발전이 느리다고 지적한다. 법률, 회계, 의료 등의 전문직 서비스는 전산업에 걸쳐 산업 연관 효과가 높고 혁신의 중추 기능을 한다. 이들 산업은 양질의 고용을 창출할 잠재력이 있다. 하지만 이러한 분야가 오히려 국가적 혁신을 저해할 수도 있다. 공공성을 이유로 새로운 기술과 인력의 진입을 막고 경쟁을 제한할 때 그렇다. 한국은 주요 제조업, K팝, 영화 등에서 세계적 수준의 제품과 서비스를 산출하지만 법률, 금융, 교육 등에서는 그렇지 못하다. 해당 분야의 서비스 공급 제한으로 경쟁이 부족하기 때문이다. 예컨대 2024년 기준으로 주요 자격증의 합격 정원은 변호사 2,000명, 공인회계사 1,250명, 의사 3,000명 등이다. 제한된 인원이 서비스를 공급하면서 해당 영역 내부의 경쟁은 활발하지 않다. 전체 수출에서 서비스 부문의 기여도도 낮다.[18] 제품과 서비스의 가치나 유용성은 소비자가 평가한다. 경직적인 정원 제도는 경쟁을 제한하고 해당 영역의 발전을 막는다. 시장은 보이지 않는 손으로 제품의 공급과 소비를 연결하고 기술 발전을 돕는다. 자격 면허제도가 없어도 대부분 사업자는 철저한 준비로 고객을 맞는다. 누구나 쉽게 필요한 정보를 수집하고 학습할 수 있는 시대이다. 인터넷을 통해 필요한 정부를 찾고 AI를 활용할 수 있다. 국가가 나서 공급자를 통제할 유인은 약화하고 있다. 어디에나 있는 지식을 외우게 하고 시험을 치르면서 경쟁을 제한하는 일은 최소화되어야 한다. 밀턴 프리드먼은 "조잡한 제품은 주로 정부 규제를 받는 업종에서 나온다. 뛰어난 제품은 정부 규제가 없는 분야나 민간기업에서 생산되는 것들이다. 민간기업은 평판을 엄하게, 중하게 여긴다. FDA는 유해하고 효험 없는 약품 방지로 사회에 기여한 것보다 귀중한 약품의 생산과 판매를 지연한 해가 더 크다."라고 하였다.[19] 진입규제의 긍정적 효과보다 자유와 경쟁을 제한한 부정적 효과가 더 크다는 것이다.

한국 운송업계는 지입제를 운영한다. 화물 차량 소유자가 운송회사로부터 면허를 사거나 대여받아 자신의 사업을 하는 것이다. 차 소유자는 자기 차량을 운송사 차량으로 등록하고 운송사에 지입료(면허 대여료)를 낸다. 2천만~3천만 원에 이른다. 전체 화물차의 22.5% 정도가 지입제인 것으로 추산되고 있다.[20] 정부로부터 면허를 획득한 운송회사는 직접 차량을 구매하고 기사를 고용하여 사업을 해야 한다. 그런데 면허 소지자는 직접 사업을 하는 대신 면허 장사를 하고 정부는 이를 방치해 왔다. 국가는 원활한 화물 운송을 도모하고 관련 사업을 육성하며 화물차 기사의 노동을 보호할 책임이 있다. 화물차 기사는 근로자로서 보호받을 수 있어야 한다. 하지만 그들은 형식상 사업자이며 근로자가 아니다. 그들(화물 연대)이 파업하면 면허 사업자 대신 정부가 나서서 그들을 상대한다. 사실상 근로자인 기사에 대한 사업자 책임은 어디에 있는지 알 수 없다. 정부가 면허를 사고파는 행위를 용인한 책임이 크다. 다른 분야에서도 면허 대여 등의 현상을 볼 수 있다. 건설산업기본법은 "건설공사 현장에는 건설기술자를 1인 이상 배치하여야 한다."라고 규정한다. '기술을 가진 자가 건설 현장에 있어야 한다'는 것이다. 관련하여 건설업계에는 수많은 페이퍼 컴퍼니가 존재한다. 공공연히 건설기술 자격증을 대여하고 거래한다. 1인의 건설업자가 친인척 등의 이름과 자격증을 빌려 5~10개의 소형 건설업체를 소유한다. 업체 간 건설기술자를 중복하여 등록하고 서류로만 현장에 기술자를 배치하기도 한다. 자격증을 빌려 공사를 수주한 후 다른 업체에 다시 일괄 하도급을 한다. 의약품 도매상은 '약사를 두고 업무를 관리'하여야 한다. 사업을 하려면 의무적으로 약사를 채용하여야 한다는 약사법 때문이다. 자격증의 명의만 빌려 도매상 허가를 받는다. 의사, 회계사, 건축사 등의 분야에서도 면허를 대여하거나 무면허로 사업하는 경우가 발견된다. 대여한 면허로 일을 해도 문제가 없다는 것은 면허 자체가 불필요함을 보여 주는 것이다.

3. 한 번의 승부

20~21세기 한국의 성장과 발전은 세계의 이목을 끌고 있다. 또한 그 성공의 원인은 흔히 '교육'에 있다고 한다. 높은 교육열과 인적자원 개발이 성공을 이끌었다는 것이다. '사람'밖에 없는 나라의 성공 원인을 사람에게서 찾는 것은 합리적이다. 그렇다고 교육의 모든 것이 성공적이었다는 의미는 아닐 것이다. 물론 오바마 대통령 등도 한국 교육을 극찬했었다. 특히 그가 주목한 것은 한국 부모의 높은 교육열이었다. 높은 교육열의 저변에는 무엇이 있는가? 학력과 보상의 관계를 들지 않을 수 없다. 그것이 한국 교육을 '오징어 게임'처럼 만들었는지도 모른다. 상급 학교로 올라갈 때마다 아이들이 탈락한다.

입시에 관해 한 외국인 교환학생은 "학생들뿐만 아니라 부모와 가족, 심지어 국가 전체가 수험생을 위해 신경 쓰고 배려하는 게 이상할 정도"라고 했다. 수능일에는 온 국가에 비상이 걸린다. 교통경찰은 물론 지구대·기동대 등 많은 경력이 수험생 수송에 투입되고 순찰차, 오토바이, 기타 차량이 동원된다. 서울시는 지하철과 버스, 택시를 증차하고 비상 차량을 투입한다. 민·관용 차량과 오토바이가 고사장 인근 지하철역과 버스 정류소 등에 배치된다. 국토교통부는 영어 듣기 평가를 위해 35분간 국내 전역의 항공기 운항을 통제한다. 하지만 이런 요란함은 우리 모두를 위하는 것인지 생각해 볼 필요가 있다. 집안 사정 등으로 준비가 불충분하거나 좋은 점수를 기대하지 않는 청소년 등은 입시에서 소외되어 있다. 특성화고를 나와 취업을 앞두거나 이미 취업하여 입시와 무관한 청소년도 많다. 고졸로 사회생활을 시작하는 이들에 대한 국가적 관심과 지원은 너무 미약하다. 그런데도 한국 입시는 수험생과 그 가족만이 아니라 다른 모든 이들을 마구 끌어들이는 블랙홀이 되고 있다.

밀은 『자유론』에서 다수의 횡포(tyranny of the majority)를 말했다. 사회에 널리 통용되는 의견, 감정, 통설, 생각, 관습 등을 타인에게 윽박지르며 그 수용을 강요하는 행태에 대한 것이다. 개인에게 함부로 간여하거나 간섭하면서 획일화를 강요하는 것에 대해 강하게 비판한다. 인간다운 삶의 기반인 개인의 존엄과 자유를 위협하기 때문이다.[21] 한국 교육에는 이와 같은 '다수의 횡포'가 심하게 작용하고 있다. 공자는 "배우고 익히면 이 또한 즐겁지 아니한가(學而時習之 不亦說乎)"라고 하였고 안중근은 "하루라도 책을 읽지 않으면 입안에 가시가 돋는다."라고 하였다. 배우는 것은 기쁨이고 삶의 희망이다. 평생을 즐겁게 배우고 책을 읽는다면 좋을 것이다. 하지만 한국의 교육은 이와는 너무 먼 모습이다. 교육이 입시라는 한 번의 승부를 위한 것으로 전락하고 말았다. 국제경영개발원(IMD)의 국가경쟁력 평가에서 한국은 63개국 중 27위였다. 이에 대해 25~34세 인구의 고등교육 이수율은 4위, 15세 청소년의 학업 성취도는 6위를 기록 중이다. 반면 대학

교육 경쟁력은 64개국 중 49위에 머물러 있다.[22] 종합적인 국가경쟁력보다 고등교육 이수율과 청소년의 학업 성취도는 앞서 있다. 하지만 대학 교육 경쟁력은 크게 뒤처져 있다. 대학 진학률은 세계 최고이지만 대학 수준은 그렇지 못하다. 시민과 국가 모두 입시에 열광하지만 대학이 학생에게 가르치는 것에 대해서는 별 관심이 없다. 그럼에도 고등학교의 다수는 학생들을 상위권 대학에 입학시키는 데 목을 맨다. SKY대에 몇 명을 보냈느냐에 따라 학교가 평가되기 때문이다. 대학 서열화는 공고하고 학력과 학벌은 사회경제적 차별의 주요 도구로 작동한다. 독일 주간지 슈피겔은 한국의 수능을 "가장 중요하며 끔찍한 순간이다. 학생들의 남은 인생을 결정할 정도로 중요하다. 한국에서는 상위권대 입학 여부가 미래 직업은 물론 결혼에까지 크게 영향을 미친다."라고 썼다.

각국 대학생들을 대상으로 질문하였다. "귀국의 고등학교는 다음 중 어떤 이미지에 가장 가깝다고 생각하십니까?"
① 함께하는 광장: 학교라는 공동체에서 상호 이해와 조화, 협동심을 체득하는 곳
② 거래하는 시장: 교육 서비스의 공급자와 수요자 간에 지식과 돈의 교환이 일어나는 곳
③ 사활을 건 전장: 좋은 대학을 목표로 높은 등수를 차지하기 위해 치열한 경쟁이 일어나는 곳

한국 대학생은 무려 81%가 고등학교는 '사활을 건 전장'에 가깝다

고 응답했다. 중국과 미국에서는 40% 남짓만 고등학교를 전장이라고 생각했고, 일본은 14%에 불과하였다. '함께하는 광장'이라고 생각하는 비율에서는 일본 76%, 중국 47%, 미국 34%였으며 한국은 13%에 그쳤다. 미국 대학생의 26%는 고등학교를 '교육 서비스를 거래하는 시장'으로 인식하였다. 공교육조차도 시장 중심적 관점으로 보는 것이다. 무엇보다 충격적인 것은 한국 대학생 10명 중 8명이 고등학교를 전쟁터로 인식했다는 점이다.[23] 교육 현장에는 많은 교육자가 아이들을 위해 헌신한다. 문제는 교육 자체보다는 학벌사회 등 교육의 외부 여건에서 시작된다. 한국 교육이 '한판의 승부'가 된 것은 입시 결과에 부여하는 과도한 보상 때문이다. 거슈니(J. Gershuny) 교수는 "영국 상류층도 자녀를 많은 돈이 필요한 아카데미에 등록시키기도 한다. 자녀를 옥스브리지에 진학시키려고 9, 10세부터 사교육을 시킨다. 하지만 이런 사람은 극히 일부다. 대부분은 옥스브리지가 귀족적 이미지 이외에 큰 '실질적' 가치가 있다고 생각지 않는다…. 런던 정경대, 맨체스터대, 브리스틀대, 노팅엄대 등 많은 대학이 옥스브리지와 같은 좋은 교육을 제공하기 때문이다. 영국에도 대입 경쟁은 있지만 한국처럼 SKY 대학 등의 서열에 모두가 휘말리지는 않는다. 다양한 대학이 다각적 서열(Multidimensional Status Hierarchy) 속에 존재하는 점에서 한국과 다르다."라고 하였다. 미국의 입시 경쟁도 갈수록 치열해지고 있다. 하지만 입시 광풍을 겪는 청소년은 고등학생의 20% 정도에 불과하다. 학부생 중 4%만이 경쟁률이 심한 대학에 다닌다. 나머지 80%는 경쟁률 1/2 미만의 대학에 재학하거나 대학에 가지 않는다. 시민의 삶에 미치는 명문대 학위의 영향이 한국보다 훨씬 덜 심각하다. 직업과 전공별로 우수하고 다양한 대학들이 존재한다. 학력 간 임금 격차도 한국보다 훨씬 덜하다. 직업이나 사업에서 성과나 능력에 따라 보상받는 다양한 기회가 존재한다. 한국에서는 좋은 학벌이 좋은 일자리와 고소득 접근에 훨씬 많은 기회를 제공한다. 4년제 학위는 의사, 약사, 영양사, 사회복지사 등 자격 획득의 조건이며 여타 각종 자격 획득에서 우대된다. 사회는 학벌에 따른 차별을 광범위하게 수용해 왔다. 입시가 사회적 지위와 소득을 획득하는 결정적인 문으로 작용하고 있다.

서울시 교육감은 "한국은 상대 평가에 기초한 수능과 내신 등의 성적에 기초하여 사람들의 능력을 서열화하고 보상을 차등화한다. 상층 계급은 물론 하층 시민조차 상대 평가의 불행한 레이스에 동참시킨다. 한국 교육의 문제는 바로 거기에 있다."라고 하였다.[24] 2020년 기준 한국 25~34세의 고등교육 이수율은 세계 최고인 69.3%로 OECD 평균 46.9%에 비해 22.4% 높다. 25~64세 기준 한국의 고등교육 이수율은 50.7%인데 OECD 평균은 40.3%[25]였다. 동 고등교육 이수율을 전문대, 4년제 대, 석사과정으로 나눌 때 한국은 특히 4년제 대 이수율에서 세계 최고였다. 직업교육 중심의 전문대 이수율에서 한국은 14%로 오스트리아 15%, 캐나다 26%, 프랑스 15%, 일본 21% 등보다 낮았다. 또한 한국의 석사과정 이수율은 4%로 캐나다 11%, 프랑스 13%, 스페인 16%, 독일 12%, 영국 13%, 미국 12%, OECD 평균 14%에 비해 크게 낮았다. 이에 비해 한국의 4년제 대 이수율은 32%로 캐나다 23%, 프랑스 11%, 독일 17%, 일본 31%, 스페인 11%, 영국 25%, 미국 25% 등에 비해 높았다. 한국 고등교육은 4년제 대 중심이고 직업교육엔 소홀하며 학문 전문 과정에서는 뒤처져 있는 것이다. 대학과 전공은 적성과 진로를 고려하여 선택할 필요가 있다. 하지만 실제 입시에서는 주로 수능 점수에 따른 '대학과 학과 배치표' 같은 자료가 활용된다. 적성이나 미래 진로는 그다음이다.

2019년 기준 한국의 학생 1인당 공교육비 지출액은 초등 13,341달러, 중등 17,078달러였다. OECD 평균 9,923달러, 11,400달러에 비해 30% 이상 많았다. 반면 대학생 1인당 공교육비는 11,287달러로 OECD 평균 17,559달러의 64% 수준에 머물렀다.[26] 한국의 대학생 1인당 공교육비 지출이 적은 것은 높은 고등교육 이수율과 관련이 있다. 학생 1인당 교육비는 적지만 인구 대비 대학 교육에 들어가는 비용은 OECD 평균과 비슷하거나 오히려 웃돌고 있다. 특히 사교육비는 연간 20조 원 이상 지출되고 있다. GDP 대비 세계 최고 수준의 비용을 교육에 쏟아붓는 것이다. 하지만 투입 대비 경제적 성과는 낙제 수준이다. 무엇보다 가르치는 내용과 사회가 요구하는 역량 간의 괴리가 크다. 아이러니의 하나는 2022년 수능에서 사회탐구 두 과목 중 '경제' 과목 선택 비율은 2.5%에 불과했다는 점이다. 다른 사회 과목을 선택한 비율은 생활과 윤리 62%, 사회문화 58%, 한국지리 19%였다. 사회 과목 전체를 100%라고 한다면 1.2%, 수험생 100명 중 한 명만이 '경제'를 선택한 셈이다. 무엇을 공부하느냐보다 수능에서의 고득점 여부로 수험 과목을 선택하고 있다. 부를 중요하게 여기면서도 수능이나 대학 교육에서 경제나 직업을 위한 교육엔 매우 소홀하다. 고등학교 교과서에서도 시장경제 원리, 노동의 가치, 경쟁과 창의, 기업가정신, 한국의 경제발전 등에 관한 내용은 빈약하다. 상경계 등이 아닌 전공자라면 경제의 기본원리조차 배울 기회가 거의 없다. 상당수 대졸자가 경제의 기본도 공부하지 않은 채 대학을 졸업하는 것이다.

「OECD 교육지표」에 따르면 한국의 25~34세 대졸자 중 경제활동을 하지 않는 자의 비율은 20.3%였다. OECD 37국 중 이탈리아와 체코 다음으로 높았다. 대부분 국가의 동 비율은 10% 전후에 불과하다.[27] 더불어 한국은 직업에 필요한 역량을 교육하는 정도에서 OECD 30개국 중 꼴찌였다. 25~34세 대졸 근로자의 전공과 직업 간 미스매치 비율은 50%로 OECD 22개국 중 가장 높았다. 독일은 26.4%, 미국은 45.0%였다. IMD[9]가 64개국의 대학 교육이 시장 요구에 부응하는 정도를 평가한 결과 독일 14위, 미국 19위, 일본 54위, 한국은 47위였다. 세계경제포럼(WEF)이 대졸자가 보유한 기술과 역량 수준을 평가하였는데 한국은 141개국 중 34위에 올랐다. 미국은 5위, 독일 13위, 일본은 42위였다.[28] 2022년 전경련 조사에서 대기업의 신규 채용에 필요 전공은 이공계열 61.0%, 인문계열 36.7%였다. 반면 2021년 4년제 대학 졸업자의 전공 비중은 인문계열 43.5%, 이공계열 37.7%였다.[29] 한편 260개 공공기관이 학력 대신 직무능력을 기준으로 신입사원을 채용한 결과 SKY대 출신 비중은 15.3%에서 10.5%로 감소하였다. 비수도권 대학 출신은 38.5%에서 43.2%로 증가하였다. 학력과 임금에 관한 조사에서 "학력에 따른 임금 차이는 필요치 않다."라는 설

---

9) 스위스 국제경영개발대학원

문에 대졸자는 65%, 고졸자는 72%가 동의하였다.[30] 최근 기업들은 신규 채용보다 경력자 채용을 늘리고 있다. 하지만 첨단 산업은 물론 전반적으로 기업에 필요한 인재는 부족하다. 특히 지방 소재 기업, 중소기업 등의 인력난은 심각한 수준이다. 미국에서는 사람 채용 시 인턴 경험, 재학 중 노동 경험, 전공과 대외 활동 등을 중요하게 평가한다. 그러나 한국의 대학 졸업생들은 이러한 경험의 소유자가 많지 않다.[31]

수능이나 교과 학습은 대부분 선다형 필기시험에 의해 평가한다. 읽고 분석하는 것 이외에 쓰기, 말하기, 듣고 대화하기, 만들기 등의 역량은 평가하지 못한다. 암기한 단편적 지식은 시간이 지나면서 대부분 사라진다. 비판적, 창의적 사고 등 높은 수준의 정신 능력은 함양하기 어렵다. 소통과 공감 등의 사회적 역량, 자율과 긍정 등의 정서적 역량, 정직이나 책임 등의 도덕적 역량 함양에 소홀하다. 정답과 오답 판별 과정에서 이분법적 사고가 유발되며 순응형, 동조형 인간을 기를 수도 있다. 선다형 시험은 채점의 관점에서만 객관적이다. 출제자의 생각이나 성향 등에 따라 시험 문항들이 결정된다. 국·영·수 중심의 공부는 학생들의 지능, 신체, 정서적 발달을 왜곡한다. 빈약한 신체, 메마른 감성, 치열한 경쟁만이 남을 수 있다. 무엇인가를 할 수 있는 역량을 학습하지 못한 채 제한된 수준의 지식을 얕게 배운다. 거기에다 중고교의 기초학력 미달 학생 비율은 계속 증가하고 있다. 중학교의 동 비율은 2012~2021년간 국어 1%에서 6%로, 수학은 3.5%에서 11.6%로 증가하였다. 고등학교의 동 비율은 국어 2.11%에서 7.1%로, 수학은 4.3%에서 14.2%로 각각 늘어났다.

또 다른 문제에 디지털 문해력이 있다. 인쇄물이나 대화보다 디지털 기기를 통해 정보에 접근하고 소통하는 세상이다. 거짓 정보나 가짜 뉴스 등을 거르고 정보의 정확성을 평가할 수 있어야 한다. 비판적으로 생각하고 스스로 문제를 푸는 역량이 필요하다. 인터넷에서 스팸 등 피싱형 메일을 분별하고 사실과 의견을 구별할 수 있어야 한다. 학생들이 인터넷에 접속하는 주당 시간에서 덴마크와 스웨덴 학생들은 45시간 이상이었는데 일본은 23시간, 한국은 22시간에 그쳤다. 그 시간 중 학교에서 접속한 비중은 덴마크 38%, 스웨덴 30%였지만 한국은 15%에 불과하였다. 한국은 학교 수업에서 인터넷을 활용하는 시간이 상대적으로 짧았다.[32] 한국 학생들은 일반 문해력 평가에서 37개국 중 5위였다. 하지만 인터넷 텍스트 내용이 '사실인가, 의견인가'를 식별하는 문항에서는 26%만이 만점을 받았다. OECD의 동 비율 평균은 47%이었다. 미국, 영국. 호주, 캐나다, 네덜란드, 뉴질랜드, 튀르키예 등에서는 만점자가 60% 이상이었다. 한국은 페루, 말레이시아와 더불어 바닥권이었다. 또한 정보의 주관성, 편향성을 감지하고 파악하는 교육 비율에서 호주, 덴마크, 미국, 싱가폴, 홍콩 등은 70% 이상, OECD 평균은 54%였던 반면 한국은 49%로 평균 이하였다.

19개국 시민을 대상으로 사회를 신뢰하는 정도에 대해 조사하였다. '완전히 신뢰할 수 있는 사람은 소수에 불과하다'는 설문이었다. 노르웨이, 덴마크, 스웨덴 등에서 사회에 대한 신뢰도가 높은 것으로 나타났다. 교육 수준이 높을수록 사회를 신뢰하는 정도도 높았다. 반면 러시아, 체코, 슬로바키아 등 동구권 국가들은 그 반대였다. 한국인의 평균적인 사회 신뢰도는 중간 정도로 나타났다. 교육연수 증가에 따른 사회 신뢰도 증가는 러시아 다음으로 작았다. '조심하지 않으면 다른 사람들에게 이용당한다'는 설문에서도 비슷한 결과를 보였다. 북유럽보다는 동구권과 유사하였다. 특히 젊은 고학력층의 정부나 국회 등에 대한 불신이 높았다.[33] 한국, 중국, 일본, 미국 대학생들에게 "귀국 고등학생에게 학생 스스로 아이디어를 내고 노력하여 방학 과제물을 만들어 제출토록 한다. 평가 결과는 대학 진학에 유리하게 작용할 것이다. 제출된 과제물이 부모나 전문가의 도움으로 학생 자신의 기여도가 절반 미만일 확률은 얼마일까?"라는 설문조사를 하였다.[34] 한국 학생들은 이에 58% 정도라고 응답하였다. 미국 41%, 중국 42%, 일본 46%에 비해 10% 이상 높았다. 교내외 대회나 공모전 등 비교과 활동, 과학고나 영재고 및 과학 중점학교 학생들의 연구 프로젝트인 R&E(Research and Education) 활동에서도 부모나 그 네트워크의 도움이 많다. 소논문을 작성해 주는 사교육업체가 성업 중이다.

4년제 대 진학률에서 소득 5분위[10]는 58.7%, 1분위는 30.4%였으며 고교 졸업 후 미진학률은 각각 15.5%, 35.4%였다.[35] 2020년 SKY대 신입생의 55.1%는 소득 상위 20%의 고소득층 가구 학생이었다. 이를 10분위로 다시 나눌 때 10분위 37.9%, 9분위 17.2%로 전자가 후자의 두 배 이상이었다. SKY대 의대만 보면 고소득 가구의 점유 비율은 훨씬 더 높아진다. 9~10분위 가구 비율은 74.1%였으며 10분위 가

---

10) 1분위는 소득 하위 20%, 5분위는 소득 상위 20%를 의미

구만의 비율은 57.2%에 달했다. 서울대의 9~10분위 비율은 62.9%, 서울대 의대는 84.5%였다. 서울대, 의대 쪽으로 갈수록 고소득 가구의 점유 비율은 더 높아졌다. 시간이 흐를수록 고소득 가구의 상위권대 점유 비율은 높아지고 있다. 2020년 SKY대 신입생의 소득 9~10분위 점유 비율은 2017년 41.1%에서 55.1%로 상승하였다. 동 기간에 SKY대 의대 신입생의 9~10분위 점유 비율은 54.1%에서 74.1%로 상승하였다.[36] 부모의 경제력이 명문대 진학에 영향을 주는 것에 대해 '그렇다'고 응답한 비율이 미국 74%, 중국 57%, 일본 62%였는데 한국은 85%였다. 한국장학재단의 대학생 학자금 대출을 보면 2021년의 대출 총액은 9,112억 원이었다. 대학생의 가구소득을 10분위로 나눌 때 5분위 이하 학생의 대출액은 6,872억 원으로 전체 대출의 75%를 점유하였다. 저소득층 자녀일수록 빚으로 대학에 다니는 것이다. "대학은 계급 재생산의 도구"가 되고 있다.

입시 비리를 저지르는 부모 대부분은 그 부정행위를 자녀에게 비밀로 한다고 한다. 대학 학위나 명문대 졸업 여부가 오로지 그 당사자의 능력에 따른 것이 아닐 수 있다. 하지만 입시 경쟁에서 성공한 사람의 오만은 그렇지 못한 이들의 자괴감을 자극한다. 입시 경쟁에서 탈락한 다수 학생의 상실감과 자존감의 상처는 깊다. 세계적으로 큰 업적을 남긴 이 중에는 대학을 나오지 않은 이가 수없이 많다. 인간은 다양한 역량의 소양을 가지고 태어난다. 시험성적에는 본인의 소양도 중요하겠지만 가정의 재무적 역량 등도 큰 영향을 미친다. 거슈니 교수는 한국 교육에 대해 "학벌이라는 한 가지로 사람의 능력을 측정할 수 있다고 믿는 한 문제 해결이 어렵다. 아무리 입시제도를 공정하게 바꾼다 해도 상류층은 결국 자녀가 경쟁에서 승리할 방법을 찾아내고 말 것이다…. 사회적 보상체계를 개선해야 한다. 대학 서열의 다각화(Multidimensional Status Ordering)를 비롯해 학벌 외에 사회적 성취에 이르는 다양한 길을 만들어 가는 것이 중요하다."[37]라고 하였다. 학벌사회의 혜택은 최상위권에 가장 많이 주어진다. 학벌 경쟁에서 밀려난 학생들이 늘어나고 방치되고 있다. 더하기, 빼기도 서투른 학생에게 고차원의 수학 교재는 학대일 뿐이다. 소설책이나 그림이 구세주일 수가 있다. 여러 분야에서 다양한 역량을 지닌 인재가 필요하다. 창조적이고 도전적인 다양한 경험이 새로운 지식과 역량의 기반이 된다. 획일화한 교육만으로 현대의 다양한 문제를 해결하기는 어렵다. 편향된 시각이 관점의 사각지대를 만든다.[38]

OECD는 만 15~24세를 기준으로 청년실업률을 산출한다. 만 15세가 되면 충분히 스스로 경제활동을 하고 소득을 창출하기 때문이다. 한국은 높은 진학률로 인해 15~24세의 다수는 학생이다. 그래서 한국의 청년 일자리 정책은 34세까지가 대상이다. 청년 관련한 각종 통계도 25~34세 기준인 경우들이 많다. 선진국 청년이 보통 15~24세에 첫 경제활동을 시작한다면 한국은 25~34세에 시작한다. 한국 청년은 선진국에 비해 평균 10년 정도 늦게 사회생활을 시작하는 것이다. 군대에 가고 재수도 한다. 대학을 졸업하고 나서 다시 취업 준비를 한다. 결혼이 늦어지고 아이도 적게 낳는다. 20세 전후의 입시로 많은 것을 결정하는 시스템의 문제가 크다. 평생의 삶을 한 번의 시험으로 재단하려고 한다. 20세는 성인이 되어 삶을 시작하는 때다. 수명 100세 시대의 삶은 평생에 걸쳐 수시로 평가받고 보상받을 필요가 있다. 한 번의 입시로 대체될 성질의 것이 아니다. 신분사회에서는 차별이 운명이었다. 하지만 자유와 평등의 사회에서는 실패를 딛고 새로운 기회를 맞을 수 있어야 한다. 교육과 입시는 희망의 문이어야 한다. 차단의 문이어서는 안 될 것이다.

4. 연공급 제도

　한국 대기업과 공공기관에는 호봉제라고도 불리는 연공급 체계가 널리 퍼져 있다. 반면 중소기업에는 연공급이 상대적으로 적으며 고정된 임금체계가 없는 곳도 많다. 종업원 천 명 이상 조직의 60~90%는 근속에 따라 매년 기본급을 인상한다. 특히 생산기능직의 경우 연공급 비율은 90.5%에 이른다. 기업규모가 클수록, 노조가 있는 곳일수록 연공급이 많다. 건설업과 제조업 부문에서 동 비율이 높다. 종업원 규모가 100~300인 규모에서는 동 비율이 50~60%로 낮아진다. 보통 사원, 대리, 과장, 차장, 부장 등 5~6단계의 직급체계를 운영한다. 연공급 조직은 승진도 근속연수에 의하며 일명 '자동 승진제도'라 불린다. 입사 동기 간에는 승진 시기에 차이가 없고, 차이가 나더라도 1~2년을 넘지 않는다. 직급은 직무나 역할보다 형식적인 단계로서 의미를 지닐 때가 많다. 승진이 "담당 업무의 변화가 아니라 임금 인상의 과정"에 불과한 것이다. 능력이나 성과와 무관하게 급여가 결정되고 승진이 이루어진다. 공공기관의 경우 동일 직급 내 상, 하위 호봉 간 급여 차이가 2배가 넘기도 한다. 하위 직급에 장기간 근속하면 상위 직급자보다 더 많은 급여를 받는다. 중요하고 책임이 큰 업무를 담당해도 그렇지 않은 직원과의 급여 차이가 크지 않다. 전체 임금 중 기본급 비중은 80% 이상이며 성과급 비중은 10%를 넘지 않는다.

주요 국가의 10인 이상 사업체를 대상으로 연공과 임금의 관계를 조사하고 비교하였다.[39] 근로자 초임을 100이라 할 때 30년 근속자의 임금수준을 측정한 결과이다. 한국의 30년 근속자는 329로 초임자의 평균 3.3배에 달하는 임금을 받았다. 이에 대해 주요국의 30년 근속자는 일본 246, 독일 210, 영국 160, 프랑스 159의 임금이었다. 한국은 비교 국가 중 근속연수에 따른 임금의 증가가 가장 컸다.

주요국 임금의 연공성 비교

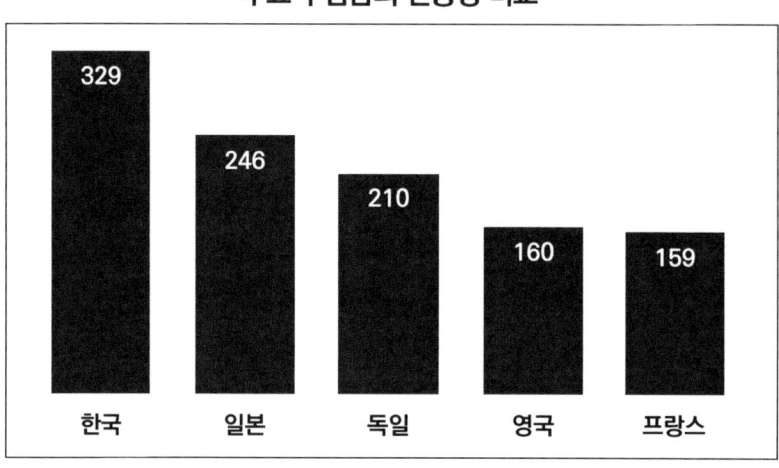

자료: 한국노동연구원, 2015, 「임금 및 생산성 국제비교 연구」에서 발췌하여 재작성

다른 조사에서도 한국은 근속연수에 따른 임금 증가가 가장 큰 것으로 나타났다. 근속연수가 10년에서 20년으로 증가할 때 OECD 국가 임금은 평균 5.9% 증가하는 데 비해 한국은 15.1% 증가하였다. OECD 28개국 중 한국의 임금 증가 폭이 가장 컸다.[40] OECD 교육지

표에서는 국공립 학교 교사 등의 임금수준을 발표한다. 한국 초등학교 교사의 초봉은 34,123달러로 OECD 평균 36,099달러의 94.5% 수준이었다. 하지만 15년 차에는 한국 60,185달러, OECD는 평균 49,245달러를 받았다. OECD 평균의 1.22배를 받는 것이다. 초봉은 다소 적지만 근속하면서 크게 역전되는 모습이다. 동 기간에 한국 교사 임금은 76.4% 인상되었는데 OECD는 36.4% 늘어나는 데 그쳤다.

국·공립 초등학교 교사 법정 급여

(단위: 구매력평가 기준 $)

	초임	15년 차
한국	34,123(94.5%)	60,185(176.4%)
OECD 평균	36,099(100%)	49,245(136.4%)

자료: 교육부, 2022.10. 「OECD 교육지표 2022 결과 발표」에 기초하여 작성

한국 대기업이나 공공부문의 연평균 임금은 대개 1억 원을 넘는다. 신입사원 채용이 줄면서 조직은 고령화되고 구성원의 상당수가 고직급에 분포한다. 예컨대 전체 인원의 절반 정도가 고직급인 과장 또는 부장급 이상에 있다. 하지만 대부분 조직에 높은 자리는 적다. 따라서 고직급자 중 책임자나 리더 등 직책을 맡지 못하는 인력들이 생겨난다. 이에 따라 직급과 직책을 분리하여 운영하거나 직급 단계를 축소하는 움직임들이 있다.[41] 근속하면서 일에 대한 숙련도가 높아지고 성과도 증대될 수 있다. 하지만 근속연수가 늘어난다고 해서 언제나 숙련도가 증가하고 업무성과가 향상되는 것은 아니다. 업무별로 숙련 소

요 기간이 있다. 단순 업무는 숙련에 3년이 소요된다면 복잡한 업무는 10년 이상 소요될 수도 있다. 연공급에서의 임금과 생산성 간의 관계를 간단한 도표로 표현할 수가 있다.

연공급에서의 생산성과 임금

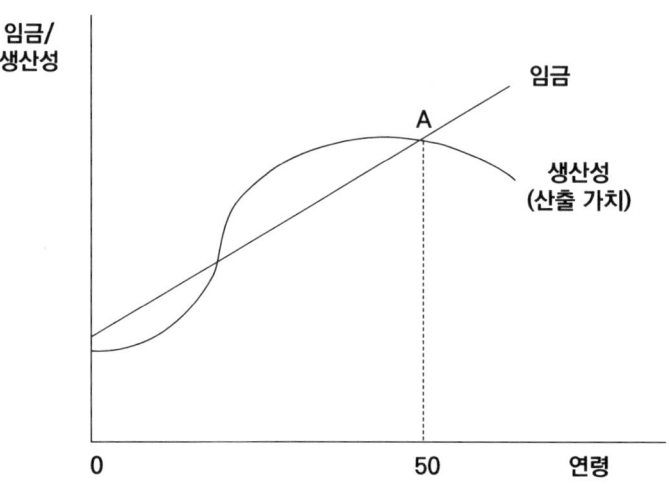

연공급에서는 근속할수록 임금이 상승하여 종사자의 생산성이 그 임금수준에 미치지 못하는 순간이 온다. 예컨대 〈그림〉의 A 지점에서 그의 임금과 생산성이 교차한다. 50세인 지점을 지나면서 그의 임금이 생산성을 상회하는 것이다. 그가 근속할수록 기업 손실은 증가한다. 작업이나 직무에 따라 다르겠지만 연공급을 적용하는 대부분에서 이러한 현상을 볼 수 있다. 이에 따른 문제의 하나는 화이트칼라 다수가 정년 이전에 일자리를 잃거나 퇴직 압박을 받게 된다는 점이다. 물

론 법은 정년 전의 해고를 금지한다. 그래서 퇴직을 조건으로 몇 년 분의 급여를 지급하는 등 자진 퇴직의 모습을 띤다. 한창 일할 나이에 일자리에서 물러난다. 한국 자영업자 중에는 50대 창업자가 많다. 조기 퇴직, 명예퇴직 등으로 퇴직한 중장년층이 자영업에 진입하는 것이다. 그들이 상용 근로자 등으로 안정적 일자리를 갖는 경우는 많지 않다.[42]

통계청에 따르면 2020년 기준 전체 근로자의 월평균 임금은 320만 원이었다. 남자 평균소득은 371만 원으로 여자 247만 원의 약 1.5배에 달했다. 1년 미만 근로자의 평균소득은 184만 원이었으며 1~2년 근로자는 270만 원이었다. 20년 이상 근로자는 757만 원으로 1~2년 근로자의 2.8배 정도에 달했다.[43] 한국 근로자의 임금 격차는 주로 사업장 성격, 근속연수, 교육 수준, 사업장 규모 등에 따라 발생한다. 대개 장기근속자, 고학력자, 대규모 사업장 근무자 등이 많은 임금을 받는다. 특히 근속연수의 영향이 가장 컸다. 반면 성(性)이나 연령 등의 영향은 상대적으로 크지 않은 것으로 밝혀졌다.[44] 남녀 간 임금 차이에 대해서도 더 심층적인 분석이 필요하다. OECD가 공개한 '성별 간 임금 격차'에 따르면 2021년 기준 한국의 성별 임금 격차는 31.1%로 비교 국가 중 가장 컸다. OECD 38개 회원국의 평균 성별 임금 격차는 12%였다. 한국은 1996년 OECD 가입 이래 26년 동안 줄곧 성별 임금 격차 1위에 올랐다. 한국의 성별 임금 격차는 무엇에서 비롯되는가? 무엇보다 대기업, 공공부문 등에서 여성 장기 근속자가 적기 때문이다. 육아 등의 이유로 많은 여성이 일찍 퇴직하고 경력이 단절된다. 연공급 조직의 육아휴직 여성이 직에 복귀할 때 직급이나 급여 등에서 근속 중단에 따른 불이익을 받기 쉽다. 남녀고용평등법은 '육아휴직 기간을 근속기간에 포함해야 하고, 육아휴직으로 불리한 처우를 해선 안 된다'고 규정하고 있기는 하다. 하지만 현실은 이와 다르다. 물론 경력을 인정받으며 다른 직장에서 일자리를 얻기도 쉽지 않다. 한국 성별 임금 격차의 주요 배경에 한국 특유의 연공급 제도가 있는 것이다.[45]

연공급 체계에서는 같은 일을 해도 근속연수에 따라 2~3배 임금 차이가 난다. 근속연수가 같으면 업무가 달라도 임금은 같다. 힘들거나 책임이 큰 업무를 담당하려고 하지 않는다. 같은 일을 해도 소속에 따라 임금수준이 크게 다르다. 직무급이 일을 기준으로 임금을 결정한다면 연공급은 조직과 위계를 기준으로 한다. 동노동임 원리는 성별, 정규직 여부, 학력, 근속 등에 상관없이 하는 일에 따라 임금을 결정하는 것이다. 그런 점에서 연공급은 동노동임의 원리에서 벗어나 있다. '기수 제도', '기수 문화'라는 것이 있다. 예컨대 사법시험이나 행정고시 등에서 합격한 기수에 따라 서열이 정해진다. 기수가 같으면 승진도 같은 시기에 한다. 검찰의 경우 후배 검사가 선배보다 더 빨리 승진하면 선배는 옷을 벗는다. 하지만 이러한 현상은 7급, 9급 출신에서는 크게 약화한다. 민간부문에도 기수 문화가 있다. 하지만 책임자급 등 주요 직책을 선임할 때는 능력을 중요하게 고려한다. 능력을 무시한 인선은 전체 업무나 성과에 미치는 영향이 크다. 연공급 체계의 조직은 결국 상명하복 구조가 된다. 강한 위계 구조와 더불어 수직적 조직문화가 형성된다. 창의와 자율이 중요한 분야에는 적합하지 않다. 연공급 체계는 능력 개발에 대한 동기부여가 약하다. 조직 생산성이 저하하고 경쟁력 약화를 초래할 개연성이 크다. 그 구성원들은 역량을 충분히 개발하지 못한 채 퇴직할 수가 있다. MZ세대는 개인의 자유와 공정, 투명하고 합리적인 보상을 원하는데 연공급은 그렇지 못하다. 그래서 세대 간 갈등을 유발하는 주요 원인이 되기도 한다.[46] 능력과 성과에 따른 보상이 약하다 보니 사내 정치가 활성화한다. 처세형 인간, 무위도식형 인간이 양산되기도 한다. 외부에서 간부급 인재가 들어오지 않아 조직은 고인물이 된다. 반대로 외국계 기업 등이 유능한 인력을 스카우트하여 기술이 유출되기도 한다. IT 및 AI 기술 발전에 따라 기존 일자리는 사라지고 새 일자리가 빠르게 생겨나고 있다. 일사불란함 대신 개인의 창의와 도전이 필요한 일이 늘어나는 것이다. 노동 과정 및 성과를 기록하고 측정하는 기술이 발달하기도 한다. 이에 따라 미국에서는 성과급 비중이 높아지고 있다고 한다. 이러한 기술 환경 변화는 연공급 체계에 호의적이지 않다.

한국 공공부문이나 대기업 정규직의 임금은 세계 최고 수준이다. 반면 중소기업이나 비정규직 근로자, 자영업자들은 OECD 평균에 미치지 못한다. 그 배경에 공무원, 공공기관, 은행, 대기업 근로자에게만 적용되는 연공급 체계가 있다. 경제성장과 최저임금 인상 등으로 임금이 상승하였고 근속에 따라 임금이 오르기 때문이다. 물론 연공급을 적용받는 대기업 등의 정규직 근로자는 전체 취업자의 20% 미만에 불과하다. 그렇지만 문제는 그들의 높은 임금이 여타 근로자와의 격차를 유발하는 데 있다. 중소기업이나 비정규직 근로자, 자영업자들은 대체로 시장 성과에 따라 보상을 받는다. 연공급에 따른 고임금이 한국 취업자 간 소득 불평등의 주요 원인이다.[47] 또한 그들의 고임금은 대기업과 공공부문의 정규직 일자리를 감소하게 한다.

　한국 노동시장은 경직적이며 유연성이 떨어진다고 한다. 일감에 따라 인력을 조정할 수 있어야 하는데 그렇지 못하다는 것이다. 하지만 그것은 공공부문과 대기업의 정규직 노동시장에만 해당하는 이야기이다. 노동법도 주로 정규직 근로자 중심으로 노동을 보호한다. 노조도 주로 그러한 곳에 있다. 이러한 요소와 더불어 연공급 제도가 노동 경직성을 높인다. 장기 근속하다가 다른 곳에 이직하면 연공이 반영된 임금을 받기 어렵다. 경력자의 전직이 많지 않으며 경력자 노동시장이 발달하지 못했다. 이러한 노동시장 경직성이 고용 창출을 저해한다. 만약 기업 등이 근로자의 성과만큼 임금을 지급할 수 있다면 굳이 그들을 해고할 이유가 없다. 채용도 훨씬 용이할 것이다. 성과에 따라 임금을 지급하니 근로자 유지에 별 부담이 없다. 중소기업이나 자영업자, 비정규직 근로자 등에게는 대체로 이러한 원리가 적용된다. 각종 규제와 보호로 경직된 노동시장과 유연한 노동시장이 병존하고 있다. 공공부문이나 대기업 정규직의 임금수준은 높고 고용 보장도 강하다. 하지만 중소기업이나 비정규직은 임금 수준도 낮고 노동보호도 약하다. 공공부문이나 대기업 정규직에는 지원자가 넘치지만 중소기업은 만성적 인력 부족을 겪고 있다. 외국인 인력이 투입되기도 하지만 충분치 못하다. 이러한 모든 문제의 배경에 연공급 제도가 있다. 노조는 연공급을 수호하려고 한다. 직무급 등으로의 변화에 부정적이다.

　시장경제 시대이다. 생산, 마케팅, 관리, 연구개발 등의 능력을 따지고 보상을 차별하는 것은 새로운 경험이다. 한국인은 사농공상이라는 신분제와 장유유서에 기반한 질서 속에 살았기 때문이다. 벼농사 공동체에서 위계를 지키며 한솥밥을 먹었다. 조직에 들어온 순서에 따라 임금 등을 차별하는 구조는 이러한 전통과 닮아 있다. 빠르게 변하고 있지만 학력이나 소속 등에 따른 차별은 여전하기도 하다. 개인보다 집단이나 공동체를 중시하는 전통도 살아 있다. 집단주의[11]에는 집단을 위한다는 긍정적인 면이 있다. 경제발전 초기나 재난 등의 경우 국가적 응집력으로 나타나기도 하였다. 하지만 타 집단에 대해 폐쇄적이며 위계질서, 연고주의, 정답주의, 담합 등의 단점도 많다. 개인의 자유와 권리를 제약하고 경시하는 문제가 크다. 인간은 독립적 개인일 때 양심의 소리, 보편적 가치에 더 귀를 기울인다고 한다. 집단에 속하면서 쉽게 행위의 도덕성이나 정당성을 포기하는 경향이 있다. 개인의 고유함보다 집단 내 지위와 역할로서 그를 인식하려고 한다. 개인의 자유와 경쟁보다 구성원 간의 질서를 중시한다. 조직에 대한 개인의 기여나 능력은 부차적인 것으로 취급하기도 한다. 연공급 제도는 이러한 집단주의 정서와 깊게 관련되어 있다.

2016년 헌재는 공무원들이 받은 성과급을 다시 재배분한 행위를 부당한 것으로 판결한 바 있다. "성과상여금 제도가 취지대로 정착되려면 재분배를 금지하는 것 외의 방법이 별로 없다. 성과에 따른 공정한 보상으로 효율적이고 경쟁력 있는 공무원 조직을 만드는 것이 중요하다. 따라서 지방공무원 성과급 규정을 유지하는 것이 합당하다."라고 하

---

[11] 본서에서 집단주의는 집단이 우선이고 '나'는 경시되는 의미로, 공동체주의는 '나'를 존중하면서 공동체도 중요하게 여긴다는 의미로 사용한다.

였다. 940명의 공무원은 전에 지급받은 성과급을 반납한 후 다시 균등하게 재분배했었다. 그러고는 관련 규정이 헌법에 위배되었다는 헌법소원을 냈다. 연공에 따라 급여를 받고 승진을 하지만 업무성과에 따른 차별은 거부하는 태도를 보였던 것이다. 철판 절삭, 가공, 용접, 조립 등으로 기계를 만드는 공장에서 있었던 일이다. 사장은 용접 공정이 중요하지만 작업이 어렵고 위험도 크다고 여겼다. 냉방도 충분치 않은데 땀 흘리며 작업하는 이들에 더 보상하려고 했다. 용접수당을 신설하기로 하고 노조에 이를 설명하였다. 그러나 노조는 '다 같이 고생하는데 종업원 간에 위화감을 조성한다'는 이유로 반대하였다. 회사는 노조와 종업원들을 수차례 설득하고 협의한 후에야 겨우 해당 수당을 만들 수 있었다. 규정을 만들고 수당을 지급하는 데 6개월이 걸렸다.

연공급은 결정적으로 입시 등 입구 통제적 체계를 강화하는 역할을 한다. 입사만 하면 근속에 따라 임금이 인상되고 승진하기 때문이다. 성과와 기여 대신 소속 기준으로 사회적 신분과 소득을 결정하는 주요 축이다. 임금체계를 능력이나 성과 중심의 체계로 바꿀 수 있다면 더 자유롭고 공정한 세상을 만드는 주요 계기가 될 것이다. 한국경제는 세계 최고 수준의 반도체, 자동차, 석유화학, 철강, 전자, 이차전지, 전기, 기계, 조선 등의 제조업이 이끌고 있다. 반면 취업자 다수가 종사하는 서비스 산업의 성과는 상대적으로 부진하다. 법률, 금융, 유통, 대학 등 분야의 서비스 수준은 낮고 경쟁력은 미약하다. 제조업 분야의 국제적 위상은 세계 시장에서의 경쟁을 통해 얻은 것이다. 하지만 주요 서비스 분야는 보호된 국내시장에 안주하는 경우가 많다. 엄격한 규제 탓에 의료,

법률, 금융, 운송, 대학 등에는 새로운 진입이 어려우며 경쟁은 제한되어 있다. 그래도 이러한 부문의 정규직 종사자는 비교적 고소득을 얻으며 양호한 환경 속에서 일한다. 그들은 중소기업 근로자, 자영업자, 비정규직 등의 취업자와 비교할 때 소득은 높고 고용 환경은 양호하다.

한국 노동시장은 1, 2차 노동시장 또는 중심 노동시장과 주변 노동시장으로 나뉜다. 1차 노동시장은 주로 공공기관이나 대기업의 정규직 근로자로 형성된다. 2차 노동시장은 그에 속하지 않는 근로자 또는 자영업자로 구성된다. 전체 취업자의 약 20%는 1차 시장에, 80%는 2차 시장에 있는 것으로 추정된다. 1차 시장 취업자 수는 그 높은 보수와 고용 보호로 인해 증가하기 쉽지 않다. 1차 노동시장 영역에 기술과 자본이 편중되면서 여타 영역은 상대적으로 위축되어 있다. 양 시장 간 생산성 격차와 진입장벽은 노동 등 자원 이동을 저해하고 경제 전체의 성장과 발전을 저해한다. 공공부문과 대기업 부문의 연공급 체계가 이 모든 문제의 배후에 있다.

공공기관과 대기업 등에서는 연공급을 직무급 등으로 바꾸려는 시도를 지속하여 왔다. 하지만 한국의 연공급 체계는 아직 견고하다. 물론 직무와 성과에 따라 보상하는 시스템을 새로이 만드는 것이 쉬운 일은 아니다. 문제는 의지에 있다. 연공급을 고수하면서 변화에 반대하는 힘이 강하다. 연공급은 능력이나 성과보다 연공을 중시한다. 개인의 자유와 권리보다 공동체 내에서 공생하는 것을 중요하게 여긴다. 그러한 곳의 임금은 많고 고용 보장은 탄탄하다. 그럴수록 그 입구 통과가 중요하다. 자유롭게 경쟁하며 능력과 성과에 따른 보상받는 사회와 거리가 멀다.

Ⅲ. 부문 간 격차와 국가 포획

1. 경제발전과 불균형

▶ 성장과 발전

한국은 지난 60여 년에 걸쳐 세계가 주목하는 많은 것들을 이루어 냈다. IMF에 따르면 2022년 기준 한국 GDP는 약 1조 7천억 달러였다. 2020~2022년의 GDP 규모로는 세계 10~13위를 기록하고 있다. 1인당 GDP는 3만 3천 달러 수준이다. 2018년에는 일본, 독일, 미국, 영국, 프랑스, 이탈리아에 이어 세계 일곱 번째로 30-50 클럽에 들었다. 1인당 GDP가 3만 달러 이상에 인구가 5천만 명 이상인 나라가 된 것이다. 2022년 기준 수출 6,835억 달러, 수입 7,313억 달러로 무역 규모로는 세계 6위이다. 또한 유엔산업개발기구(UNIDO)는 한국의 제조업 경쟁력을 독일, 중국에 이어 미국, 일본과 비슷한 3~5위 수준으로 평가하였다. 최근 방산 수출의 비약적 성과는 이러한 제조업 역량을 배경으로 한 것이다. 2021년 7월 유엔무역개발회의(UNCTAD)는 공식적으로 한국을 선진국으로 분류하였다. 또한 드라마와 영화, 음식, K-Pop과 K-Culture를 아우르는 한류가 세계인의 관심을 끌고 있다. 세계인의 한국 문화에 대한 선호도도 크게 높아졌다. 한국의 국토 면적은 세계 108위에 불과할 정도로 작다. 하지만 그 경제, 문화적 성과와 위상은 면적의 좁음을 뛰어넘고 있다.

맥아더는 6.25 직후 폐허가 된 한국에 대해 말했다. "기적이 일어나지 않는 한 이 나라가 다시 일어서기까지 100년은 걸릴 것이다." 1952년 더타임스 기자는 "한국에서 민주주의를 기대하는 것은 쓰레기통에서 장미가 피는 것과 같다."라고 썼다. 1955년 유엔 한국위원회의 인도 대표도 "한국의 경제 재건을 기대하는 것은 쓰레기통에서 장미가 피기를 기대하는 것과 같다."라고 하였다. 하지만 한국은 전쟁 후 50년도 지나기 전에 "원조를 받던 나라에서 원조공여국이 된 유일한 나라"가 되었다. 장미가 한 송이가 아니라 다발로 폈다. 피터 드러커는 "영국은 250년, 미국, 프랑스, 독일은 80~100년에 걸쳐 산업화를 이루었다면 한국은 40년 만에 이를 해냈다. 역사상 드문 경우이다. 한국의 발전은 기적 자체이다. 제2차 세계대전 후 인류가 이루어 낸 성과 중 가장 놀라운 결과였다. 대단한 민족이다."라고 평했다.

한국의 성장과 발전의 배경은 무엇인가? CNN 뉴스 등은 "1960년대 이전에 한국은 세계에서 가장 가난한 나라의 하나였다. 그들의 1인당 소득은 아프리카의 가장 가난한 나라들과 같았다. 하지만 지금 그들의 GDP는 유럽 다수의 나라들을 앞섰으며 많은 나라를 지원하고 있다. 한국의 성장과 발전은 많은 개도국에 롤 모델이 되고 있다. 이러한 한국을 만든 것은 지금의 시민들이었다…. 현세대가 후대에게 좋은 세상을 물려주기 위해 열정적인 삶을 사는 민족이다. 개인의 이익보다 공동체의 이익을 먼저 생각한다. 그래서 세계적으로도 매우 빠른 발전을 할 수 있었다. 적이 침입하면 백성 스스로 민병이 되어 적을 물리쳤다."라고 하였다.

중국사회과학원은 '한국인의 성격과 특징'을 분석하며 유사한 평가를 하고 있다. "한국은 강렬한 공동체 의식과 민족주의 정신을 지녔다. 중국인이 '나' 중심인 반면 한국인은 '우리' 정신을 지녔다. 애국과 자부심을 바탕으로 스스로 조직하고 행동한다. 강인하면서 자존심이 세다. 강직하고 급한 성격은 물이 아닌 불에 해당한다. 일제에 항거한 수많은 인물은 이러한 직진의 성격을 보여 준다." 공동체적 특성이 경제발전의 주요 기반이 되었다는 것이다. 하지만 체면과 외모를 중시하는 성향은 스트레스를 유발하는 원인이 되기도 한다. 아마 빨리빨리 문화도 한국인 성격을 반영하는 것일 것이다. 유교 기반에 서양 문화를 융합한 비빔밥 성향도 빠른 발전을 이끌었다. 한국인의 성격과 정신이 빠른 성장과 발전의 바탕이 되었다는 분석은 많다. 하지만 이러한 논리만으로는 국권을 잃었던 조선 말의 실패나 북한의 현재 등을 충분히 설명할 수 없다. 민족성과 자질 등 한국인의 내적 특성만을 이야기하는 것은 성공의 일면만을 보는 것이다. 인적 역량을 발휘하게 한 여건과 환경에 대해서도 함께 짚어 보아야 한다. 사농공상의 위계에서 벗어나 공상 부문에서도 그 역량을 발휘하게 한 체제의 역할을 부인할 수 없다. 시장경제 체제와 민주주의 기반의 정치가 그것이다. 경쟁할 자유를 보장한 체제가 억압된 역량을 마음껏 발휘하는 주요 기반이 되었다.

피터 드러커는 누누이 '한국의 기업가정신이 세계 최고'라고 밝혔다. 자유 시장경제 체제에서 기업들은 자유롭게 역량을 쌓고 발휘하여 세계 시장에 나섰다. 물론 경제 개발 초기 노동권 제약 등의 한계는 있었다. 경제는 양적 성장을 거쳐 질적 발전으로 나아갔다. 특히 수출주도 성장 전략이 주효하였다. 기업들은 좁은 국내시장을 넘어 세계를 대상으로 사업을 구상하고 기술을 개발하였다. 일부 국가처럼 자국 내 자급자족이나 수입대체 국산화에 초점을 두지 않았다. 수출주도 전략은 기업이 세계 시장에서의 경쟁을 배우는 계기를 만들었다. 탁월한 선택이 아닐 수 없다. '세계는 넓고 할 일은 많다'는 것을 깨닫게 하였다. 경쟁 방법의 하나인 '빨리빨리'가 한국인의 DNA가 되었다. 시장에 빠르게 대응하는 것이 돈이라는 것을 안 것이다. 지금도 납기에 대한 빠른 대응은 한국 경쟁력 핵심의 하나이다. 디지털 시대의 글로벌 환경도 무역 대국으로 성장하는 좋은 계기가 되었다. '잘살아 보세'로 시작한 경제 개발은 '우리' 정신과 깊이 관련되어 있다. 나 혼자가 아니라 같이 잘살아 보자는 운동이었다. 한국인 특유의 위기 극복 DNA도 공동체를 생각하는 '우리' 정신에서 비롯되었을 것이다. 경제 개발 초기의 성공으로부터 할 수 있다(can do spirit)는 분위기가 형성되었다. 그것이 선순환을 낳았다.

한류는 굴곡진 역사, 넓은 감정의 폭, 대담하면서 섬세한 감정, 반독재 투쟁의 경험 등에서 비롯된 한국인 특유의 감수성에 뿌리가 있다고 한다. 억눌렸던 감수성이 민주화와 함께 대중문화로 폭발하게 된 것이다. 90년대 중후반, 정부의 일본 문화 개방과 경쟁, 문화산업 지원 정책도 큰 역할을 하였다. "문화산업을 지원하되 간섭은 하지 않는다."라는 정책을 폈다. 사회 문제와 부조리를 그대로 보여 주고 비판하는 예술의 자유, 창작의 자유 보장이 무엇보다 큰 역할을 했다. 예술의 자유, 경쟁의 자유가 한류의 주요 기반이 된 것이다. 문화적 보편성과 독창성이 섬세하게 드러나는 명품들이 나왔다. 치열하게 창조하고 경쟁하면서 흘린 땀과 노력, 몰입이 그 뒤에 있었다.

▶ 부문 간 불균형

한국은 그간 큰 발전을 이루었으나 뒤처진 곳도 많다. 2021년 기준 주류 수출입액은 수출 3억 2천만 달러, 수입 14억 달러였다. 수입액이 수출액의 4배 이상에 이른다. 다른 제품을 수출한 돈으로 술은 수입해서 먹고 있다. 주류산업이 발전하지 못했던 것은 그 생산과 유통 등에 관련된 규제 때문이다. 술 산업의 생태계가 경쟁력을 갖기 어렵게 만들었다. 경제개발 초기에는 식량이 부족했었다. 쌀 등의 곡물로 술을 생산하고 유통하는 것을 엄격하게 규제하였다. 자유롭게 술을 생산하고 경쟁할 수 없었다. 소주와 맥주는 한국의 대표 주류가 되었다. 주류의 다양성은 제한되고 품질은 뒤처졌다. 문제는 경제가 어느 정도 성장한 뒤에도 그 규제가 지속되었다는 점이다. 2천 년대 이전 소주 시장 등은 지역별 독점 체제였다. 사업자끼리 지역을 나누어 먹었다. 맥주에서는 오직 두 회사가 시장을 지배하였다. 건강관리 차원에서도 주류에 대한 적절한 통제는 필요하다. 문제는 과도한 진입규제가 주류산업 전반을 위축시키고 발전을 저해하였다는 점이다.

2022년 기준 한국 제조업 GDP는 554조 원으로 전체 GDP의 28%, 서비스업 GDP는 1,254조 원으로 전체의 63.5%를 점유하였다.

산업별 GDP(부가가치) 및 취업자 수

구분	GDP (십억 원)	전체 GDP 대비(%)	취업자 수 (천 명)	취업자 비중 (%)	1인당 GDP (백만 원)
계	1,975,904	100.0	28,089	100.0	70
농림어업	35,489	1.8	1,526	5.4	23
광업, 전기, 가스, 수도업	19,684	1.0	243	0.9	81
제조업	554,105	28.0	4,503	16.0	123
건설업	112,062	5.7	2,123	7.6	53
서비스업	1,254,564	63.5	19,694	70.1	64
도소매업	140,394	7.1	3,313	11.8	42
음식숙박업	50,827	2.6	2,182	7.8	23
운수·창고업	74,833	3.8	1,655	5.9	45
금융 및 보험업	136,755	6.9	774	2.8	177
부동산업	146,794	7.4	552	2.0	266
통신, 출판 등 정보통신업	99,179	5.0	981	3.5	101
전문 과학 및 기술서비스업	139,853	7.1	1,288	4.6	109
사업 시설 및 지원서비스업	65,498	3.3	1,423	5.1	46
보건 및 사회복지서비스업	105,301	5.3	2,714	9.7	39
교육 서비스업	102,189	5.2	1,902	6.8	54
공공행정, 국방 등	145,243	7.4	1,213	4.3	120
문화,여가 등 기타 서비스업	47,699	2.4	1,697	6.0	28

자료: KOSIS의 2022년 기준 국민계정, 취업자 통계에서 발췌하여 계산하고 작성

주) GDP는 총부가가치 기준

GDP 대비 제조업 비중을 보면 독일이나 일본은 20% 전후이고 영국이나 프랑스는 8~10% 수준이다. 한국의 동 비중 28%는 매우 높다. 상대적으로 서비스업 비중은 낮다. 종사자 수 기준 비중은 GDP 기준에 비해 제조업은 더 작고 서비스업은 더 크다. 제조업의 1인당 생산액이 서비스업보다 많기 때문이다. 전체 취업자의 16%인 450만 명은 제조업에, 70.1%인 1,970만 명은 서비스업에 종사한다. 제조업 취업자의 인당 부가가치[1]는 1억 2천3백만 원인데 서비스업은 6천4백만 원에 불과하다. 제조업 종사자의 인당 부가가치는 서비스업 종사자의 두 배 가까이 된다. 제조업은 인당 산출 부가가치가 높고 다양한 서비스 산업의 수요를 유발하며 한국경제를 이끌고 있다. 한국의 서비스업 취업자 1인당 부가가치는 '19년 기준 63,907달러로 OECD 평균 77,071달러의 83% 수준에 불과했다. 36개국 중 28위였다. 이탈리아의 82,826달러, 스페인의 76,306달러보다 낮았다.[1]

부가가치는 임금과 더불어 임차료, 이자, 이윤, 감가상각비, 세금 등으로 구성된다. 취업자 1인당 부가가치가 바로 임금은 아니지만[2] 대체로 1인당 부가가치가 높으면 임금도 높다. 한국의 도소매업, 음식숙박업에는 전체 취업자의 19.6%가 종사한다. 도소매업에 330여만 명, 음식숙박업에 210여만 명이다. 영세한 슈퍼, 편의점, 전통시장 상인, 음식점 등에 종사자가 많다. 무급가족종사자의 다수도 이들 자영업에

---

1) 부가가치란 기업이 생산한 제품의 총금액에서 그 생산을 위해 다른 기업에서 매입하여 투입한 원자재나 부품 등의 금액을 공제한 순생산액을 말한다. 부가가치는 임금 등 인건비, 임차료, 이자, 이윤, 감가상각비, 세금 등이 포함된다.
2) 부가가치 중 임금 비중은 산업이나 기업 규모에 따라 다르지만 대체로 40~70% 수준이다.

종사한다. 도소매업, 음식숙박업의 인당 부가가치는 각각 4,200만 원, 2,300만 원이었으며 임금은 2,900만 원, 1,600만 원이었다. 일본과 EU에서도 음식숙박업의 임금수준은 타 업종에 비해 낮다. 하지만 한국은 금융업 임금이 100일 때 음식숙박업 임금은 22.3으로 격차가 매우 컸다. EU는 41.4, 일본은 55.5수준이었다.[2] 금융·보험업에는 전체 취업자의 2.8%만이 종사하는데 임금수준은 7천2백여만 원으로 가장 높았다. 운수창고업에는 전체의 5.9%인 160여만 명이 종사하며 인당 부가가치는 4,500만 원, 임금은 3,200만 원 수준이었다. 운수업 종사자의 대부분은 지입제 종사자 등 자영업자 신분이다. 보건 및 사회복지서비스업에는 전체 취업자의 9.7%인 270여만 명이 종사하고 있다. 의사, 간호사, 간호조무사, 간병인, 보육교사, 사회복지사, 요양보호사 등으로 여성이 80% 이상이다. 의사의 평균연봉은 매우 높지만 동 업종 전체의 인당 부가가치는 3,900만 원, 임금은 2,400만 원으로 매우 낮았다. 고부가가치의 지식산업인 전문 과학 및 기술서비스업에는 전체 취업자의 4.6%인 120여만 명이 종사한다. OECD 36개국 중 28위에 해당할 정도로 비중이 낮다. 변호사, 회계사, 세무사, 여론 조사, 경영 컨설팅, 엔지니어링, 건축 기술, 광고업 등의 전문인력과 과학 연구 개발자 등이 포함된다. 그들의 인당 부가가치는 평균 1억 9백만 원, 임금은 4천만 원이었다. 그곳에는 면허로 공급이 제한된 업종과 그렇지 않은 업종이 뒤섞여 있다. 부동산업에는 전체 취업자의 2%가 종사하면서 인당 부가가치는 2억 6천6백만으로 가장 높았다. 당시 가파르게 올랐던 부동산 가격이 반영되었을 것이다. 하지만 그 근로자들의 평균 임금은 2,700만 원 수준으로 높지 않았다.

한국경제는 자원과 자본이 빈약한 상황에서 불균형 성장을 통해 발전하였다. 국가가 시장에 적극적으로 개입하였고 가능성 있는 산업과 기업에 자본과 자원을 몰아주었다. 섬유, 신발 등 경공업에서 시작하여 점차 전자, 기계, 철강, 조선, 화학 등의 중공업이 발전하였다. 자동차, 반도체, 기타 제조업 전반, ICT 산업, 영상과 K-pop 등의 발전으로 이어졌다. 수출주도 산업에는 충분한 생산 규모 확보가 중요했고 필요한 자금이 지원되었다. 수출주도 업종은 빠른 성장을 보였지만 여타 부문은 그렇지 못했다. 제조업과 서비스업, 수출과 내수, 대·중소기업 간 격차가 발생했다. 이중적 경제구조가 형성된 것이다.

한국경제는 1997년 외환위기를 겪으면서 전과는 다른 발전경로를 걷게 된다. 외환위기 전 산업계는 매출이나 영역 확대 등 외형 성장에 몰두했었다. 위기 전 기업들의 평균 순이익률은 1% 수준으로 매우 낮았다. 위기 후 5~6% 수준이 되었고 2019년 이후에는 평균 2~3% 수준을 유지하고 있다. 또한 거래기업 간 상생 등 공동체 문화가 형성되어 있었다. 하지만 위기 후에 이러한 분위기는 크게 바뀐다. 기업들은 무분별한 사업 영역 확장에서 벗어나 이익을 확보하고 재무 건전성을 유지하는 데 힘을 쏟았다. 기업 실패의 위험을 최소화하고 수익력을 확대, 유지하는 데 집중한 것이다. 하도급 거래 등에서 최대한 납품단가를 낮추는 것이 중요했다. 갑을 관계가 강화되고 재벌과 기타 기업 간 임금 격차는 확대되었다.

거래에서 상대에 대한 힘은 서로가 갖는 독점력의 정도에 따라 결정된다. 매도인은 많고 매수인이 적은 곳에서는 매수인이 강자이다. 그 반대라면 매도인이 강자가 될 것이다. 갑은 을과의 거래에서 싸게 사거나 비싸게 팔려고 한다. 한국의 대·중소기업 납품 거래에서 그런 현상을 볼 수 있다. 예컨대 1989~2009년의 20년간 대기업과 중소기업 종사자 간 인당 부가가치의 격차가 심화하였다. 동 기간에 종사자 수 500인 이상 기업의 인당 부가가치가 100이라 한다면 종사자 수 20~49인 기업은 43.3에서 26.8로, 200~499인 기업은 76.1에서 52.6으로 크게 감소하였다.

 이 같은 인당 부가가치 격차 확대는 중소기업이 상대적으로 물건을 싸게 판 데서 기인한다. 특히 국내 주요 산업에는 중소기업의 판로가 특정 대기업으로 한정된 대기업 의존적인 경우가 많다. 이러한 상황에서 중소기업은 거래 대기업에 소재나 부품 등을 싸게 공급했던 것이다. 산출 부가가치의 격차는 대·중소기업 종사자들 간 임금 격차로 연결되었다.[3] 외환위기 이후 국내 대·중소기업 간 임금 격차가 확대된 주요 배경이다. 외환위기 직후인 1999년, 종사자 수 500인 이상 기업의 월평균 임금이 195만 원인데 500인 미만 기업은 140만 원이었다. 대기업 임금이 100일 때 중소기업 임금은 71.7수준이었다. 그런데 15년 후 2014년에는 임금이 각각 529만 원, 289만 원으로 되었다. 중소기업 임금이 대기업의 71.7%에서 54.6%로 그 격차가 확대된 것이다. 2019년 격차는 다소 완화되었는데 최저임금 인상의 효과로 보인다. 이와 같은 대·중소기업 간 임금 격차는 제조업종에서 더 컸다. 서비스업종에서의 임금 격차는 상대적으로 덜했다.[4]

대·중소기업 간 임금 격차 추이

구분		1999	2009	2014	2019
평균임금 (월, 천 원)	5~499인(A)	1,397	2,489	2,890	3,377
	500인 이상(B)	1,949	3,886	5,291	5,690
	B를 100%라 할 때 A의 비율	71.7%	64.0%	54.6%	59.4%

자료: 노민선, 2021.3. 최근 20년간 대·중소기업 간 노동시장 격차 확대, 중소기업연구원

 2002년을 분기점으로 대·중소기업 간 차입금 의존 정도가 역전되었다. 자산 대비 차입 부채 비율에서 대기업은 외환위기 전 40~60%에서 위기 후 20% 이하로 크게 하락하였다. 하지만 중소기업은 40~50%에서 30~40%로 감소 폭이 작았다. 중소기업의 차입금 의존도가 대기업보다 더 커져 상황이 역전되었다. 외환위기 전 차입금에 의존했던 대기업 경영에 큰 변화가 왔다. 차입을 통해 적극적으로 사업을 확장했던 대기업들은 이익 중심 경영으로 전환하였다. 대기업을 상대로 자금을 지원했던 은행은 이제 중소기업을 상대로 영업하게 되었다.[5] 1960~80년대는 재벌 등이 주도한 경제성장의 과실이 중소기업과 근로자 등에게도 확산하였다. 하지만 이러한 모습은 외환위기를 겪으면서 사라져 갔다. 각 기업이 자신의 이익과 생존에 더 집중했다. 확장을 통한 성장보다 수익 확보와 재무적 위험 관리에 신경을 썼다. 투자를 최소화하면서 이익을 확보하려고 했다. 그 방법의 하나가 자신이 직접 하는 일은 줄이고 나머지는 외부에서 조달하는 것이었다. 일명 아웃소싱 전략이었다. 관리하기 불편하고 외부에서 싸게 조달 가능한 일들은

외부에 맡겼다. 내부 직원이 하던 일이 분사나 하도급을 통해 외부로 분리되었다. 정규직이 하던 일이 비정규직 업무가 되었다. 수주가 불확실한 품목의 생산, 성과가 불확실한 영업, 사고 가능성 있는 설비 운영과 보수, 관리하기 어려운 운송 업무, 고객 응대 등이 그런 일들이었다. 조직은 핵심 기능 위주로 몸집을 줄였다. 그 결과로 공공부문이나 대기업의 정규직은 크게 감소하게 되었다.

한국경제는 시장경제와 민주주의를 기반으로 발전하였다. 특히 국가 지원이 집중된 분야에서 큰 성과를 거두었다. 세계를 무대로 창의적인 경쟁을 한 결과이기도 하다. '같이 잘살아야 한다'는 공동체 정신도 주효하였다. 하지만 공공기관이나 대기업의 중소기업 등에 대한 불공정 거래는 부문 간 격차를 유발하였다. 제조업에 편중된 산업구조는 서비스업의 부가가치 창출 능력을 제약하였다. 기술과 자본의 편중 등 부문 간 불균형은 경제 전체의 성장과 발전을 막고 있다. 특히 부문 간의 격차 대부분이 시장이 아닌 국가 정책과 제도로부터 발생하였다는 점에 주목하여야 한다.

2. 격차와 분리

▶ 노동시장 이중구조와 격차

한국의 2022년 총취업자는 2,809만 명으로 임금 근로자는 2,150만 명, 자영업자는 659만 명이었다. 임금 근로자 중 상용근로자는 1,569만 명, 임시일용직은 581만 명이었다.[3] 자영업에는 고용원 있는 자영업자 136만 명, 고용원 없는 자영업자 427만 명, 무급가족종사자 96만 명이 종사한다. 고용원 없는 자영업자, 즉 1인 자영업자가 전체 자영업자의 약 2/3에 달한다. 총취업자는 상용근로자 55.9%, 임시일용직 20.7%, 자영업자 23.4%로 구성되었다. OECD 국가의 자영업자 평균 비율이 10% 전후인 데 비해 한국의 자영업자 비율은 매우 높다.

특히 사업장 규모별 근로자 수 비중을 보면 한국의 대규모 사업장 종사자는 적고 영세 사업장 종사자는 많다. 주요국과 비교할 때 두드러지는 모습이다. 한국의 사업체 규모별 종사자 수 비중은 250인 이

---

[3] 상용근로자는 고용계약 기간이 1년 이상인 근로자이다. 그 기간이 1개월 이상 1년 미만이면 임시근로자, 1개월 미만이거나 매일 고용되어 일당을 받고 일하면 일용근로자라 한다. 상용근로자 중 기간을 정하지 않고 정년까지 고용이 보장되는 경우가 정규직이다. 기타 임시직, 일용직을 포함하여 고용 보장이 없는 경우가 비정규직이다.

상 13.6%, 50~249인 14.8%, 10~49인 21.7%, 9인 이하 49.9%였는데 미국의 동 비율은 58.7%, 14.7%, 16.5%, 10.1%였다. 미국의 250인 이상 규모 종사자 비중이 58.7인데 한국은 13.6이었다. 9인 이하 규모 종사자 비중은 미국 10.1인데 한국은 49.9였다.

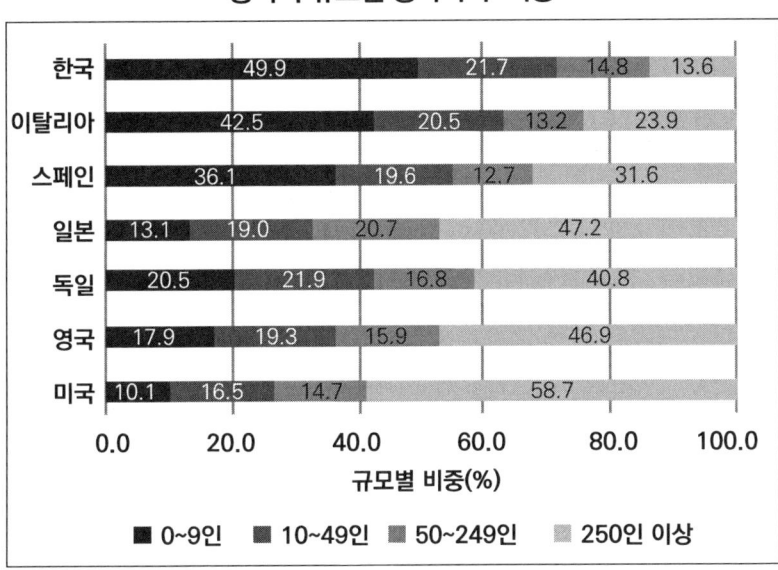

종사자 규모별 종사자 수 비중

자료: 한국은 2019년 말 기준 경제활동인구조사 중 취업자의 종사자 규모별 취업자 수, 사업체 노동실태조사 중 규모별 종사자 수 등에서 필요 사항을 발췌하여 계산. 독일, 스페인, 이탈리아는 www.statista.com의 Distribution of employment in the non-financial business economy in the European Union (EU27) countries in 2020, by enterprise size에서 발췌함. 미국, 영국, 일본은 OECD, Entrepreneurship at a Glance 2017의 표, Employment by enterprise size, business economy로부터 수정, 계산

주) 이탈리아, 스페인, 독일의 자료는 농림수산업, 교육 및 의료부문 종사자를 제외한 것이며 미국과 일본은 자영업자 등을 제외한 피용자 기준임. 영국의 경우 260만 명의 부가가치세 면세 사업자를 제외하고 산출. 한국은 농림수산업 종사자와 사업체노동실태현황 조사에서 빠진 임시 및 일용근로자는 제외하고 계산.

미국은 종사자의 절반 이상이 250인 이상의 대규모 조직에 종사하는데 한국은 종사자의 절반 정도가 9인 이하 영세 사업장에 종사한다. 일본은 250인 이상 47.2%, 50~249인 20.7%, 10~49인 19.0%, 9인 이하 13.1%였다. 일본의 종사자 분포는 한국과 달리 미국, 독일, 영국 등과 유사하다. 한국과 유사한 모습의 종사자 분포를 보인 나라는 가족 중심의 소규모 기업이 많은 이탈리아였다. 그래도 250인 이상 규모 종사자 비중은 23.9%로서 한국보다는 10% 가까이 많았다. 9인 이하 영세 사업장 종사자 비중은 42.5%로 한국을 제외하고는 가장 높았다. 그래도 한국보다는 7% 정도 적었다. 이탈리아는 종업원이 15인 이상이면 해고 시 배상금 등 기업 부담이 큰 폭으로 증가한다.

한국에 대규모 조직 종사자 수가 적은 것은 무엇보다 대기업이나 공공부문의 높은 임금수준과 관련이 있다. 높은 임금과 고용 경직성은 조직의 고용 부담을 높인다. 이로 인해 해당 조직은 고용 확대가 어렵다. 해당 조직이나 영역에 진입하지 못한 다수 취업자는 중소 규모 사업장에 종사하게 될 것이다. OECD 국가의 대기업들은 평균적으로 고용의 많은 부분을 담당한다. 전체 고용에 대한 그들 대기업의 고용 비율은 제조업 40%, 서비스업 25% 이상이다. 한국 대기업의 동 비율은 각각 20%, 10% 수준에 불과하다. 유럽의 제조 대기업 고용 비중은 독일 55%, 스웨덴 48%, 영국 44% 등이다. 한국도 1970년대에는 광공업의 대기업 종사자 수 비중이 50% 가까이 되었다. 경제성장의 효과가 기업과 종사자 전반으로 확산할 수 있었다. 하지만 1980년대 이후 그러한 효과가 사라졌다. 특히 1990년대 이후 19인 이하 영세 기업의 종사자 비중은 큰 폭으로 증가하였다.

해외 주요국은 고용과 부가가치(GDP)에서 중견, 대기업의 점유 비중이 크다. 규모 큰 기업들이 경제적 가치 창출은 물론 고용 등에서 큰 역할을 하고 있다. 한국의 경우 대기업 고용 비중은 10~20%이지만 부가가치 산출 비중은 40~50%에 이른다. 적은 인력으로 많은 부가가치를 산출하고 있다. 반면 취업자 절반 이상이 종사하는 영세 기업이나 자영업 부문의 부가가치 산출은 적다. 적은 인원 종사로 많은 부가가치를 산출하는가 하면, 많은 인원이 종사하는 곳의 부가가치 산출은 적다. 이것이 한국경제 양극화의 핵심 현상이다. 많은 부가가치를 산출하면서 안정적인 고용을 담당하는 대·중견 기업의 고용 비중이 너무 작다. OECD 주요국의 고용 시장이 항아리형이라면 한국은 중간이 잘록한 모래시계형이다.

2019년 기준 한국의 기업 규모별 평균임금은 500인 이상 569만 원, 100~499인 400만 원, 10~99인 331만 원, 5~9인 286만 원이었다. 500인 이상 기업의 평균임금을 100이라 할 때 그 이하 규모에서는 각각 70.3, 58.2, 50.2였다. 5~9인 규모의 임금은 500인 이상 규모의 절반에 불과하였다. 500인 이상을 제외한 100~499인, 10~99인, 5~9인 간의 임금 격차는 상대적으로 크지 않았다. 또한 제조업은 서비스업에 비해 격차가 더 컸다.

기업규모별 평균임금(2019년 기준)

(단위: 천 원, %)

구분	전체		제조업		서비스업	
	임금	비율	임금	비율	임금	비율
5~9인	2,858	50.2	2,933	45.5	2,834	54.6
10~99인	3,311	58.2	3,300	51.2	3,291	63.5
100~499인	3,997	70.3	3,960	61.4	3,969	76.6
500인 이상	5,690	100.0	6,450	100.0	5,185	100.0

자료: '노민선, 2021.3. 최근 20년간 대·중소기업 간 노동시장 격차 확대, 중소기업연구원' 의 자료를 수정

　　500인 이상 제조업과 서비스업의 임금수준을 각각 100이라 할 때 100~499인, 10~99인, 5~9인의 제조업 임금은 각각 61, 51, 46 수준이었으며 서비스업은 77, 64, 55 수준이었다. 이 같은 현상을 보면 임금 격차는 근본적으로 500인 이상 제조업의 고임금에서 비롯된 것으로 볼 수 있다. 같은 500인 이상이더라도 제조업 평균임금은 645만 원인데 비하여 서비스업은 그 80%인 519만 원에 불과했다. 반면 100~499인, 10~99인, 5~9인 규모의 제조업과 서비스업 간에 임금 차이는 거의 없었다.

　　한국의 기업규모 간 임금 격차는 매우 크다. 자국 500인 이상 규모의 종사자 임금을 100이라 할 때 한국의 10~99인은 57.2, 5~9인은 48.3인데 미국은 각각 72.8, 64.8이었다. 500인 이상 규모 기업 임금이 100일 때 100~499인 규모의 임금이 미국 85, 일본 88, 프랑스 80

인 데 비하여 한국은 70이었다. 한국의 경우 500인 이상 규모 기업과 그 이하 규모 기업 간 임금 격차가 훨씬 큰 것이다. 1~4인의 경우 한국 임금은 33으로 미국 79, 일본 66, 프랑스 59에 비해 압도적으로 적다. 미국과 일본은 기업규모 간 임금 차이가 상대적으로 적었다. 프랑스는 한국보다 격차가 덜 하지만 미국이나 일본보다는 컸다.

기업규모 간 월평균 임금 비교

(단위: ppp 기준 US $, %)

구분	한국(2017)		미국(2015)		일본(2017)		프랑스(2015)	
	임금	비율	임금	비율	임금	비율	임금	비율
1~4인	1,990	32.6	3,731	78.8	2,697	65.7	3,083	58.8
5~9인	2,945	48.3	3,071	64.8	3,166	77.1	3,321	63.4
10~99인	3,490	57.2	3,450	72.8	3,438	83.8	3,625	69.2
100~499인	4,267	70.0	4,029	85.1	3,605	87.8	4,164	79.5
500인 이상	6,097	100.0	4,736	100.0	4,104	100.0	5,238	100.0

자료: '노민선, 2018.12.30 대·중소기업 간 임금 격차 국제 비교 및 시사점, 임금정보 브리프, 한국노동연구원

한국의 500인 이상 월 평균임금은 6,097달러(구매력 기준)로 세계 최고였다. 물가수준 반영으로 조정된 것이기는 하지만 미국 4,736달러, 일본 4,104달러, 프랑스 5,238달러보다 많았다. 미국, 일본, 프랑스에 비해 각각 1,361달러, 1,993달러, 859달러가 많은 것이다.

100~499인 규모에서도 한국은 4,267달러로 미국, 일본, 프랑스의 3,605~4,164달러보다 다소 많았다. 10~99인 규모에서는 네 나라 모두 3,438~3,625달러 수준으로 별 차이가 없었다. 반면 규모가 영세한 5~9인, 1~4인 규모에서 한국은 각각 2,945달러, 1,990달러로 비교 국가에 비해 가장 낮았다. 한국 근로자의 임금은 미국, 일본, 프랑스와 비교할 때 500인 이상 규모에서 유난히 높으며 4인 이하에서는 유독 낮은 것이다. 한국의 대기업 임금은 비정상적으로 높으며 영세 사업장의 임금은 비정상적으로 낮다.

한국의 500인 이상 규모 기업, 특히 제조업의 임금은 왜 유난히 높은가? 한국의 자동차, 조선, 철강, 반도체, 전자, 화학 등 제조 대기업은 높은 수준의 국제경쟁력을 지녔다. 수출을 통해 한국경제를 이끌고 있다. 부가가치 창출을 통해 고임금을 지급할 수 있는 재무 역량을 지녔다. 하지만 세계 시장에서의 경쟁은 치열하다. 브랜드나 품질 등을 차별화하더라도 높은 가격을 받기는 쉽지 않다. 그러나 국내에서는 독과점적 위치에서 시장지배력을 지닌다. 시장에서 수요를 독점[4]하는 위치에 있게 된다. 해당 부품, 장비, 소모품, 기타 서비스를 구매하는 단 하나의 기업인 것이다. 이 때문에 그는 그 공급 기업에 갑이 된다. 2020년 기준 제조업 매출액 200억~500억 원 기업의 44.0%, 500억~1,500억 원 기업의 47.0%가 하도급 거래에 참여하고 있다. 중소 제조기업의 절반가량이 하도급 거래를 한다. 특히 매출 규모가 클수록

---

[4] 부품, 장비, 소모품 등의 제품과 서비스를 공급하는 업체에 대하여 그것을 사들이는 유일한 구매자로서 수요 독점자이다.

대기업 납품 의존 정도가 큰 것으로 나타났다.[6] 독과점 대기업들은 하도급 거래를 통해 주요 부품 등을 싸게 조달한다. 작업에서 발생하는 위험이나 관리 부담 등은 수급기업에 전가한다. 수요 기업으로부터 일감을 얻으려고 다수 기업이 치열하게 경쟁하기 때문에 가능한 일이다. 한국경제를 구성하는 산업 생태계의 주요 단면이다.

500인 이상 규모 종사자들의 높은 임금은 우선 대기업의 이러한 시장 지위에서 비롯된다. 수요 독점적 위치에서 원자재나 부품 등을 싸게 구입함으로써 높은 수익을 확보한다. 또한 한국 대기업의 고임금은 대부분 연공급 체계와 관련이 있다. 근속할수록 임금이 상승하는데 평균 근속기간이 길다. 공기업 등도 대부분 독점적 지위를 누린다. 대기업과 공공부문 정규직 종사자들은 비교적 고임금에 고용은 안정적이다. 더불어 면허로 인해 경쟁이 제한되거나 독과점적 지위를 누리는 영역들이 있다. 의사, 변호사, 금융업, 회계나 세무, 운송, 기타 공급이 제한된 부문 등이 여기에 해당한다. 경쟁의 결과이든 인위적인 경쟁 회피의 결과이든 독점적 지위는 고소득 획득의 주요 배경이다. 나아가 노동조합 있는 곳의 임금수준이 대체로 높다. 주요 대기업이나 공공부문의 높은 임금은 많은 종업원을 고용하고 유지하기에 버겁다. 종업원 250인 이상 기업 종사자가 전체 종사자의 13.6%에 불과한 주요 원인이다. 대체로 전체 취업자의 20%는 대기업과 공공부문 정규직 종사자, 고소득 면허 사업자 등이며 나머지 80%는 중소기업 종사자, 비정규직 근로자, 자영업자이다.

「가계금융복지조사」에 따르면 한국의 2021년 소득 5분위별 순자산액은 5분위 10억 원, 1분위 1억 5천만 원이었다. 상위 20%인 5분위 가구가 전 가구 자산의 44% 정도를 점유하고 있다. 가구소득 상위 20%의 연평균 소득은 1억 5천만 원으로 전체 가구소득의 약 47%를 점유한다. 80%의 중하위 가구가 나머지 53%의 소득을 나누어 가지고 있다. 가구소득을 가구원 수로 나눈 가구별 1인당 소득은 5분위 가구 4,278만 원, 1분위 가구 945만 원이었다. 상위 20% 가구원의 1인당 소득이 하위 20% 가구원 소득의 약 4.5배에 달한다. 이 같은 격차는 미국보다 덜하지만 유럽 주요국에 비해서는 높다. 한편 상대적 빈곤율[5]은 남성 13.6%, 여성 16.6%였다. 66세 이상 고령자의 빈곤율은 남성 33.1%, 여성 44%[7]였다. 이러한 격차와 빈곤의 문제는 한국의 노동시장 구조와 밀접하게 관련되어 있다.

1차 노동시장 종사자는 고임금에 안정적 고용 혜택을 누리지만 전체 취업자의 20%가 안 된다. 반면 취업자의 70~80%는 2차 노동시장에서 일하며 평균소득은 낮고 고용은 불안하다. 대기업의 임시직 등 단기 종사자, 중소기업 근로자, 자영업자 등이 여기에 속한다. 1차 노동시장에는 남성, 고학력 인력이 많고 2차 노동시장에는 여성, 저학력 인력이 많다. 1, 2차 노동시장을 소득 결정 기준으로 보면 각기 입구 통과형과 시장 경쟁형으로 나눌 수가 있다. 입구 통과형이란 해당 조직의 입구 통과만으로 고소득과 고용이 보장되는 노동시장이다. 대기

---

[5] 개인 소득이 중위소득의 50% 미만인(절반이 안 되는) 사람의 비율

업이나 공공기관 등은 시장에서 독과점적 지위에 있거나 정부 예산 등으로 운영된다. 그 정규직 종사자는 근속에 따라 임금이 인상되고 때가 되면 승진한다. 고용도 보장된다. 일단 해당 조직의 입구를 통과하여 그곳에 속하는 것이 무엇보다 중요하다. 이에 대해 시장 경쟁형이란 중소기업 근로자, 자영업자, 비정규직 근로자 등이 속하는 노동시장이다. 중소기업 사업자와 근로자, 자영업자 대부분은 시장 경쟁에 직접 노출되어 그 결과로 대부분 소득이 결정된다. 고용에 대한 보장은 없다. 한국의 이러한 노동시장 이중구조는 인위적이면서도 구조적인 면을 지녔다. 시장이 아니라 정책과 제도에 따라 만들어진 것이다. 자유로운 경쟁에 따른 결과가 아니다.

▶ 입구 통제에 따른 분리와 차별

1987년 이후 노동운동이 확산하면서 노조가 있는 대기업근로자 임금은 큰 폭으로 상승하였다. 대·중소기업 종사자 간 임금 격차가 발생하였다. 300인 이상 대기업 임금을 100이라 할 때 10~299인의 임금 수준은 1980년대 80에서 2천 년대 초 70대 미만이 되었다. 인건비가 부담되는 대기업은 직접 고용에 의한 작업보다 외부 기업에 하도급을 맡겼다. 대기업 정규직의 일자리는 감소하거나 겨우 현상을 유지하였다. 300인 이상 기업의 종사자는 2005~2021년에 190만 명에서 280만 명으로 90만 명 증가했는데 5~299인 규모 기업 종사자는 1,100만 명에서 1,460만 명으로 360만 명 증가하였다. 중소기업 종사자 수가 훨씬 더 많이 늘었다. 또한 전체 임금 근로자 중 비정규직 근로자 비중은 2015년 32.4%, 2020년 36.3%, 2022년 37.5%로 계속 증가하였다.[8] OECD 국가와 비교할 때 한국의 비정규직 비율은 최고 수준이다.

2022년 8월 기준 한국의 비정규직[6] 근로자는 평균적으로 정규직 임금 323만 원의 52.9%인 171만 원을 받는다. 독일, 영국, 네덜란드, 오스트리아 등의 임시직 근로자가 1년 후 영구직으로 전환된 비율은 40~60%에 달했으나 한국은 11%에 불과했다. 한국 근로자의 평균 근속기간은 5.5년인데 스페인, 독일, 프랑스, 이탈리아 등은 10년 이상이다. 한국, 칠레, 튀르키예 등의 1년 미만 근속 근로자 비율은 33%였지만 기타 국가는 평균 10~20%에 불과하였다. 한국의 근로자 회전율[7]은 64%였는데 여타 국가는 30% 전후를 기록하였다. 한국은 전체 근로자의 1/3이 매년 새로운 일자리를 찾아 이동한다.[9] 한국 근로자의 근속기간은 짧고 노동 이동성은 높은 것이다. 일자리가 불안정하다. 전체 취업자의 4/5를 점유하는 중소기업, 비정규직, 자영업 종사자가 이에 속한다. 비정규직 중에는 특수한 형태의 근로자인 특고종사자[8]가 있다. 기업이 고용 부담을 덜면서 업무를 외부화하는 과정에서 발생하였다. 보험설계사, 화물차 기사, 퀵서비스 기사, 레미콘 기사, 학습지 교사, 화장품 등의 방문 판매인, 백화점 등의 계산원이나 판매원,

---

6) 한국의 정규직, 비정규직은 OECD 분류의 영구직 근로자(permanent worker), 임시직 근로자(temporary worker)에 해당한다.
7) 근로자 회전율 = 1년 기준으로 신규 채용 근로자+퇴직자/전체 근로자 비율, 노동 이동성을 의미
8) 특수형태근로종사자, 정부는 앞으로 '의존 계약자'라는 용어를 사용할 계획이다. 특고종사자는 임금 근로자와 자영업자의 중간영역에 있는 보험모집인, 방문판매원, 배달근로자, 지입차주 등을 포함한다. 외형상 자영업자이지만 실제로는 특정 기업에 속하여 영업, 운송 등의 노무를 제공하는 근로자이다.

카드나 대출 모집인 등이 그들이다. 이들은 위탁 기업과 근로계약 대신 업무 위수탁 계약을 하고 종사한다. 형식적으로는 독립된 사업자이지만 실제로는 특정 사용자의 사업에 상시적 노무를 제공하고 대가를 받는다. 이들은 개인사업자로 분류되어 노동법의 보호를 받지 못한다. 현재 특고종사자는 150~200만 명 정도로 추산되고 있다.

애덤 스미스는 『국부론』에서 임금 근로자와 자영업자를 분명히 구분하지 않고 모두 근로자(workman)라 불렀다. 2022년 기준 한국의 취업자 중 자영업자 비중은 24%[9]였다. 전체 취업자의 1/4은 자영업에 종사한다. 미국 6%, 일본 12%, 프랑스 12%, 독일 9%, 영국 16%에 비하면 매우 높은 비율이다. 한국은 23%의 이탈리아와 비슷하며 멕시코 32%, 칠레 26%, 그리스 32%보다는 낮다. 보통 자영업 비중은 경제성장에 따라 낮아진다. 한국의 자영업 비중은 한국의 경제 수준에 비한다면 7~8% 정도 높다. 주요 원인의 하나로 50세 전후의 조기퇴직 현상을 들 수 있다. 자영업자의 50세 이상 중·고령 창업 비중은 35~40%에 이른다. 자영업자의 65% 정도가 50세 이상의 연령대이다. 'self-employed people'인 자영업자는 자신을 스스로 고용하여 일하는 사람이다. 국제노동기구(ILO)는 자영업자를 직업 안정성이나 근로조건 등에서 취약한 근로자(vulnerable employment)로 정의한다. 자영업자 중에서도 1인 자영업자와 무급가족종사자는 소득 등의 면에서 가장 취약하다. 자영업자는 형식적으로 사업자이지만 ILO는

---

[9] 자영업자 통계에 무급가족종사자를 더하여 산출함

자영업자를 불리한 처지의 근로자로 본다. 자영업자와 근로자의 본질적인 차이는 보상 방식의 차이에 있다. 자영업자는 직접 시장에서 활동한 결과로 소득을 획득한다. 시장 불확실성에 직접 노출되어 있다. 치열하게 경쟁하는 시장에서 고소득은 쉽지 않으며 소득은 불안정하다. 한국 창업 기업의 5년 생존율은 30%에 불과하다. 5인 이상 제조기업의 10년 생존율은 25% 수준이다. 한국의 자영업 생태계는 다산다사형이다. 다수가 창업하고 다수가 망한다. 임금 근로자는 고용보험이나 연금 등에서 사용자의 지원을 받는다. 하지만 자영업자에게는 그런 지원이 없다.[10]

OECD 국가의 노동조합 조직률은 1980년대 50%대에서 2020년대에는 10%대로 떨어졌다. 1980년대 이후 미국과 유럽의 노동정책은 노동보호로부터 노동 유연성 증진의 방향으로 선회하였다. 대신 정부는 노조가 할 역할을 담당하고 있다. 2020년 한국의 노동조합 조직률은 14.2%로 조합원은 280만 명에 달했다. 부문별 노동조합 조직률을 보면 민간 11.3%, 공공 69.3%(공무원 88.5%, 교원 16.8%)였다. 사업장 규모별로는 300명 이상 49.2%, 100~299명 10.6%, 30~99명 2.9%, 30명 미만 0.2%였다.[11] 규모가 클수록 노조 조직률이 높았다. 대체로 민간보다 공공부문, 소규모보다 대규모 인원의 사업장에서 노조 활동이 활발하다. 임금이나 근로의 질적 수준, 고용 안정성 등 근로조건이 양호할수록 노조 조직률이 높다. 임금이 낮고 고용의 질이 떨어지는 사업장일수록 노조 조직률은 오히려 낮다. 노조는 고임금과 고용 안정성 확보에서 상당한 성공을 거두었다. 문제는 노조 활동이 해당 기업이나 조직의 정규직 근로자만을 보호하는 데 머물고 있다는 점이다. 비정규직이나 수급기업의 근로자를 배제하고 차별하는 경향이 있다. 비정규직은 정규직과 같은 시간에 같은 일을 하더라도 정규직의 60% 수준 임금을 받는다. 1차 노동시장 정규직의 고임금은 이같이 다른 근로자들의 희생 위에 있다.

정규직 근로자는 보통 동일 직장 비정규직 근로자의 정규직 전환에 대하여 반대한다. 비정규직을 자신들의 고용과 임금을 보장하는 안전판으로 보는 것이다. 정규직 노조는 이러한 점에서 '불평등 구조의 생산자이자 수혜자'이다. 주로 공공부문이나 대기업의 정규직 남성을 대변하면서 중소기업 근로자, 여성, 비정규직을 소외시켜 왔다. 하청 기업 근로자들은 원청 기업 노조의 임금협상에 대해 우호적이지 않다. 그들의 임금 인상이 납품단가 인하로 연결되고 자신들의 임금 등에 부정적 영향을 미치는 것으로 본다. 자신들이 창출한 경제적 가치를 부당하게 빼앗긴다고 여긴다. 조직화에서 소외된 빈곤계층은 노조를 착취계급으로 인식하기도 한다. 특정 집단에 대해 소득을 보장하는 것은 다른 이들의 희생을 강요하는 것일 수 있다. 이러한 특권들이 늘어나면 그 바깥사람들의 삶은 불안정해진다. 한 집단을 경직적으로 보호할수록 우산 밑의 사람과 그 밖의 사람들 간의 심연과 격차는 확대된다.[12]

2019년 7월 대법원은 국립대 시간강사가 그 총장을 상대로 전업(專業)과 비전업(非專業)에 따라 시간 강사료를 차등한 것은 부당하다며 청구한 소송에 대해 판결하였다. 동 차등은 근로기준법 등에서 정하는 균등대우 원칙 등에 반하는 처우이므로 원고의 청구는 정당하다고 하였다. 정규직 교수와 시간강사 간 강사료 차별은 부당하다. 동노동임의 원칙에 어긋나기 때문이다. 공공부문이나 대기업의 정규직 근로자와 중소기업이나 비정규직 근로자는 자동차, 선박, 기계, 각종 전자제품, 반도체, 방송 통신 서비스 등의 부품과 최종재를 생산하고 판매하는 데 같이 참여하고 공헌한다. 하지만 공공부문이나 대기업의 정규직 근로자와 중소기업이나 비정규직 근로자 간의 보상 격차는 크다. 최종재 생산 대기업의 정규직 근로자가 비정규직이나 수급기업 근로자보다 더 많이 일하는 것도 아니다. 오히려 2차 노동시장의 근로자가 힘들거나 위험한 일을 하는 경우가 더 많다. 단지 어느 곳에 속하느냐에 따라 소득이나 고용 안정 등에서 큰 차이가 난다. 공헌한 만큼 보상받는 것이 아니라 소속에 따라 보상을 받는다.

이중구조화된 노동시장은 소득이나 고용 안정성 등의 격차가 크고 분리되어 있다. 보상의 수준과 기준 등에서 차이가 크다. 일이 아니라 소속이나 정규직 여부에 따른 격차가 존재한다. 2차 시장에서 1차 시장으로의 근로자 이동은 매우 제한적이다. 미국 헤리티지재단이 2015년에 발표한 '노동시장 유연성 지수'에 따르면 프랑스 44점, 한국 51점으로 세계 평균 61점을 크게 밑돌았다. 반면 미국, 덴마크, 뉴질랜드 등은 91~99점으로 최고 상위권이었다. 또한 세계경제포럼(WEF)이 2019년 노사협력, 정리해고 비용, 고용·해고 관행, 임금 결정 유연성, 적극적 노동정책, 근로자 권리, 외국인 고용 용이성, 내부노동 이동성 등으로 평가한 노동시장 유연성 순위에서 한국은 141개 국가 중

97위에 올랐다.[13] 한국의 1차 노동시장은 경직적이며 유연하지 못한 것이다. 시장 수요에 따라 인력을 채용하고 조정하기가 쉽지 않다. 연공급 임금체계, 정규직 중심의 노동보호가 노동 차별과 분리의 주요 배경이 되고 있다. 좋은 일자리와 그렇지 않은 일자리 간의 격차는 크다. 그런데 좋은 일자리는 적고 그렇지 않은 일자리는 많다.[14] 좋은 일자리에서 그렇지 않은 자리로 사람들이 밀려나고 있다. 정규직에서 비정규직으로, 최종재 대기업에서 수급 중소기업으로, 임금 근로자에서 자영업자로 밀려난다. 그 역의 현상은 잘 보이지 않는다. 인위적인 차별과 분리 때문이다. 일이나 성과보다 소속에 따라 보상을 차별하는 시스템의 문제이다.

한국 사회는 경쟁이 심하다고 한다. 입시 경쟁을 생각한다면 분명히 그렇다. 수험생 본인은 물론 모든 가족과 국민이 입시 경쟁에 휩쓸린다. 또한 음식업, 소매업 등 몇몇 자영업 부문에서의 경쟁도 매우 치열하다. 다수의 자영업자가 그런 분야에 종사한다. 한국의 전체 취업자 중 해당 분야 자영업 종사 비율은 10%에 이르는데 미국, 독일, 프랑스, 영국, 일본 등은 1~3%에 불과하다. 2020년 기준 음식숙박업에 종사하는 자영업자 수를 보면 미국 21만 명, 독일 16만 명, 프랑스 16만 명, 영국 17만 명인데 한국은 86만 명이었다. 전체 취업자 중 동업종 자영업자 비중은 미국 0.1%, 독일 0.4%, 프랑스 0.6%, 영국 0.5%인데 한국은 3.2%였다. 한국의 인구 대비 음식숙박업 자영업 종사 비중은 OECD 국가 평균의 5~10배에 달한다. 그중 1/3은 3년 안에 폐업한다. 신규 창업한 자영업자 등의 3년 생존율은 운수창고업 58%였고 도소매업 39%, 음식숙박업 34%였다.[15] 그들의 평균소득은 매우 낮다. 수요는 제한적인데 다수의 공급자가 치열하게 경쟁하기 때문일 것이다. 반면 소수 대기업이 주도하는 국내 주요 산업, 대학과 은행, 전력이나 철도 등의 공공부문, 의사나 변호사 등 경쟁이 제한된 부문 등은 시장에서 사실상 독과점 상태에 있다. 이들은 시장 경쟁보다 담합과 제도 등으로 독과점을 유지하거나 시장 지배를 더 확고히 하는 데 관심을 가지기도 한다. 이 부문 종사들은 OECD 국가와 비교해도 높은 수준의 소득과 양호한 근로조건을 향유한다. 부문 간의 격차가 경제의 이중구조, 노동시장의 이중구조를 만들었다. 일찌감치 경쟁 시장이 아닌 독과점 영역, 2차 노동시장이 아닌 1차 노동시장에 속하려는 젊은이들의 경쟁이 치열하다. 성인 사회에서는 일반 영역 종사자들이 독과점 영역 사업자로부터 일감을 얻으려는 경쟁이 치열하다.

한국 사회는 전체적으로 경쟁이 심한 것이 아니다. 경쟁이 심한 영역과 독과점화된 영역이 공존한다. 독과점 영역에는 국가의 제도나 정책이 진입을 통제하고 경쟁을 제한하는 다수 부문이 포함되어 있다. 한국이 '경쟁이 심한 사회'가 된 것은 역설적으로 경쟁할 영역의 입구를 통제하고 경쟁을 제한했기 때문이다. 입구 통제적 사회를 만들어 어린이들을 시험 경쟁에 몰아넣고 점수로 줄을 세웠다. 획일적 잣대로 인해 적성 등의 다양성은 무시되었다. 근속에 따라 보상이 결정되므로 성과와 기여보다는 내부 정치나 담합이 역할을 한다. 입구를 통과한 소수는 넓은 바다에서 여유롭게 먹이를 획득하지만 그렇지 못한 다수는 비좁은 어장에서 경쟁적으로 겨우 살아간다. '경쟁이 심한' 것이 아니라 공정한 경쟁이 부족한 사회이다. 어떤 집단에 들었다고 하여 밖의 사람을 차별하고 착취하는 것만큼 비열한 일은 없다. 세상이 선호하는 좋은 학위와 전문직 면허에 대한 보상에 비해 다수 근로자의 사회적 기여는 과소 보상되고 있다. 고임금 집단에 속하지 못한 취업자 다수는 상대적 박탈감을 느낀다. 다수 청년은 장기간 취업 준비를 하거나 실직 상태에 있다. 지방 공단에서 젊은 근로자를 발견하기 어렵다. 비정규직 근로자는 여러 곳의 직장을 전전해도 역량 축적은 쉽지 않다. 노동시장 주변부에 남게 될 가능성이 크다. 무엇보다 중요한 것은 입구 바깥의 사람들이 자부심과 자신감을 잃고 좌절하는 일이다. 그것은 기울어진 운동장이 아니라 아예 운동장이 서로 다른 데서 오는 현상일 수 있다.

스포츠를 즐기는 것은 투명한 규칙하에 경쟁하는 것이 즐겁고 좋기 때문이다. 대부분 사람은 공정하게 경쟁하는 것을 즐길 준비가 되어 있다. 한국인은 대체로 도전적이며 어려운 과제를 성공적으로 수행하려는 욕구가 강하다. 강대국으로 둘러싸여 있고 북한과 대치하면서도 고도성장을 이룩하였다. 그 경험이 한국인의 평균적 성취동기를 더욱 자극하였다. 개인도, 국가도 정치, 경제적인 성공과 그 과정을 직간접적으로 경험해 왔다. 일과 과업에 창의적으로 도전하고 노력하는 자세는 경제, 사회적으로 긍정적 효과를 가져올 것이다. 하지만 높은 내적 의욕은 시장이나 사회에서의 치열한 경쟁으로 나타나기도 한다. 그렇지 않아도 시장경제는 인간 욕망을 긍정하고 자극하는 경향이 있다. 광고 등을 통해 욕망과 경쟁을 더욱 부추긴다. 인간 욕망과 그것을 충족하려는 행동에 대한 철학적, 종교적 논의는 다른 곳에서 하도록 하자. 어쨌든 사람들은 현실에서 나름대로 노력하고 경쟁하면서 각자의 삶을 살아간다. 개성에 따라 각자의 능력을 개발하고 창조적 경쟁을 하는 과정일 수 있다. 시장에서는 경쟁을 통해 지식이 발견되고 파괴적인 창조가 이루어진다. 동일한 제품이나 서비스에서는 품질(Quality), 원가(Cost), 납기(Delivery) 등에서 상대를 앞서려고 경쟁한다. 이러한 경쟁으로 가치 있는 것들이 세상에 나왔다. 더 나은 가치를 제공하려는 창조적 경쟁이 인류의 발전을 이끌었다. 하지만 그렇게 세상에 공헌하는 사람들이 있는가 하면 그들에 기대어 비생산적 지대를 추구하는 사람들도 있다. 이들이 같은 운동장에서 경쟁하고 공정하게 보상받는 것이 중요하다.

3. 자유-효율-공동체의 문제

▶ 자유와 효율 훼손

북한은 출신 성분으로 사회를 통제하고 질서를 유지한다. 주민은 부모 성분에 따라 특별, 핵심, 동요, 복잡, 적대 계층으로 나뉜다. 출신 성분은 직업, 거주지, 임금, 교육, 군 복무 등을 결정하는 핵심 기준이다. 그것은 대를 이어 변하지 않는 하나의 신분이다. 물론 북한 모든 주민에게 인간으로서의 자유와 권리는 없다. 자유 민주주의 한국의 체제와는 너무 다르다. 대한민국 헌법 전문에는 "…정치·경제·사회·문화의 모든 영역에서 각인의 기회를 균등히 하고, 능력을 최고도로 발휘하게 하며, 자유와 권리에 따르는…"이라고 되어 있다. 국민의 자유와 기회균등, 능력의 개발과 발휘를 국가가 지향할 최고의 가치로 선언한 것이다. 국회와 정부는 정치, 경제의 현장에서 이러한 가치가 실현되도록 법과 제도를 만드는 등의 노력을 할 것이다. 하지만 현실에서 다양한 진입규제, 입시와 교육, 연공급 체계 등은 이러한 가치들을 크게 훼손하고 있기도 하다. 입구 통제의 체계에서는 자유로운 경쟁에 따른 성과 대신 주요 입구의 통과 여부가 보상의 주요 기준이 된다. 시장 성과에 따른 보상보다 지대 기반 소득에 안주할 수가 있다. 하지만 자유와 경쟁은 동전의 양면과 같다. 균등한 기회 속에서 경쟁하며 자신을 표현하고 결과를 수용하는 자유를 누릴 수 있다. 인위적으로 이러한 경쟁을 막는 것은 자유롭고 평등한 사회를 거부하는 것일 수 있다. 중세가 근대를 거쳐 자유 민주주의 사회가 될 수 있었던 것은 자유와 평등을 위한 긴 여정이 있었기 때문이다. 중세에 왕이나 길드는 소수의 이익을 위해 자유로운 경쟁을 통제하였다. 자유로운 경쟁체제 도입이 늦어질수록 제품이나 기술의 진보는 더뎠고 불평등은 지속되었다. 시장경제는 경제활동의 자유는 물론 평등한 기회를 제공한다는 점에서 의의가 크다. 진입규제 등으로 경제활동의 자유를 쉽게 제한하는 것은 자유를 직접 훼손하는 것이다. 법과 제도로써 새로운 불평등을 만드는 것이기도 하다.

시장경제의 주요 생명력의 하나는 그 효율성에서 온다. 그런데 다수의 고학력 여성, 청년층, 조기 퇴직자 등이 실직 상태에 있다. 학력과 일자리의 괴리, 자유로운 경쟁에 대한 규제, 비합리적 임금체계 등이 주요 원인이다. 제도와 시스템에 문제가 있는 것이다. 학벌사회는 개성에 따라 각자의 능력을 발전시키는 것을 저해한다. 학벌이 신분이 되어 일할 자유를 제약한다. 줄 세우기 교육, 과도한 진입규제, 임금 격차 등은 일자리의 수요와 공급을 어긋나게 한다. OECD 국가 청년들은 대개 20~25세에 첫 취업을 하고 사회생활을 시작한다. 하지만 한국에서는 고학력, 군 복무 등으로 첫 취업의 시기가 늦춰진다. 15~24세 한국 청년층의 고용률은 25.6%로 OECD 평균 40.7%보다 15.1%나 적다. 한국 청년들의 경제활동 참가율은 매우 낮다. 반면 한국의

55~64세 연령층 고용률은 65.4%로 OECD 평균 58.4%보다 7% 정도 높다.[16] 60대 이후 연령층의 경제활동 참가율은 세계 최고이다. 젊은이의 경제활동 참가는 적지만 노인의 경제활동들은 왕성하다. 2000년대에 들어와 여성과 중년층의 고용률은 뚜렷한 증가세를 보였다. 하지만 18~34세 청년 남성의 고용률은 56.6%에서 49.1%로 오히려 7.5% 감소하였다.[17] 젊어서 긴 시간 공부를 하지만 취업한 곳에서 근무를 지속하는 기간은 짧다. 두 가지 요인 때문이다. 학교에서 취업에 필요한 능력을 개발하지 못하며 기업 등이 종업원의 근속에 적합한 임금 등의 체계를 갖추지 못했기 때문이다. 고령 시대일수록 인적자원 역량을 충분히 개발하고 오랫동안 발휘할 수 있어야 한다. 하지만 역량을 충분히 개발하지 못하고 그 활용도 충분하지 못한 것이 현실이다.

대체로 진입규제가 있는 산업보다 없는 산업에서 훨씬 많은 일자리를 창출한다. 진입규제가 없는 산업의 일자리 창출률과 소멸률은 상대적으로 높다. 기존 일자리가 사라지면 새로운 일자리가 생겨나고 일자리의 재배치가 일어난다. 새로운 기술 등에 따른 창조적 파괴가 일자리의 변화를 가져온다.[18] 반면 진입규제 등으로 보호된 영역에서는 변화와 발전 대신 현실 안주를 택한다. 의사나 변호사 등의 단체는 때로 강력한 노조가 된다. 일자리 변동에 소극적이다. 신규 사업자의 진입을 최대한 차단하고 내부 담합을 우선한다. 외부 고객보다 내부 구성원의 이익 보호에 열심이다. 소비자는 그 희생양이 된다. 시장 등의 변화에 대응하고 새로운 서비스와 기술을 개발하는 데 소홀하다. 현재의 이익을 지키고 방어하는 것에 더 관심이 많다. 결과적으로 해당 부문의 성장과 발전을 저해한다. 경쟁 과정에서 발생하는 다양한 도전과 경험 등의 학습 기회를 스스로 차단한 결과이다. 해당 영역뿐만 아니라 관련 산업이나 주변의 영역도 부정적 영향을 받는다. 원격의료, 금융, 법률서비스, 대학 교육 등의 분야는 엄격한 규제로 인해 진입이 자유롭지 못하고 서비스 공급도 충분치 않다. 관련 서비스 소비자는 낮은 품질의 서비스를 받으면서 높은 비용을 부담한다. 이러한 영역의 입구 통제를 완화한다면 산업은 발전하고 일자리는 증가할 것이다. 부당한 입구 통제는 보호받는 자, 진입에서 배제된 자, 산업 자체, 소비자 등 모두에게 부정적 효과를 줄 뿐이다. 과거 '복덕방'은 동네 할아버지들의 일터이자 사랑방이었다. 그런데 '공인중개사' 제도 시행 이후 그런 모습은 사라졌다. 비용을 들여 공부하고 자격을 따야 했다. 하지만 공인중개사 면허제도가 부동산 중개 시장에 준 긍정적 효과가 무엇인지 알 수 없다. 서비스 이용 소비자에게 준 효익이 무엇인지 분명치 않다. 건물 상태에 문제가 있거나 전세 보증금 환수가 불확실한 물건을 중개하는 등의 소비자 위험은 여전하다. 자격시험을 위한 학원 등 산업이 번성한 것만은 확실하다. 수험생들이 공부하는 것은 좋은 일이지만 그것이 소비자 효용을 높이고 경제 전반에 도움이 될 필요가 있다. 시장에서 통용되는 지식이 아닌 공부는 자원의 비효율적 활용으로 남을 수 있다. 각종 면허 제도와 연결된 학원과 학교에 많은 자원이 투입되고 있다. 낭비가 아닌 생산적인 성과로 연결될 수 있어야 한다.

▶ 공동체 약화

　국가 경제는 농림어업수산업, 제조업, 서비스업 등으로 나뉘지만 밀접하게 연결되어 있다. 현대 경제에서 로빈슨 크루소는 없다. 누구든 타 영역에서 생산되고 공급되는 재화나 서비스 없이는 생존 불가능하다. 연필을 만드는 데 수많은 참여자가 네트워크로 연결되어 작업한다. 이들은 자유롭게 능력에 따라 해당 분야에 참여하면서 물건을 만들고 각자의 몫을 받는다. 그런데 법이나 제도로 어떤 영역을 특정 사업자가 독점토록 한다면 생산과 분배에 왜곡이 발생한다. '보이지 않는 손'이 망가지기 때문이다. 연필 가격은 같은데 특정 공정의 사업자가 더 많은 몫을 가져가면 어딘가 다른 종사자의 몫을 줄여야 한다. 주위의 다른 작업자들은 낮은 가격에 일감을 받거나 원자재와 부품을 비싸게 살 수도 있다. 제품을 납품해도 제대로 값을 받지 못할 수도 있다. 갑은 을에게 위험한 일을 맡기기도 한다. 목숨을 잃는 사고나 재해가 2차 노동시장 종사자에게서 훨씬 더 많이 발생하고 있다. 노동시장을 분리하고 소속에 따라 차별을 한 결과이다. 자유 민주주의는 소속이나 신분과 무관하게 각 개인을 존엄한 존재로 대하는 체제이다. 소속만을 중시한다면 개인의 존엄은 경시되고 부당한 차별을 받을 수가 있다. 개인의 고유함보다 집단 내의 위치와 역할로 사람을 인식하기도 한다. 내 집단을 강조할수록 타 집단에 대해서는 폐쇄적이고 배타적이게 된다.

한국의 노인빈곤율, 자살률은 세계 최고이고 출산율은 세계 최저이다. '우리'로 대변되는 공동체가 심각한 위기에 처해 있다. 한국의 자살률[10]은 OECD 국가 중 1위이다. 2003년 이래 2017년만 제외하고 현재까지 줄곧 1위를 기록하고 있다. 2021년 자살사망자는 13,352명으로 인구 10만 명당 26명이다. OECD 국가 평균 11.1명의 두 배 이상이다. 세계적으로 자살은 주요 사망원인 상위 10위에 들지 않지만 한국에서는 5위에 올라 있다. 자살은 세계 15~29세 청년층 사망의 4번째 원인이지만 한국에서는 동 연령층 사망원인 1위이다. 20대 자살률은 2017년 인구 10만 명당 16.4명에서 2021년 23.5명으로 크게 늘었다. 세대별 자살 원인을 보면 청년은 정신과 문제, 중장년은 경제적 문제, 노인은 신체 질병 문제 등으로 파악된다. 하지만 청소년과 노인의 자살 배후에는 여전히 경제적 빈곤과 격차의 문제가 있다. 저소득, 고용불안 등이 경제적 취약계층을 자살에 이르게 한다.[19] 특히 20대의 무직자, 일용직 등에서의 자살이 두드러지고 있다.[20] 청년층의 자살에는 기성세대의 높은 기대, 수치심, 좁은 입구 통과를 위한 정신적 압박, 획일적 기준의 경쟁 등이 작용하는 것으로 보인다.

미국 중년층 저학력 백인 중에는 일자리 감소에 절망하고 약물 중독, 알콜 남용, 자살 등으로 죽는 경우가 증가하고 있다. 낮은 학력에서 비롯된 누적된 불이익(cumulative disadvantage)에 처한 계층의 절망사가 주목받는다. 1980년대 이후 미국 제조업은 쇠퇴하였고 그것을

---

10) 인구 10만 명당 연간 자살 건수

대체할 좋은 일자리는 생성되지 않았다. 안정된 일자리 감소는 특히 저학력 백인 계층에 타격을 주었다. 결혼 감소, 혼외 자녀 출산, 지역사회 등 소셜 네트워크 참여 위축 등으로 나타났다. 이들의 삶이 무너지면서 약물 남용, 알코올 의존, 자살이라는 결과를 낳았다.[21] 미국은 국력에 비해 보건의료나 복지는 충분치 않다. 한국도 경제적 발전에 불구하고 소득과 부의 격차, 낮은 수준의 복지 등에 문제가 있다는 점에서 유사하다. 한국 노인의 빈곤 상황은 점차 개선되고 있지만 2021년 기준 65세 이상 노인의 상대적 빈곤율[11]은 37.6%로 OECD 최고이다. OECD 평균 13.5%의 2.8배에 달한다. 성별로는 남성 31.3%, 여성 42.6%였다. 특히 여성 노인 1인 가구의 빈곤율은 72.6%에 이른다. 한편 2023년 기준 한국의 합계출산율[12]은 0.72명이었다. 합계출산율 세계 평균은 2.32명이며 유럽은 1.48명, 북미 지역은 1.64명이다. 한국은 홍콩 0.75명, 싱가포르 1.02명 등의 도시형 국가를 제외한다면 합계출산율이 1명 이하인 유일한 나라이다.[22] 한국의 자살률과 출산율은 불평등 추이를 반영한다고 볼 수 있다. 사회·경제적 불평등이 사회적 재생산 및 지속가능성을 저해하고 있는 것이다.[23] 아이를 낳고 같이 어울려 살아가야 할 공동체에 중대한 균열이 생기고 있다. 한 젊은이는 "대기업, 공기업 등 좋은 곳에 취업하지 못하면 첫 번째 패배자가 되고, 집을 사지 못하면 두 번째 패배자가 된다."라고 하였다. 2023년 7월, 2030 세대의 금융권 대출 연체액은 4,940억 원이었다. 1년 전에 비해 1,416억 원 늘어난 수치이다. 소득 등의 격차로 인한 청년층의

---

11) 소득 수준이 중위소득의 50% 이하인 사람의 비율
12) 여성 1명이 평생 낳을 것으로 예상되는 평균 출생아 수

박탈감은 우울증을 낳고 극단적인 선택으로 이어지기도 한다.

갈수록 계층 간 격차는 확대되고 상향 이동은 어려워지고 있다. 젊은 층의 좌절, 갑질과 착취는 앵그리 사회 증후군을 낳는다. 자살 증가, 행복감 저하 등으로 이어진다. 20대 한 번의 시험으로 평생이 결정된다. 학력주의 사회는 청소년들이 진로 등에서 주체적이고 자기 주도적으로 결정할 기회를 빼앗고 있다. 성인이 되어서도 조직 내의 권위주의나 인습의 속박 등으로 자유롭지 못하다. 재도전의 기회도 많지 않다. 공동체가 이룬 성과는 복잡하게 얽힌 가치사슬 속에서 함께 노력한 결과이다. 하지만 소속집단에 따른 임금 등의 보상 격차는 크다. 그럴수록 사람 간의 신뢰, 관여, 협력, 배려, 관용, 연대 같은 사회적 자본이 중요하다. 하지만 한국의 사회적 자본은 신뢰나 관여의 범위가 가족 등 최측근에 국한되는 폐쇄성과 배타성을 지닌다. 반면 연계형 사회자본은 내부 결속은 느슨하더라도 주변 타인 등 더 큰 범주의 사회구성원에게도 신뢰와 관여를 확장한다. "우리가 남이가?"로 상징되는 결속형 사회자본은 소수 내부자에게는 이익일지 모르지만 외부에 배타적이다. 하지만 이러한 소집단 이기주의는 결국 사회 전체의 공익과 안녕, 통합을 해친다. 특히 양육비, 교육비가 큰 상황에서 가족 이기주의의 문제가 크다. 한국 대학생들은 한국 사회를 배타적 결속형 사회로 본다. 폐쇄성~개방성 정도를 0~10점으로 배열할 때 한국 3.61, 일본 4.26, 미국 5.10, 중국 5.72로 응답하였다. 한국과 일본은 배타적 결속형 사회라는 응답이 많았고 미국과 중국은 개방적 연계형 사회라는 응답이 많았다.[24]

격차와 소외는 소외 계층만이 아닌 우리 모두의 문제이다. LA의 노숙자는 6만 5천 명에 이르며 시는 이들의 범죄로 골머리를 앓는다. 한 한국인 승무원은 흉기 습격을 당했고 60대 한인은 대로변에서 노숙자 총에 사망하였다. 이러한 사태들로 인해 LA시는 비상사태를 선포하였다. 노숙자를 수용하려고 주거시설을 마련하고 약물 치료와 심리상담 등을 준비한다. 빈부 격차가 큰 나라의 고급 주택에는 사설 무장 경비원들이 보초를 선다. 동네 슈퍼도 쇠창살 속의 작은 문으로 겨우 물건을 내주고 돈을 받는다. 불안한 공동체의 유지 비용은 적지 않다. 빈곤층 보조 등을 위한 예산에 천문학적 금액이 소요된다. 한국은 '우리'의 나라이다. '우리' 정신은 국내외에서 국가 성장과 발전을 이끈 원동력의 하나로 평가되고 있다. '잘살아 보세'는 나 혼자가 아닌 다 같이 잘 살아 보자는 표어였다. 후대에게 좋은 세상을 물려주려는 노력이 경제 성장의 바탕이기도 하였다. 강렬한 공동체 의식과 민족주의 정신이 비교적 짧은 기간에 국가적 도약을 가능하게 하였다. 특유의 위기 극복 DNA도 공동체를 아끼는 '우리' 정신에서 비롯되었다고 할 수 있다. 하지만 '우리' 정신을 스스로 폐기한 결과 노동시장 이중구조, 부문이나 계층 간의 격차, 높은 자살률과 낮은 출산율 등을 얻게 되었다. 개인에게 경쟁할 자유를 보장하는 한편 공동체주의를 제대로 복원함으로써 문제 해결에 나서야 할 것이다.

4. 포획된 국가

　2021년 기준 연평균 가구소득은 정규직 근로자 가구 8,401만 원, 자영업자 가구 6,857만 원, 임시·일용직 근로자 가구 3,977만 원이었다. 정규직, 자영업, 임시·일용직 순으로 소득이 높았다. 물론 정규직 근로자 보수도 공무원, 공기업, 대기업, 중소기업 등에 따라 천차만별이다. 자영업자 소득도 고용원이 있는 경우 평균적으로 정규직 근로자보다 높다. 하지만 특고종사자를 포함한 1인 자영업자의 평균소득은 매우 낮은 수준이다. 음식숙박업이나 도소매업 자영업자의 평균소득이 2~3천만 원이라면 의사 등 고소득 자영업자의 평균소득은 2억 원을 넘는다. 자유 민주주의 사회에서 이 같은 격차는 기본적으로 개인의 선택에 따른 결과로 인식한다. 하지만 그 배경을 보면 그것이 온전히 자유로운 개인의 선택에 따른 결과가 아님을 알 수 있다. 부모의 부와 성장 환경, 여러 사회적 제도와 시스템이 그 배후에 있다. 각종 진입규제, 입시와 교육 제도, 연공급 체계 등은 개인의 선택과 경쟁의 자유를 근원적으로 제약하고 소득 격차 등을 유발한다. 개인의 자유를 보장한다고 하지만 실제로는 각종 법령에 기반한 규제와 제도가 개인의 자유를 근본적으로 제약하고 있다.

2022년, 남녀가 처음으로 결혼하는 나이는 각각 역대 최고인 33.72세, 31.26세에 달했다. 1990년 27.79세, 24.78세에 비하면 남녀의 결혼 시기는 어림잡아 6년씩 늦춰졌다. 아이도 적게 낳는다. 이것은 외형적으로 삶에 대한 각자의 선택의 결과로 보이지만 큰 틀에서는 양육과 교육 환경, 부문 간 임금 격차, 관련 제도 등 삶을 규정하는 여러 제도와 환경의 영향이라 할 것이다. 젊은 세대들의 좌절감, 수치심, 정신적 압박감 등은 자살로 연결되기도 한다. 그들의 이러한 고통은 사회의 여러 제도나 관행 등과 무관하지 않다. 학업과 진로 선택은 성장 환경과 사회 제도 등의 제약을 벗어나기 어렵다. 높은 시험점수 획득에는 공부할 수 있는 환경과 돈이 중요하다. 낮은 시험점수는 개인의 책임도 있겠지만 주변 환경과 사회 제도 등의 영향이 있을 것이다. 성인들도 마찬가지이다. 직업과 사업에 대한 부당한 진입장벽과 규제가 그들의 경쟁할 자유를 제약한다. 자유롭게 경쟁할 기회는 줄고 입구 통제에 따른 보상 격차는 확대되었다. 원하는 곳의 입구는 막혀 있고 경쟁은 충분치 못한 것이다. 이것은 선수가 아닌 운동장의 문제이다. 시장경제는 계급투쟁이나 신분이 아니라 소비자의 평가로 작동한다. 누구나 자유롭게 시장에 진입하고 성과에 따라 보상받아야 할 것이다. 시장은 자유와 평등을 실현하는 가장 이상적인 수단의 하나이다. 공정하게 경쟁하는 환경이 필요하다. 하지만 우리는 경쟁을 피하려고 주요 영역의 입구를 막은 결과 '경쟁이 심한 사회'를 만들었다. 진입 규제-학위 중심 사회-연공급 등으로 구성되는 입구 통제적 체계가 그것이다. 경쟁이 약하거나 차단된 곳의 입구를 통과하려고 어릴 때부터 치열하게 경쟁한다. 그들이 통과한 곳의 서비스 품질은 대체로 낮으며 그 내부의 경쟁은 제한적이다. 반면 입구 통제가 없는 분야에서는 성과를 위한 경쟁이 치열하다. 한국 자영업 분야의 경쟁은 세계적이다.

입구 통제체계는 어떻게 발생하고 유지되는가? 정부와 국회 등 정책의 주요 결정자들이 지대를 추구하는 소수 집단에 사로잡혀 있다. 소수의 이익집단이 주요 기관을 포섭하여 그들에게 유리한 정책이 생성되고 유지된다. 법원조차 약자보다 강자에게 유리한 판결로 기득권을 보호하고 자유로운 경쟁을 막고 있다. 상법 382조3은 이사의 충실의무를 규정한다. "이사는 법령과 정관의 규정에 따라 회사를 위하여 그 직무를 충실하게 수행하여야 한다."라고 되어 있다. 회사는 주주가 지배하므로 회사의 이익은 주주 전체의 이익을 의미할 것이다. 하지만 한국의 주요 기업 이사회는 지배주주의 이익만을 위해 행동하는 경우가 많다. 터널링 등의 내부거래를 용인한다. 법원마저 해당 조항 해석을 통해 이러한 현상을 용인하고 기타 주주나 기업의 이익을 외면하는 판결을 하고 있다. '상법을 개정하여 이사가 소액 주주를 포함한 주주의 이익을 보호하게 해야 한다'는 주장이 나오는 배경이다. 사실 꼭 법 개정을 할 일이 아닐 수 있다. 법원이 전체 주주의 이익을 위한 판결을 한다면 말이다.

시민과 공공의 이익을 보호해야 할 기관들이 자신의 이익만을 추구하는 소수에게 포획되는 경우가 많다.[25] 미국 의회가 1981~2002년에 통과시킨 법률의 절반은 부유한 소수 미국인에게 유리한 것이었다. 반면 서민에게 유리하지만 부자들은 반대하는 법안이 통과된 경우는

18%에 불과하였다.[26] 이와 유사한 조사가 한국에는 없다. 하지만 미국과 유사하거나 오히려 더 심각한 상황일 것으로 추정된다. 부자는 더 부자가 되고 가난한 자는 더 가난한 자가 되는 것이다. "상인이나 제조업자가 제안하는 법률이나 정책엔 항상 주의 깊고 신중하게 대응해야 한다."라는 주장이 있다.[27] 시장 경쟁을 위축시키고 제한함으로써 공공의 이익을 해칠 우려가 크기 때문이다. 한 연구에 따르면 이에 따른 지대는 평균적으로 적정 가격의 25~50%에 달한다. 입구 통제의 체계는 정치권력에서 소외된 집단으로부터 그것을 포획한 집단으로 부를 재분배한다. 입구 통과형 취업자와 시장 경쟁형 취업자 간 격차가 심화하고 있다. 입구 통제 부문의 혁신은 멈추고 생산성은 저하한다. 하지만 민주주의 체제도 목소리 큰 자를 어찌하기가 쉽지 않다. 민주주의도 목소리 기반의 체제이기 때문이다. 특히 부를 지닌 특정 집단이 정책 기관을 포획할 때의 독성은 크다. 정책 결정 과정이 잘 조직된 집단의 이익에 휘둘린다. 강자의 소리는 큰데 그 반대의 소리는 작거나 들리지 않는다. 정책 결정자들은 약자의 소리를 경시하거나 무시한다. 하지만 공무원은 각자의 주장이 공개되고 정책 결정 과정이 조사 가능할 때 강자의 주장에 맞서기도 한다. 지대는 주로 민주적 심의 과정이 훼손된 곳에서 발생한다. 다수의 표로 국회의원 등이 되지만 정책 결정 과정에서는 특정 집단을 편들 때가 많다. 특정 집단은 경쟁 회피를 통해 부를 획득한 후 그 일부는 다시 그 과정을 강화하는 데 쓴다.

여러 종류의 이익단체들이 존재한다. 우선 국가로부터 같은 사업 면허를 획득한 자들의 모임을 비롯하여 동종 사업에 종사하는 자들의 단체가 많다. 같은 시장에서 동종 사업에 종사하면 서로 경쟁하는 관계가 된다. 이들이 하나의 단체가 되면 서로 경쟁을 완화하며 공존을 추구할 수가 있다. '시장은 경쟁하는 곳'이라는 원리에 반대되는 흐름이 발생한다. 의사, 약사, 변호사 등의 면허 사업자는 물론 운송, 금융, 건설 등 많은 영역의 사업자들이 단체를 만들어 운영한다. 특히 면허나 자본 등의 장벽으로 인해 진입이 어렵고 운영 자금이 많이 쌓인 곳의 힘은 강하다. 대학 등의 협의회나 노조는 영리 사업자는 아니지만 집단의 이익을 추구한다는 점에서 이익단체이다. 정부의 규모 기준 정책으로 인하여 한국에는 기업 규모별 단체들이 강력하다. 재벌이 모여 전경련[13]을 시작하였다. 그 맞은편에 중소기업중앙회가 있다. 대기업에 자본과 인력 등 자원이 집중되면서 시장지배력이 생겼다. 제조업이나 서비스업 기업의 상당수는 대기업 발주에 의존하거나 그들의 제품을 받아 판매한다. 중소기업들은 정부로부터 보호받고 자신들의 이익을 지킬 필요가 있었다. 중견기업연합회는 재벌과 중소기업 사이에 있는 중견기업들의 단체이다. 중견기업에는 중소기업 때의 혜택은 사라지고 재벌 등과 힘겹게 경쟁하는 경우들도 많다. 중소기업 규모를 벗어났다는 이유로 재벌과의 거래에서 보호받지도 못한다. 기업이나 종사자 수는 많은데도 해당 조직의 힘은 약한 소상공인 단체들도 있다. 전체 취업자의 절반 이상이 종사하면서도 주요 정책에서는 쉽게 소외되고 있다.

---

13) 최근 '한국경제인협회'로 명칭을 바꾸었다.

물론 사업자단체는 기술 발전과 공동 마케팅 등에서 긍정적 역할을 할 때도 많다. 결사의 자유가 보장된 사회에서 사업자들이 각종 협회 등을 만들어 활동하는 자유는 보장되어야 한다. 문제는 이들이 다른 이들의 이익을 침해하고 시장의 경쟁 질서를 훼손할 때이다. 기업이 아닌 퇴직 공무원 등의 단체도 있다. 퇴직 공직자가 특정 부처 관련 기관·기업·단체 등에 재취업하여 그들의 이익을 대변하면 관피아라고 한다. 각종 산업, 교육, 방송 통신, 법률, 건설, 금융, 노동 등의 영역에서 활동한다. 이들은 면허 발급의 통제 강화, 신규 사업자의 진입 금지, 해당 업역의 사수 또는 강화 등으로 시장 경쟁을 제한하거나 차단하는 데서 역할을 하기도 한다. 감독기관에 종사했던 자가 피감독기관에 취업하여 탈법을 조장하거나 감독 시스템을 무력화하는 데 기여한다. 이익단체와 정책 결정기관이 유착하면 해당 영역은 망가지기 쉽다. 경쟁은 약화하고 혁신에 의한 시장 역동성도 저하한다.

정책이나 제도가 표방하는 슬로건이나 관련 주체의 이미지는 중요하다. 시민이나 대중의 지지 여부가 그에 따라 결정되기 때문이다. 의사협회는 소비자를 돌팔이로부터 보호하고 고품질 의료 서비스를 제공하려면 의사 수를 제한해야 한다고 주장한다. 의사의 소득을 높이고 권한을 사수하려는 것이라고 말하지 않는다. 세계적으로 의사들은 대표적인 지대의 수혜자들이다. 그러면서도 그들은 소비자와 공중의 이익에 봉사한다는 이미지를 얻고자 한다. 은행 업계는 금융거래의 안전성, 금융 관련 지식의 필요, 산업 발전이나 주택 보유 지원 등을 이유로 그 공공성을 주장한다. 진입 제한으로 지대를 누릴수록 공익적 이미지를 얻으려고 노력하는 것이다. 지역 대표 산업은 지역민의 지지를 바탕으로 유지되고 발전한다. 지대추구 집단도 좋은 이미지를 통해 자신들을 보호하려고 한다. 정책 결정자들도 정책의 매력적인 이미지를 중요하게 여긴다.[28] 자신들의 성과로 연결될 수 있기 때문이다.

지대 추구자는 빈곤층과 달리 정책 결정자들과 이미 친밀한 관계인 경우가 많다. 정치인이나 공무원들은 보통 교육 수준이 높고 지대 추구자와 사회 교육적 경험을 공유했을 수도 있다. 이들 간에는 조직적 로비 이전에 이미 상당한 유대가 있는 것이다. 지대추구에 유리한 일방적 정보에 공감하고 쉽게 법과 정책이 만들어질 수 있다. 감독기관과 감독 대상 간 인적 네트워크는 쉽게 지대추구를 할 수 있게 한다. 관피아가 중간에서 역할을 한다. 감독할 자가 피감독기관에 포획되면 그들은 스스로 감독 대상이 된 것처럼 사고하고 행동한다. 정책과 감독에 관련된 정보를 제공하면서 그들 편에 선다. 포획된 국가기관은 이권 전쟁에 휘말리게 되고 때로는 자신을 포획한 자들로부터 외면받을 것을 두려워한다. 그들의 포로가 되어 적극적으로 그들의 이익을 보호해 주는 것이다. 2022년 기준 부패인식지수에서 한국은 31위였다. 덴마크 1위, 뉴질랜드 2위, 싱가포르 5위, 독일 9위, 일본 18위, 미국 24위 등에 비해 부패가 심하다.[29] 국회나 정부 등의 관련 기관은 좋은 제도나 정책을 위해 존재한다. 하지만 이들이 지대 등을 좇는 여러 이익집단에 포획될 수가 있다. 이들이 포획에서 탈출하여 시민 전체의 공익을 위해 일할 수 있어야 한다. 시민은 그것을 위해 필요한 역할을 해야 할 것이다. 쉬운 일이 아니겠지만 포기해서는 안 되는 일이다.

Ⅳ. 개방적 경쟁과 공정한 보상

1. 입구 통제에서 출구 평가로

▶ 자유로운 경쟁과 공정한 보상

2022년 초중고 학생의 사교육비 총액은 약 26조 원이었다. 전년 대비 2조 5천억 원이 증가하였다. 전체 학생 중 사교육에 참여한 비율은 평균 78.3%였지만 월 소득 800만 원 이상 가구 학생은 88.1%, 월 300만 원 미만 가구 학생은 57.2%였다. 사교육 참여 학생의 1인당 사교육비는 초등 44만 원, 중등 58만 원, 고등 70만 원이었다.[1] 또한 유아 대상 영어 학원의 교습비는 해마다 늘어 월평균 124만 원에 육박하는 것으로 나타났다. 교습비에는 재료비와 급식비, 차량비 등은 포함되지 않는다. 사교육비는 저출산 유발의 주요 원인의 하나로 지적받고 있다. 높은 교육열과 학원 등의 마케팅에 힘입어 다양한 사교육 시장이 번성하고 있다. 아이들은 어릴 때부터 경쟁에 내몰리고 어른들은 비싼 사교육비 감당에 허리가 휜다. 학부모 다수는 원하지 않지만 어쩔 수 없이 사교육 수요자가 되어 시장을 키운다. 각인이 능력을 최고로 발휘하도록 기본 지식을 습득하고 자질을 개발하는 교육의 의의는 크다. 하지만 한국 교육은 한판의 승부를 위한 도구가 된 지 오래되었다. 특히 그 승부는 학생이 부모 재력 등의 영향을 크게 받는 시기에 이루어진다. 학생 스스로 선택하여 공부하고 시험을 보는 것이 아니다. 어른들이 만든 제도와 학벌사회 틀 속에서 대안 없이 시험에 내몰린다. 아이를 앞세워 어른들이 경쟁하는 것이다. 어릴 때 시작하는 사교육은 좋은 학벌과 선망받는 자격증 등을 앞서 획득하려는 때 이른 경쟁이다. 한국의 입시는 성인이 되어 경쟁할 것들을 앞서 시험점수로 재단하는 역할을 한다.

아이들은 즐겁게 공부하고 어른들은 일의 성과나 사회적 공헌도에 따라 보상받을 필요가 있다. 소속집단이나 서열이 소득이나 보상의 주요 기준이 되어서는 곤란하다. 수능이나 내신으로 학생들을 평가하고 하나의 신분처럼 작용토록 하는 구조에 변화가 필요하다. 적성이나 능력을 고려하지 않은 채 모든 학생을 입시라는 레이스에 동참시키는 일도 그만두어야 한다. 가장 우선되어야 할 일은 학벌이나 학력에 따른 과다한 보상을 완화하는 것이다. 학벌 중심의 사회가 능력과 기여 중심의 사회로 바뀌어야 한다. 자격이나 면허로 직업의 자유를 통제하는 것보다 일의 성과와 공헌을 평가하고 보상하는 일에 더 신경 써야 한다. 자유롭게 경쟁하고 공정하게 보상하는 사회가 되어야 하는 것이다. 입구 통제 중심의 체계가 출구 평가 중심의 체계로 바뀌어야 한다. 필기시험 중심의 교육을 직업교육이나 현장실습 중심의 교육으로 전환할 필요가 있다. 소속이나 서열보다 창조적 사고와 문제 해결 능력으로 소득과 지위를 얻는 사회여야 한다.

무엇보다 사회가 자유롭게 경쟁하는 것에 익숙해질 필요가 있다. 특히 부자 등 중산층 이상에서 자유와 평등의 원리를 수호할 수 있어야 한다. 헌법 등의 선언적 문구나 각인의 관념에는 '자유와 평등'이 존재한다. 하지만 실제 생활에서는 집단주의에 따른 서열적 정서에 더 익숙할 수 있다. 유교 윤리 등은 사회 저변에 뿌리 깊게 남아 있다. 물론 젊은 세대로 갈수록 이러한 전통적 사고나 관습이 희미해지기는 한다. 우리는 각종 진입규제, 획일적 교육과 입시, 연공급 등의 입구 통제적 체계에 익숙해 있다. 삶이란 상당 부분 주위에 순응하고 익숙해지는 시간으로 구성된다. 주위의 제도나 관행의 문제를 밝히고 개선을 추구하기보다 그것에 적응하면서 당연한 것으로 수용한다. 현실이 교과서의 자유주의, 민주주의, 헌법 정신 등과 다르더라도 삶의 현실에 적응하기 바쁘다. 자신의 욕망을 채우고 이익을 좇는 일에 더 바쁠 수도 있다. 물론 제도나 정책은 어느 한두 사람이 나선다고 해서 쉽게 바뀌지 않는 면이 있다. 많은 젊은이가 대학, 각종 학원과 학교 등에서 면허와 자격 획득을 위해 귀중한 시간을 보내고 비용을 쓴다. 하지만 국내에서만 통용되는 자격과 면허는 국제적으로는 효용이 없을 때가 많다. 입구 통제에 쓰이는 돈과 시간을 시장 성과와 사회적 공헌에 유용한 능력 개발에 써야 한다. 대학은 입시보다 졸업생 역량 향상에, 기업이나 조직은 임직원 채용 못지않게 그 성과 평가나 능력 개발에, 정부는 면허 발급에 의한 통제보다 전반적인 사회적 후생과 공익 향상에 더 신경 써야 한다.

'자유롭게 경쟁하고 공정하게 보상받는 사회'가 되는 데 가장 필요한 것은 시민 다수가 '자유와 평등'의 가치에 같이 공감하는 것이다.

쉽게 개인의 자유를 제약하거나 기회균등을 저해하는 제도나 관행에 반대하고 그 변화에 참여할 수 있어야 한다. 자유와 경쟁의 체계에서는 도전에 실패할 위험과 역동성이 공존한다. 사람들은 실패가 두려워 보다 안정적인 지위를 획득하고자 한다. 정부가 정원 등으로 면허 발급을 제한함으로써 자유로운 경쟁으로부터 면허 소지자들을 보호하기도 한다. 그러한 것들이 '자유와 평등'의 정신과 가치를 훼손할 수 있다. '자유와 평등'은 이렇듯 인위적으로 경쟁을 회피하거나 차단하는 것들을 바꾸거나 개선함으로써 실현될 수 있다. 시장경제 사회에서 패배와 불안정은 누구에게나 발생한다. 특정 영역에서 법이나 제도 등으로 그 위험을 인위적으로 제한하거나 차단하는 것은 결과적으로 '자유와 평등'의 가치를 훼손하는 것이 된다. 따라서 어떤 영역이든, 누구이든 인위적으로 경쟁에서의 패배나 불안정을 인위적으로 회피하려 하지 말고 기꺼이 그것을 수용할 수 있어야 한다. 그때 우리는 보다 자유로운 세상을 만들 수 있다. 진입규제, 교육, 연공급 등의 입구 통제체계는 근본적으로 개인의 자유와 평등을 훼손하고 있다. 투입 대비 효과라는 점에서도 효율적이지 못하다. 잘못된 제도와 정책이 소중한 자원과 개인의 시간을 소모케 하고 있다. 또한 경제적 격차, 높은 자살률, 저출산 등은 국가 공동체의 유지를 위협할 정도로 문제가 크다. 이러한 현상의 실상과 원인을 충분히 인식하고 주요 문제로 인식할 필요가 있다. 우리에게는 입구만 통제하고 일의 과정이나 성과는 모르는 체하는 경우가 너무 많다. 입구 통제 중심의 체계를 과정과 결과 중심의 체계로 전환해야 할 주요 이유이다. 정원 등에 의한 과도한 진입 통제로 독점 등의 폐해가 크다면 정원을 없애거나 면허제 자체를 폐지하는 등

과감하게 혁신하여야 한다. 면허 획득만으로 소득이 보장되던 것에서 일의 성과나 능력에 따라 소득 등이 결정되는 시스템으로 바뀌어야 한다. 반드시 화폐적 가치로 일의 성과를 측정할 필요는 없다. 성과에는 사회적 기여는 물론 조직의 경쟁력 향상에 대한 공헌 등도 포함된다. 사회적 기여나 성과를 평가하고 보상하는 시스템을 개발하는 데 보다 많은 관심이 필요하다.

입구 통제체계의 가장 큰 해악은 개인의 자유를 심히 억압하는 데 있다. 자유는 그 어떤 목적을 위한 수단이 아니라 그 자체로서 소중하다. 인간의 가장 높은 가치는 자유로운 삶에서 비롯된다. 하지만 자유는 희귀하고 여린 초목처럼 소중하게 다룰 필요가 있다. 언제든 흔들리고 쓰러질 수 있기 때문이다. 국가는 시민의 자유를 보호하고 그 침해를 방지하는 데 성실하여야 한다. 자유는 또한 경쟁을 보장하는 것에서 온다. 경쟁이 없으면 자유도 없고 공정한 보상도 어렵다. 정책 결정자들은 쉽게 시장 간섭을 하고 자유와 경쟁을 위축시키는 일에 대하여 충분히 경계하여야 한다. 그들이 인허가와 규제 등으로 쉽게 특정 영역의 입구를 통제하고 독과점을 조장하지 못하도록 감독하는 시스템이 필요하다. 물론 어떤 일에나 능력이 중요하고 자격이 요구될 수 있다. 정부는 공익을 위해 일에 필요한 자격을 정하고 면허를 발급할 수도 있다. 하지만 특정 직업이나 사업에 필요한 능력을 사전적으로 정의하고 통제하는 데 신중하여야 한다. 일은 그의 능력과 자질, 생각과 태도 등의 영향을 받는다. 필기시험은 그것들의 일부만을 겨우 측정할 수 있을 뿐이다. 현장 문제를 해결하는 능력은 어차피 일을 통해서 습득(Learning by doing)한다. 큰 비용과 긴 시간을 투입한 자격증도 실전 경험이 없으면 소용이 없다. 어떤 사업이나 일에 대한 자격을 사전적으로 규정할 때는 최소한으로 해야 한다. 사전적 통제보다 사후적 관리로 공익을 보호하는 것이 전체적으로 더 좋은 결과를 얻을 것이다. 더 많은 사람이 원하는 분야에서 더 자유롭게 경쟁할 수 있어야 한다. 창의적인 경쟁으로 새로운 산업이 번성하고 일자리가 생겨날 것이다.

최근 10년간 미국의 경제성장률은 2~3%로 한국과 유사한 수준이었다. 한국의 향후 경제성장률을 2% 전후로 예상할 때가 많다. 1인당 GDP가 미국보다 훨씬 낮은 입장에서 한국의 경제성장률 2%는 충분치 않다. 또한 한국의 계층 간 소득 격차는 유럽이나 일본보다 심하다. 한국은 더 성장해야 하고 경제적 격차도 해결하여야 한다. 이러한 상황에서 국가가 경쟁을 회피하려는 세력의 공모에 포획된다면 문제를 해결하기 어렵다.[2] 경쟁을 배제하고 제한하는 다양한 규제가 노동시장 이중구조와 소득 격차를 유발하였다. 계열 기업 간 부당 내부거래, 진입규제, 동반성장 등으로 경쟁을 차단하는 대신 경쟁의 기회를 부여하고 자유롭게 경쟁할 수 있는 환경을 제공할 필요가 있다. 소수를 위해 특정 영역의 입구를 통제하는 대신 모두에게 기회를 주는 공정한 경쟁체제를 만들어야 한다. 중소기업 일부와 노동조합 등도 입구 통제체계의 수혜자들이다. 대기업이나 공공부문의 정규직 노조는 근로자 중 20%가 안 되는 소수의 이익을 대변할 때가 많다. 진입이 통제되고 경쟁이 차단된 곳을 선호하는 것에서 경쟁이 자유로운 개방된 곳으로 나아가야 한다. 다른 이들의 희생 위에 자신의 이익을 추구하는 것은 비겁한 일이다.

국가는 무엇을 해야 하는가? 착취적 체제에 비해 포용적 체제에서 민생은 더 잘 해결되고 경제는 성장하였다. 포용적 체제에서는 누구나 자유롭게 시장에 진입해 활동할 수 있다. 새로운 기술과 사업에 투자가 일어나고 경제는 번영한다. 신분보다 자유가, 제도적 독점보다 시장 경쟁이 경제를 발전하게 한다. 시장은 각자의 이기심으로 작동한다. 다수의 지혜가 경쟁과 협력의 과정을 형성하면서 문제를 해결한다. 이러한 다중의 지혜를 거부하고 소수가 쉽게 시장 질서를 왜곡한다면 만용이다. 사업과 노동에 대한 거짓 지식에 기대어 오만하게 행동해서는 안 될 것이다. 시장의 질서와 자율을 믿고 존중할 필요가 있다. 특히 정부는 직업을 갖거나 사업에 진출할 자유를 제약하는 것에 신중해야 한다. '국회는 무능하고 비능률적'이라는 비판을 듣고 있다. 사업할 자유를 제한하는 법으로 개인의 권리를 쉽게 억압하고 경제를 망치기도 한다. 제도적 독점과 삐뚤어진 운동장 조성에 주요 기관이 개입하고 법을 만든다. 특정 집단의 이익을 위해 해당 영역 진입과 경쟁을 제한하는 법들이 너무 많다. '법'의 형식을 통해 의사, 변호사, 은행, 대학, 재벌 등의 이익을 앞장서 보호하며 공익을 훼손하는 것이다. 국회가 착취자들의 대변자가 되어 법을 만들어서는 안 될 것이다. 이익집단의 수호자가 아니라 시민 전체의 이익을 수호하는 자이어야 한다. 국회 스스로 정치의 장을 '경쟁할 자유'가 살아 있는 곳으로 만들 필요가 있다. 기득권 중심 정치에서 벗어나 참신한 신인들이 쉽게 정치에 나설 수 있도록 그 문호를 개방하여야 한다. 공직선거법을 개정하여 누구나 언제든 시민에게 자신을 알리고 국회의원 등 선출직에 입후보할 수 있어야 한다. 당 대표나 기존 정파의 눈도장 없이 시민의 지지만으로 입후보하고 당선될 수 있어야 한다. 경쟁을 기피하는 의원들이 진입규제 개혁 등 경쟁할 자유를 지원하는 입법에 나서는 것이 어색할 수 있다. 자신은 경쟁 차단의 혜택을 누리면서 다른 업역에는 경쟁을 권장하는 것이기 때문이다.

대기업과 중소기업 또는 정규직과 비정규직 간 격차, 학력을 통한 부의 대물림 등의 문제는 시장이 아니라 국가의 법령과 제도에서 온다. 제도를 통한 독점체제를 해체하고 경쟁을 복원하여야 한다. 생산자보다 소비자를 위하고 경쟁을 되살리는 일에 나설 필요가 있다. 불평등은 보이지 않는 손이 아니라 정부에 의해 유발되는 경우가 더 많다. 시장을 복원함으로써 역동적이면서도 평등한 사회를 만드는 일에 나서야 한다. 빈민 구제도 중요하지만 먼저 독과점을 규율하여 빈민 발생 자체를 억제할 필요가 있다. 공정하게 경쟁하는 시장에서 중소기업과 대기업은 동반 성장할 수 있다. 그런 시장을 만드는 것이 중요하다. 경쟁하는 시장은 저성장과 불평등의 많은 문제를 해결할 수 있다. 경쟁할 자유를 복원함으로써 기업가정신과 경쟁을 되살리는 것이다. 하이에크는 "법을 통해 자유로운 사회가 된 것이 아니라 법의 통제 때문에 자유롭지 못하게 되었다."라고 하였다.

▶ 좋은 시장

진입이 자유롭고 경쟁이 활발한 시장이 많은 국가는 번영할 것이다. 경쟁력 있는 제품과 서비스는 이러한 시장을 기반으로 공급되고 거래된다. 좋은 시장은 경쟁력 있는 제품과 서비스의 기반이다. 마치 지식 기반 시대에 인터넷망이 중요한 것과 같다. 우선 사람들이 자유롭게 진입하여 경쟁할 수 있어야 한다. 그러한 시장에서는 싸고 비싼 다양한 연필뿐만 아니라 샤프펜슬, 볼펜, 만년필 등의 필기구를 만날 수 있다. 국산뿐만 아니라 외국산도 쉽게 구매할 수 있어야 한다. 생산자 입장에서는 다양한 경쟁 제품과 자유롭게 경쟁할 기회가 주어지는 시장이다. 불가피하게 진입을 통제하더라도 통행세 등 진입에 필요한 비용은 적을수록 좋다. 시장 입구에서 깡패가 돈을 뜯거나 출입을 막아서는 안 된다. 진입 비용이 적을 때 상인은 소비자에게 좋은 물건을 싸게 제공할 수 있다. 국가는 부가가치세, 재산세, 소득세 등을 거두고 국방이나 치안, 사회보장, 공무원 급여 등에 그것을 쓴다. 시장에 이르는 도로와 주차장, 통신 시설 등에도 세금이 쓰인다. 문제는 많은 세금을 낭비하면서 다시 많은 세금을 징수할 때이다. 사업할 자유에 대한 제한은 최소화하고 세금은 필요한 곳에 적절하게 써야 한다. 상인이나 소비자는 기본적으로 자신의 이익을 위해 행동한다. 하지만 그들의 창조적 에너지와 열정으로 좋은 제품과 서비스가 만들어지고 유통된다.

시장은 홀로 존재하지 않는다. 시민과 국가가 같이 만들어 가는 것이다. 상인과 소비자가 시장의 행위자라면 국가는 시장의 조성자이다.

"시장은 잘하는데 국가가 문제"라거나 "정부는 잘하는데 기업이 문제"라고 한다. 하지만 한쪽은 잘하고 다른 쪽이 못하는 것이 아니다. 기업과 정부라는 조직은 달라도 구성원은 모두 같은 시민이며 서로 얽히고설키어 있다. 국가 없는 시장 없고 시장 없는 국가도 없다. 자본주의는 자유 민주주의가 존재하는 국가들에서 발전했다. 시장과 정부는 같이 발전하거나 같이 쇠퇴하는 관계에 있다. 그렇지만 서로 자신의 위치를 지키면서 긴장 관계를 유지할 필요가 있다. 경계가 있으며 서로 독립적이어야 한다. 시장이 혁신과 창조로 시민의 삶을 이끈다면 정부는 권력으로 거래의 안전 등 시장 질서를 유지해야 한다. 시장은 거래를 통해 상인, 생산자, 소비자 모두에게 만족과 행복을 줄 수 있다. 인간의 이기심과 자본주의적 욕망이 분출되기도 한다. 개중에는 폭력을 동원하고 권력에 기대려는 유혹에 빠질 수 있다. 거대 기업들이 시장을 장악하기도 한다. 독점적 위치에서 우월한 지배력으로 갑질을 하기도 한다. 또한 시장에는 국가권력의 불필요한 간섭, 폭력을 동반한 약탈, 불평등한 거래, 담합과 부당 행위 등이 존재할 수도 있다. 이러한 것들은 오랫동안 국가가 시장을 장악해 온 명분이기도 하다. 언제부터인가 자유주의 시장경제가 되면서 시장은 점차 독립적으로 되었다. 보이지 않는 손에 의해 시장은 자율적으로 움직이며 국가 경제를 이끌게 되었다. 시장이 어느 정도로 자율적이고 독립적이어야 하는지, 국가는 어떻게 적절한 간섭을 해야 하는지가 중요해졌다. 누가 더 좋은 시장을 만들고 유지하는지에 따라 국가의 승패가 결정되는 시대이다.

기업 역할이 중요하다. 1909년 포드자동차가 공장에서 나오자마자

팔려 나갔다. 하지만 포장도로는 드물었고 말은 여전히 주요 경쟁자였다. 당시 포드 자동차의 광고는 "우리 집 마차를 끄는 말은 포드 자동차보다 더 무겁다. 그런데 힘은 포드의 20분의 1에 불과하다. 포드만큼 빨리 달리지도, 멀리 가지도 못한다. 유지비도 더 들어서 거의 말 값만큼 된다."였다. 괴짜이자 외골수였던 헨리 포드는 자동차 기술개발에 한 게 별로 없다. 두 차례 자동차 회사를 창업했으나 독일이나 프랑스의 값비싼 자동차 설계도를 베끼는 것에 실패하였다. 세 번째 시도에서 모델 A라는 별 특징 없는 차를 내놓았으며 겨우 버틸 정도로만 팔렸다. 하지만 그는 비용 절감에서 탁월했다. 시장의 다른 차들보다 단순하면서 상대적으로 저렴한 새 차를 내놓았다. 튼튼하고 고장도 안 나는 모델 T는 미국 중서부 농민에게 매력적이었다.[3] 포드가 경쟁시장에서 거둔 승리이자 국가에 대한 기여였다. 다른 기업 P&G는 '혁신'이 기업의 흥망성쇠를 좌우한다고 믿었다. 특이한 점은 내부의 연구개발에만 의존한 것이 아니라 협업을 통해 외부의 아이디어와 기술도 채용하였다. 즉 P&G는 개방형 혁신 프로그램인 'C&D'(Connect & Develop)를 도입하였다. 다른 기관들이나 개인이 가진 능력도 최대한 활용해 소비자에게 유용한 제품을 개발하였다. 급변하는 시장에서 내부적인 연구개발(R&D)의 한계는 컸다. P&G는 2000년 외부와 개방적인 협업으로 신제품을 개발하기 시작하였다. 기존의 신제품 개발이 내부 중심의 폐쇄적인 것이었다면 'C&D'는 외부의 기업이나 개인, 대학 연구소 등과 협력하여 아이디어를 모으고 신제품을 개발하는 식이었다. 기업은 당장 시장에 좋은 제품을 제공해야 하지만 미래를 위한 실력도 길러야 한다. 투자와 시행착오, 경험과 연구 등을 통해 학습하고 역량을 개발해야 하는 것이다. '시장 경쟁은 현재보다 더 나은 방법을 발견하려는 미지 세계로의 탐험'이다. 그 과정에서 나오는 창조적 파괴와 혁신이 오늘의 문명과 풍요를 선사하였다. 이윤을 위해 독점을 추구하기도 하지만 창조와 혁신으로 독보적인 제품을 만드는 것은 경쟁하는 시장이다. 부당한 경쟁 회피나 제도적 독점에 의한 소득은 정의롭지 못하다. 성실하게 경쟁한 자들의 성과만이 공정한 분배의 기반이 될 수가 있다.

국가가 감당할 주요 역할의 하나는 시장 인프라를 잘 갖추는 일이다. 전기, 상하수도, 도로, 교량, 공항과 항구, 정보통신 인프라 등이 그것이다. 필요한 곳에 충분히 화폐가 공급되도록 금융 인프라를 갖추는 것도 중요하다. 레닌은 '사회를 파괴하는 가장 효과적인 방법은 화폐를 파괴하는 것'이라고 하였다. 시장을 사라지게 하고 국가가 경제를 통제하려고 하였다. 아파트 투기가 아니라 기술을 개발하고 공장을 돌리는 곳에 돈이 돌아야 한다. 생업에 필요한 돈도 충분히 공급될 필요가 있다. 불법 사금융 이용자가 많은 것은 금융시장의 경쟁이 충분치 못하기 때문이다. 누구나 쉽게 은행 등 금융업에 진입하여 자유롭게 경쟁할 필요가 있다. 현재 시장에서는 은행 간 이자율 차이나 특색 있는 서비스를 발견하기 어렵다. 감독기관 출신이 피감독기관 임원으로 근무하는 등 감독할 자와 받을 자가 끈끈하게 얽혀 있다. 소비자를 위해 창조적으로 경쟁하기보다 손쉬운 돈놀이로 지대를 가져간다. 한국경제의 추가적인 도약을 위해 이들의 혁신이 필요하다. 또한 시장과 공장에는 돈과 더불어 사람이 필요하다. 공장이나 각종 산업 현장에 사람이 부족하다. 고학력자는 많은데 일할 사람은 부족하고, 실업자는 많은데 일자리는 부족하다. 정부는 대학 지원에 앞서 제대로 된 인적자원을 육성하는 데 먼저 힘을 기울여야 한다. 연공급, 진입규제 등에 따른 불공정한 임금 격차를 손보는 것이 중요하다. 학력에 앞서 노동을 귀한 가치로 존중하고 충분히 보상할 수 있어야 한다. 학벌보다 가치를 생산해 내는 곳에 더 많은 보상이 주어져야 한다.

시장 조성자로서 국가의 기본적 역할은 거래 질서를 세우고 유지하는 일이다. 정부는 시장의 플레이어가 아니라 질서 유지자이다. 필요한 법과 규칙을 만들고 집행하는 심판자 역할에 충실하여야 한다. 부의 세습을 용인하고 조장하면 부의 격차가 확대되고 고착될 수 있다. 거대 기업들의 부당한 독점과 각종 진입규제를 바로잡아 좋은 운동장을 많이 만들어야 한다. 잔디 깔린 평평한 운동장에서 기업과 시민은 신나게 경기할 수 있다. 부의 세습을 줄이고 누구에게나 같은 잣대의 규칙을 적용하여야 한다. 법치와 더불어 교육 환경 등의 쇄신이 필요하다. 시장 참여자들은 폭력과 사기, 기만과 불법 없는 시장에서 안전한 거래를 할 수가 있다. 폭력이나 권력에 의한 약탈이 사라지면 시장에는 고객 중심의 경쟁 질서가 정착될 것이다.

무엇보다 중요한 것은 공정하게 경쟁하는 시장이다. 시장에서는 가난한 사람도 타인의 도움 없이 부자가 될 수 있다. 경쟁의 매력이고 힘이다. 경쟁 시스템은 부자가 되려는 시도를 금하지 않는 유일한 운동장이자 장치이다.[4] 경쟁의 규칙을 어떻게 정립하고 유지할 것인가에 신경을 써야 한다. 단기적으로 고용, 물가, 수출 등이 경제에 중요하다. 하지만 근본적으로 시민과 국가에 정말 중요한 것은 모든 이에게 기회가 주어지고 공정하게 경쟁하는 시스템이다. 성장과 고용, 분배와 국가경쟁력 등의 문제들이 여기에 달려 있다. 자유로운 인간, 평등한 시민, 공정한 사회를 위한 근간이다. 19세기 후반 미국에는 세계 최대의 석유, 금융, 철강, 화학, 기계 등의 거대 기업들이 등장했다. 스탠더드 오일 컴퍼니, U.S.스틸, 뒤퐁, 이스트먼 코닥 등이다. 이들은 합병과 불공정행위 등으로 점차 해당 분야를 독점하였다. 가격 담합, 신규 사업자의 진입 봉쇄, 노동 착취 등이 빈발하였다. 트러스트가 확산하였고 빈부 격차가 심화하였다. 농민과 근로자 등은 조직적으로 저항하였고 의회를 움직였다. 1890년에는 반트러스트법인 셔먼법이 제정되어 독점 규제가 시작되었다. 1914년에는 또 하나의 반트러스트법인 클레이튼법이 통과되었다. 연방거래위원회(Fedral Trade Commission)가 창설되었으며 독과점과 불공정행위를 더 강력하게 규제하고 처벌할 수 있게 되었다. 그렇다고 해서 독과점과 경쟁의 문제가 모두 해결되었던 것은 아니다. 미국에서는 19세기 철도업계의 횡포로부터 대중을 보호하기 위해 주간통상위원회(Interstate Commerce Commission)라는 정부 기관이 만들어졌다. 그러나 트럭 등의 수송 수단이 등장하면서 경쟁 보호가 아니라 철도산업을 보호하는 기관이 되었다. 미국 철도산업이 이같이 보호되지 않았다면 철도는 고도로 경쟁력 있는 산업이 되었을 것이라고 한다.[5]

시장경제는 경쟁의 체제이지만 실제 시장에서는 담합과 독점 등이 일상적이다. 개인보다 거대 조직이 시장을 지배할 때가 많다. 독과점 기업들이 국내외 시장을 장악하고 갑질을 하며 시장 질서를 무너뜨리기도 한다. 생산자가 압도적 위치에서 소비자를 대하고 시장 참여자 간 불평등한 갑-을 관계가 형성되기도 한다. 독과점 대기업은 기득권과 관료적 성향으로 혁신이 어렵다. 고객의 이익에 관심이 없고 현상 유지를 원하기도 한다. 소비자를 위한 혁신보다 담합이나 갑질에 나서고 정책 결정기관에 영향력을 행사하려고 한다. 혁신과 경쟁을 반대하는 세력은 이들만이 아니다. 양말 짜는 기계, 탈곡기, 증기선 등이 나타날 때마다 러다이트 운동(기계 파괴)이 성행했다. 새로운 기술이 일자리를 가져갈까 두려운 것이다. 새 기술은 소비자에게는 이익이지만 기업과 종사자들에게는 불안한 것일 수 있다. 이때 국가가 필요한 일을 하여야 한다. 기술혁신을 수용하면서도 사업자와 근로자가 불안에서 벗어나도록 돕는 일이다. 그들이 새로운 기술에 적응하고 새로운 산업과 영역에서 일할 수 있도록 충분히 지원하여야 한다. 기업들이 기술을 개발하고 충분히 경쟁하는 환경을 만드는 것이 중요하다. 동시에 새 기술 등장과 더불어 기업의 사업 전환 지원, 실업 급여 지급, 전직 훈련과 취업 알선 등의 정책을 펴야 한다. 기술과 시장 변화에 대한 사람들의 두려움을 해소하고 일자리의 변화를 이끌어야 하는 것이다.

　공정거래법을 '경쟁 보호법'이라고 한다. 공정한 경쟁을 조장하고 보호하는 법이다. 약자를 보호하는 것이 아니라 약자가 강자와 대등하게 경쟁할 수 있도록 여건을 만들고 경쟁을 보호하는 역할이다. '고기를 잡아 주기보다 고기 잡는 법을 가르치는' 것과 상통한다. 시장의 강자와 약자는 영원하지 않다. 강자가 쇠퇴하여 사라지기도 하고 약자가 강자가 되기도 한다. 약자가 기술개발과 혁신으로 새로운 강자가 되는 역동성이야말로 경쟁하는 시장의 큰 매력이다. 그런데 우리는 매출액이나 종업원 수 등으로 기업을 대·중소기업 등으로 나누어 대기업은 규제하고 중소기업은 지원하는 정책을 써 왔다. 적합업종, 동반성장, 중소기업에 대한 각종 지원 정책 등이 그것이다. '공정한 경쟁'의 관점에서 재벌의 독과점이나 불공정행위들을 제대로 규율했다면 정책의 왜곡 없이 문제를 해결할 수 있었을 것이다. 재벌 지배주주가 자기 자본만큼 기업을 지배하게 하거나 불공정행위를 차단하고 규율하여야 했었다. 정부는 정도를 외면하는 대신 중소기업 지원 정책을 택했다. 재벌의 불공정성 문제를 기업규모의 문제로 풀려고 한 것이다. 다수의 제도와 정책은 왜곡되어 있고 저성장과 격차는 지속되고 있다. 한국은 기업을 규모로 나누어 차별하고 서로 대립하게 하는 거의 유일한 나라이다. 기업은 규모에 무관하게 시장에서 우월한 지위를 남용하거나 불공정한 행위를 할 가능성이 있다. 부당한 가격을 요구하거나 갑질할 수 있는 것이다. 국가는 시장 약자가 불공정행위로 피해를 보지 않도록 보다 공정한 경쟁 시장 확립에 노력하여야 한다. 소상공인 등 영세사업자가 관련 소송 등에서 조력을 받도록 변호사 서비스를 지원하는 등의 정책을 펼 필요가 있다.

적합업종 제도가 있다. 김치, LED 조명, 중고 자동차 매매업, 자동차 전문 수리업 등이 해당 업종들이다. 중소기업 규모를 넘는 중견기업, 대기업은 이러한 사업을 할 수 없다. 그 결과 김치는 급식시장의 80%

이상을 중국산이, 조명산업에서는 필립스, 오스람 등이 국내시장을 점령하게 되었다. 반면 제도의 혜택을 누리는 중소기업은 전체 중소기업의 극히 일부에 불과하다. 제도를 유지하더라도 그 내용을 크게 혁신할 필요가 있다. 예컨대 중소기업이 해당 시장의 일정 비율 이상을 점유토록 하면서 대기업의 시장진입도 허용하는 방안이다. 경쟁력 있는 중소기업을 보호하면서 기술 경쟁 등도 활성화하는 것이다. 외국에는 한국같이 대기업의 특정 업종 진입을 완전히 막는 경우는 거의 없다. 그 부작용 때문이다. 재벌 등의 부당 내부거래도 엄격하게 규제하여 해당 거래를 외부에 개방하도록 하여야 한다. 산업 정책의 혁신은 경쟁이 작동하는 영역을 확대하는 방향에서 시작되어야 할 것이다. 규모 기준 정책에서 '공정하게 경쟁하는 시장'을 만드는 정책으로 전환할 필요가 있다. 다수 중소기업이 중견기업이 되고 재벌과 영세 기업 중심의 구조가 중견, 대기업 중심의 구조로 바뀔 수 있을 것이다. 주요국에서는 기업 종사자의 40~60%가 250인 이상 규모에서 일한다. 하지만 한국의 동 비율은 13% 수준에 머물고 있다. 공공부문이나 대기업의 문은 좁고 다수 청년은 실업 상태에 있다. 자영업 비중은 높으며 경제성장 여력은 크지 않다. 삶의 불안정이 여기에서 비롯된다. 연공급 등의 입구 통제적 체계를 성과와 기여 중심의 체계로, 규모 기준 정책을 공정한 경쟁 환경 조성 정책으로 전환하여야 한다.

  국가는 교통, 전기, 우편, 방송, 교육, 의료, 환경 이외의 분야에서도 공익을 이유로 서비스를 직접 생산하거나 통제하는 경우가 많다. 그러나 국가가 경제에 직접 간여할수록 서비스 질은 낮아지고 소비자는 제대로 된 서비스를 받지 못하게 되는 경향이 있다. 또한 자유로운 경제의 영역은 그만큼 축소되고 전체주의적 통제는 증가할 것이다. 불가피하게 정부가 직접 어떤 서비스를 공급한다고 해도 가능한 한 경쟁체제를 유지하는 것이 좋다. 민간이 공급 가능한 서비스에 정부가 직접 나서는 것은 자제되어야 한다. 기업과 공공기관이 같은 시장에서 경쟁한다면 민간기업은 위축되거나 공공기관에 종속되기 쉽다. 어떤 경우이든 시장 참여자들이 대등한 위치에서 경쟁할 수 있도록 환경을 만들 필요가 있다.

정부는 시장 경쟁에서 뒤지거나 궁핍에 빠진 자들을 응원하고 보호할 의무가 있다. 그러나 그것은 시장 바깥에서 할 일이며 시장 자율성을 해쳐서는 안 될 것이다. 스웨덴은 출산, 보육, 교육, 의료, 양로 등의 필수 서비스를 국가가 무상으로 제공한다. 유럽의 의료 서비스는 대부분 정부가 직접 담당한다. 개인-경쟁-소유에 기반하는 시장경제가 담당하지 못하는 문제들을 해결하려는 것이다. 하지만 정부 등이 직접 서비스를 제공할 때 비효율의 문제는 크다. 국가 예산을 쓰는 공공기관은 민간 사업자만큼 비용을 절약하기 힘들다. 한편 미국의 주택금융, 연금 저축 분야 금융 사업자들의 지대추구가 논란이 된 적이 있었다. 공공의 이익을 희생하면서 자신들의 이익을 추구한 것이었다. 주택을 구매하는 저소득층에게 실질적 혜택이 주어져야 했다. 주택금융 사업자에게 독점적 사업을 주는 것보다 주택 구매자들에게 직접 자금을 지원하는 방식이 나았을 것이다. 시장경제는 자유와 경쟁에 기반을 두지만 경제적 약자를 외면해서는 안 된다. 자본주의와 따뜻한 공동체는 양립할 수 있다. 시장에서는 경쟁이, 사회에는 따듯함에 기반한 공동체가 뿌리내리게 하여야 한다. 시장은 경쟁 원리에 충실하고 공공부문은 공익에 충실하다면 가능한 일이다. 둘이 섞이는 것이 아니라 각 부분이 각자 사익과 공익을 좇으면서 조화를 이루어야 한다.

2. 진입규제 개혁

　2010년대 후반 미국 정부는 각종 규제를 '일자리를 죽이는 원흉'으로 보고 강력한 규제 완화를 추진하였다. 대통령 트럼프는 규제 1개를 만들 때 2개를 없애는 원 인, 투 아웃(one in, two out) 행정명령에 서명하였다. 이에 따라 GM 등 미국 기업은 물론 삼성전자, 알리바바, 소프트뱅크 등이 투자를 결정했다. 미국 일자리는 5년간 26만 개가 창출되었다. 새로 창출된 일자리는 미국 제조업 신규 고용의 절반을 차지할 정도였다. 한국은 2005년 이후 저비용 항공사의 항공시장 진입을 새로이 허용하였다. 국내외 항공편은 다양해졌고 소비자들의 선택권은 확대되었다. 시장이 성장하면서 관련 인력의 채용도 늘었다. 규제 완화는 소비자와 시장 모두에 긍정적인 영향을 미쳤다. 하지만 한국의 금융업, 플랫폼 산업, 여객 및 화물 운송업, 의료업, 법률 서비스업, 숙박 공유업 등 다수 서비스업에는 아직 진입규제가 견고하다. 신인 정치인들의 정치 진입을 막는 규제의 문제도 크다. 또한 면허의 사업 범위, 즉 직역에 관해 변호사 업계는 변리사·법무사·세무사·회계사·공인노무사, 공인중개사 등과 갈등하거나 분쟁 중이다. 의사협회는 간호사 등과 보건의료 분야 직역을 놓고 다툰다. 면허 등과 관련된 문제는 예외 없이 공익보다 자신들의 업역 보호나 이익 추구와 관련된 경우가 많다. 시장을 지배하면서 자신들의 이익을 확보하고 그것을 보장받으려는 것이다. 소비자 이익을 희생하고 자신들의 이익을 취하려고 한다. 정부와 국회가 소임을 잊고 이러한 일에 동원된다는 사실이 더 큰 문제이다.

　발상의 전환이 필요하다. 정말 공익을 위한 경우를 제외한 모든 진입규제를 없애거나 최소화할 수 있어야 한다. 요즈음 특히나 개인 소유를 제외한 지식과 정보 대부분은 인터넷 탐색이 가능하다. 새로운 지식이 출현하는 속도는 눈부시다. 이러한 세상에 필기시험의 유용성은 많이 저하되었다. 문제를 해결하는 능력 대부분은 시험점수가 아닌 실제의 경험에서 온다. 시험점수만으로 면허를 부여하는 것은 너무 자의적이고 편의적인 행위이다. 또한 시장에는 과거에 비해 많은 자본이 축적되어 있다. 수익성이 있거나 전망이 밝은 사업은 다수로부터 자본을 투자받기도 쉽다. 어떤 일에 필요한 자격과 자본을 사전적으로 규정하고 진입을 통제하는 것의 효용은 낮아졌다. 국가는 여러 영역에서 이것은 안 되고, 저것은 제한된 소수에게만 허용하는 등의 제도를 운영하고 있다. 진입규제의 공식적인 이유는 대부분 어떤 위험을 미리 예방하자는 데 있다. 안전사고나 서비스 품질 불량 등의 발생을 사전에 방지한다는 것이다. 그러나 이러한 사전적 규제 대부분은 효과가 없거나 비효율적이다.

　은행 산업이나 법률 서비스 등의 진입장벽을 완화하면 어떤 위험이 증가할까? 금융 효율성이 저하되고 재판 공정성이 훼손되는 결과로 나타날 것인가? 그보다는 경쟁을 통해 서비스 품질이 향상되거나 가격 인하로 소비자 후생이 증가할 가능성이 크다. 업계 내 담합과 부패 등의 문제도 크게 개선될 것이다. 단지 그것을 규제하는 정부나 관련 기관의 간섭을 줄이면 된다. 특히 정원 등을 통해 배출 인원을 제한하는 규제를 과감히 풀어야 한다. 이익단체와 정부가 합격 정원을 운영하는 것은 그들의 이익을 위한 것일 때가 많다. 시장에 서비스 공급이 부족하고 공급자 간 경쟁 부족으로 소비자는 손해를 본다. 이때 서비스 공급에 대한 제한을 풀면 대부분 문제는 해결된다. 예컨대 낮은 소득의 시민은 억울한 일을 당해도 충분히 변호사 서비스를 활용할 수 없다. 이때 변호사를 증원하면 대부분 문제는 해결될 수 있다. 최소한의 역량을 갖추었다면 누구나 시장에서 해당 서비스를 공급할 수 있어야 한다. 제도의 혁신이 필요하다. 시민의 사업할 자유 등을 쉽게 제한하는 것은 국권을 남용하는 행위이다. 물론 인간의 생명을 직접 다루는 의사 등의 경우 합당한 자격 면허가 필요할 것이다. 그 경우에도 면허 발급은 서비스 공급이 부족하지 않을 정도로 충분하여야 한다. 특수한 경우를 제외하고 면허 등 사전적 허가제도를 폐지하는 획기적인 조치가 필요하다. 위생, 안전, 품질, 환경 등에서 문제가 발생하면 사후적인 벌금, 처벌, 폐업 등의 조치로서 엄격하게 관리하면 된다. 예컨대 '생산물 책임법'은 소비자 피해 등을 손해배상 등의 방법으로 신속하게 구제할 것을 규정하고 있다. 기업은 제품 안전사고 등이 발생하지 않도록 사전 예방에 노력할 것이다. 이러한 사후적 관리 방식은 사전적인 면허 등의 방식에 비해 훨씬 좋은 결과가 기대된다. 자유와 평등이 복원되고 자원의 효율적 활용은 증가할 것이기 때문이다.

어떤 공부를 하고 무엇을 경험한 자에게 변호사 자격을 부여할 것인가? 영국에는 법정 변호사(Barrister)와 사무 변호사(Solicitor)가 있다. 법정 변호사는 주로 변론을 담당하면서 재판에 참여한다. 사무 변호사는 고객과 상담하고 재판을 지원하지만 최근 변론도 담당한다. 사무 변호사들은 같이 공동 사무실을 내며 우리의 법무사 역할도 겸한다. 법정 변호사는 3년제 대학을 졸업하고 변호사 단체 주관 시험에 합격해야 한다. 그 후 1년의 수습을 거쳐 시험을 본 후 다시 1년 수습 후 자격을 취득한다. 사무 변호사 역시 3년 과정의 법과대학 졸업 후 1년 수습을 하고 시험에 합격하여야 한다. 추가로 2년간 수습하면 최종 자격을 얻는다. 한국 변호사들은 고교 졸업 후 대학 4년, 대학원 입학 준비, 대학원 3년 등 최소 8~10년 공부해야 변호사 시험을 볼 수 있다. 영국 변호사가 고교 졸업 후 3년의 대학 공부와 2~3년의 실습을 하는 것에 비해 학교 공부 기간이 길다. 독일은 법과대학에서 7학기 이상 공부하면 변호사 시험을 본다. 법과대학엔 선착순으로 입학할 정도이다. 경쟁이 심하지 않다. 변호사가 되어도 수입 등이 일반 대졸자, 고졸자들과 큰 차이가 없다. 1차 변호사 시험 불합격률은 평균 30%를 밑돈다. 2년 반 수습하고 2차 변호사 시험을 치면 변호사 자격을 얻는다. 2차 시험 탈락률은 15% 정도이다. 독일 변호사가 되는 데 필요한 공부와 실습 기간은 영국과 유사하다. 이들은 대학 교육과 2~3년 정도의 실습으로 변호사가 된다. 한국 변호사는 훨씬 긴 시간과 많은 돈을 들여 자격을 얻는다. 실습보다 필기시험이 자격 획득의 절대적 기준이 되는 것도 특이한 점이다.

독일의 연간 변호사 자격 취득 인원은 약 8,000명 정도이다. 2023년 한국의 로스쿨 정원은 2,000명이며 변호사 시험 합격자는 1,725명이었다. 독일 인구는 8,330만 명으로 한국 인구의 약 1.6배이다. 2020년 기준 인구 1만 명당 변호사 수는 한국 5.4명, 미국 41.3명, 영국 32.3명, 독일 20.1명, 프랑스 13.4명, 일본 4.7명이었다. 일본을 제외하면 한국 변호사 수는 상대적으로 매우 적다. 그렇지만 한국 변호사회는 한국의 변호사 배출 인원이 너무 많다고 한다. "이러다 밥 굶는 변호사가 나올 판"이라고 한다. 변호사업과 음식업을 평면적으로 비교하기는 어렵다. 하지만 양 부문 간 평균적인 소득이나 사회적 지위 등의 격차는 과도하다. 사회적 기여가 아니라 진입의 어려움에 따른 결과일 뿐이다. 물론 음식업에 변호사 시험 같은 규제를 도입할 필요는 없다. 변호사업의 문호를 대폭 확대하여야 할 것이다. 변호사 수수료를 낮추고 질 높은 서비스를 공급하게 하기 위해서이다. 정부는 지금까지 의료, 대학, 금융, 법률 서비스 등을 내수의 영역으로만 보고 문제를 다루었다. 경쟁을 통제하고 해당 부문에 예산을 지원하는 등의 정책을 펼쳤다. 그 결과 해당 영역 서비스는 비싸고 질적 수준은 낮으며 사회적 기여는 불충분했다. 이 영역들은 대부분 지식산업이며 전략 산업에 해당한다. 제조업 등의 산업경쟁력을 지원하거나 강화하면서 경제 전반의 수준을 높이는 분야들이다. 이들의 발전은 다양한 관련 산업의 확대로 연결되며 질 좋은 고용을 창출할 수 있다. 주요 제조업 못지않은 국제적 경쟁력을 지니도록 진입규제를 풀고 경쟁을 확대하여야 한다.

프랜차이즈업계의 한 전문가는 "너무 쉽게 식당을 한다. 경쟁은 치열한데 준비 없이 시작하는 경우가 많다. 실패가 많은 이유이다. 적절한 진입장벽이 필요하다."라고 했다. 말하자면 부문 간 진입규제의 형평성에 문제가 있다. 몇 년 동안 시간과 돈을 들여 자격을 획득해야 하는가 하면 자격 제한이 전혀 없는 분야도 많다. 진입 통제로 소수가 독과점적 지대를 얻는가 하면 진입이 자유로운 분야에서의 생존 경쟁은 치열하다. 어떤 부문이 우선적 혁신과 변화의 대상이 되어야 하는가? 소비자 불편이 크고 만족도가 떨어지는 분야를 우선 생각할 수 있다. 수요에 비해 공급이 부족한 영역이 우선적 대상이다. 각 면허가 소비자 후생에 미치는 영향과 성과를 조사하고 평가할 필요가 있다. 지금까지 정부는 이러한 조사와 평가에 소극적이었다. 자신의 치부가 드러날 것이기 때문이다. 국회 또는 정부 전체 차원에서 해당 조사를 강제하고 그 결과의 진실성을 점검할 필요가 있다. 면허별로 면허의 정당성, 소비자 만족도, 산업경쟁력, 고용 효과 등을 조사하고 평가해야 한다. 사업자 수 부족이 문제라면 해당 면허 발급을 대폭 확대하여야 한다. 정부는 신기술과 새로운 서비스 출현에 대해 사업자보다 소비자 효과를 우선 고려하는 원칙을 세울 필요가 있다. 현재의 제도가 신기술의 시장진입을 막고 있다면 그 법령의 개폐 등 적극적인 조치가 필요하다. 동시에 기존 사업 종사자들이 새로운 기술과 환경에 적응하도록 지원하는 등의 정책을 펼쳐야 한다.

면허 획득에 큰 비용이 소요되는 경우도 혁신이 필요한 주요 대상이다. 부의 수준에 따라 특정 직업의 진입 기회에 차별이 발생하기 때문이다. 해당 진입규제가 불가피하더라도 면허 획득 비용을 최소화하는 방안 등을 찾아야 한다. 사업자의 이익을 위해 정원 등으로 그 면허 수를 제한하는 제도는 철폐되어야 할 것이다. 자격 획득에 필요한 시험 과목 수의 최소화, 시험난이도의 완화 등도 필요하다. 한국의 각종 면허는 과도하게 필기시험 점수에 의존한다. 면허 획득자의 실무 역량은 턱없이 부족한 경우가 많다. 시험과 더불어 실습 등 실무경험을 요구하는 외국 면허제도를 참고할 필요가 있다. 필기시험 난이도는 완화하는 대신 실습 등을 주요 요건으로 고려할 필요가 있다. 면허에 필요한 실질적 역량을 배양하면서 시험을 위한 비용은 낮추는 것이다. 시험점수는 공정한 경쟁의 결과라는 믿음이 있다. 하지만 그것은 일면만을 생각한 결과이다. 공부할 시간이나 재력이 없는 사람은 아예 시험을 준비할 수 없다. 외국의 경우 실습이나 경력을 자격 인정의 주요 요소로 삼아도 공정성 시비는 없다. 시험점수 기준의 자격제도는 또한 정책 결정자들의 편의주의 때문이기도 하다. 점수로 당락을 가르는 제도가 최선인 것처럼 현실을 호도해 왔다. 시험은 사람 능력의 극히 일부를 측정하는 것이며 공정한 것처럼 보일 뿐이다. 형식적 공정성을 이유로 실질적 공정성은 크게 훼손해 왔다. 자격 면허 부여는 실질적 역량을 기준으로 하여야 하며 필기시험은 최소화할 필요가 있다. 다양한 입구 통제 산업만 번창하게 할 뿐 자원 낭비를 초래할 가능성이 크다. 어려운 필기 시험은 산업 현장에 투입될 자원을 과도하게 시험 산업에 투입되게 한다. 국가의 자원배분은 왜곡되고 경제성장 여력은 갈수록 저하될 것이다. 면허를 빌려서 사업하거나 사업 자격을 갖추는 경우들이 있다. 건설 분야 면허는 물론 의사, 약사, 세무사 등의 자격증들이 이에 해당한다. 면허 소지자는 대가를 받고 면허를 빌려주고 그것을 빌린 사업자가 사업을 한다. 그래도 서비스 수준에 별 차이가 없고 다른 문제가 없다면 해당 면허의 필요성이나 정당성은 상실된다.

진입을 규제하는 방식에는 등록, 인증, 허가 등이 있다. 등록은 정부 기관 등에 사업자가 그 업역 사업을 한다는 것을 알리고 표출하는 것이다. 예컨대 모든 사업자는 자신의 정보를 세무관서에 수록함으로써 사업자등록을 한다. 이러한 등록은 엄밀한 의미에서 진입규제가 아니다. 해당 영역 진입을 제한하는 것이 아니기 때문이다. 인증이란 사람이나 사물의 속성, 품질, 자격 등을 특정 기관이 심사하여 승인하고 서면 등에 기재한 것이다. 인증서, 자격증 등이 그것이다. 인증은 그 자체로 어떤 영역 진입을 제한하는 것이 아니라 어떤 능력이나 상태를 공식적으로 인정하는 것이다. 석사, 박사 학위는 대학원에서 해당 과정을 이수하고 졸업한 것에 대한 인증이다. 어떤 직업의 자격으로 학위를 요구하지 않는 한 면허가 아닌 인증서일 뿐이다. 인증 또는 자격증이 단순히 어떤 상태를 증명하는 것이라면 면허는 특정 직업이나 사업 진입을 직접 규제하는 것이다. '자격증'이 그 분야의 전문가적 능력을 공인하는 것이라면 면허증은 그 일을 해도 된다는 허가서이다. 물론 의사, 미용사, 건설기계 운전, 공인중개사 등은 자격증이 있어야 해당 업에 종사할 면허가 나온다. 하지만 자격은 단순히 능력을 인증하는 것이고 면허는 업에 진입하는 것을 규제한다는 점에서 본질적으로 다르다. 진입규제와 관련하여 주로 문제가 되는 것은 면허제도이다.

등록 또는 자격제도를 활용하여 진입규제의 문제를 개선할 수 있다. 사업자등록 제도를 통해 세금 등을 부과하고 통계, 사업자 지원 등에 활용할 수 있을 것이다. 등록과 자격 인증 사항은 소비자나 정부 기관에 인터넷 등으로 공유될 수 있다. 면허제를 폐기하고 면허가 필요 없는 제도로 바꿀 때 긍정적 변화가 예상된다. 단 자격제는 유지하는 것으로 한다. 국가의 허가나 자격증 없이도 누구나 해당 업에 자유롭게 종사하고 사업할 수 있게 된다. 선택은 소비자가 한다. 소비자는 자격증 없는 사업자라도 선택하여 서비스를 구매할 수 있다. 단 안전이나 품질 등의 소비자 손해가 발생할 때 사업자는 법에 따라 사후에 처벌받을 수가 있다. 어떤 일이 벌어질 것인가? 자격증은 없는데 그 일을 하고 싶거나 잘할 수 있다고 여기는 사람들이 그 업에 진출할 수가 있다. 수요에 비해 공급이 제한되었던 영역에서는 경쟁이 증가하고 서비스 가격은 내려갈 것이다. 소수 사업자가 가져갔던 지대는 사라질 것이다. 경쟁 증가로 새로운 기술과 노하우가 개발되고 서비스 품질은 향상될 것이다. 서비스 수요는 증가하고 해당 시장은 확대될 가능성이 크다. 사업의 자유와 경쟁은 확대되고 담합과 부패는 감소할 것이다. 안전이나 품질 등에 문제가 생길 가능성은 크지 않다.

변호사, 변리사·법무사·행정사, 세무사·노무사·공인회계사·의사·간호사 등은 직역을 놓고 갈등하거나 대립하고 있다. 면허가 허용하는 업의 범위에서 각기 자기들의 영역을 최대한 확보하려는 것이다. 이러한 문제는 시민 후생은 증가하고 해당 영역은 발전하는 방향으로 해결되어야 한다. 특정 업을 특정 면허 소지자가 배타적으로 독점하는 경우는 최소화되어야 할 것이다. 변호사의 경우 법정 변론 서비스를 독점하면서도 변호사, 변리사·법무사·행정사 등의 직역을 변호사로 통합하고 그 영역을 전부 담당할 것을 주장한다. 그들의 독점 영역은 확대되고 다른 직역이 갖는 전문성은 사라지게 되는 결과이다. 그렇게 되면 수입이 적은 영역의 법률서비스 공급은 감소할 것이다. 다른 직역 종사자는 일자리를 잃고 소비자 후생은 감소할 가능성이 크다. 공익을 생각한다면 유사한 서비스 간 경쟁을 확대하고 소비자 편익을 높이는 방향의 정책이 필요하다. 각 면허 소지자는 자신들의 전문적 역량, 서비스 역량을 향상하여 스스로 그 서비스 영역을 확대할 수 있어야 한다. 유사 직역 사업자들과 가격과 서비스 등에서 더 좋은 서비스 제공 경쟁을 하는 것이다. 직역별로 경계를 분명히 하여 독점 권리를 주고 경쟁을 회피토록 하는 것은 좋은 방법이 아니다. 경계를 없애고 넓은 영역에서 서로 다른 자격 소지자 간에 자유롭게 경쟁하는 구조가 더 좋다.

FDA 규제는 "유해한 약품 판매를 방지한 효과보다 효험 있는 약품의 생산과 판매를 지연한 해가 더 크다."라는 지적이 있다. 규제기관들은 안전 등을 과도하게 강조함으로써 창조와 혁신의 효과가 큰 모험이나 도전을 용납하지 않는다는 것이다. 인류 문명은 고도로 발달하였다. 하지만 현재 인류의 지식으로 모든 발생 가능한 사고와 위험을 방지하는 것은 불가능하다. 아는 것보다 모르는 것이 훨씬 더 많다. 안전을 이유로 한 규제가 근거 없는 것으로 판명된 무수한 사례가 있다. 1977년 FDA는 식품과 화장품 등에 사카린 사용을 금지할 것을 발표하였다. 설탕 생산자들의 압력 때문이었다. 하지만 비만이나 당뇨병으로 고생하는 소비자 불만은 폭증하였고 규제 폐지 요구 소송이 제기되었다. 조사 결과 사카린 사용에 따른 부작용은 발견되지 않았다. 미국 정부는 2001년 사카린 사용을 다시 허용하였다. 규제의 과도함과 불필요성을 보여 주는 좋은 사례이다.

면허제의 또 다른 주요 문제는 면허 발급 후의 관리가 제대로 안 되고 있다는 점이다. 면허에는 권리와 동시에 의무도 부여된다. 일할 능력에 문제가 생기거나 의무를 다하지 못할 때가 있다. 벌과금, 재교육, 면허 정지나 취소 등을 통해 면허 소지자가 능력과 자격을 유지하고 의무를 다하도록 충분히 관리하여야 한다. 2019년 시행된 도로교통법에 따르면 75세 이상 고령 운전자는 3년마다 면허를 갱신하여야 한다. 그때마다 치매 검사를 하고 고령 운전자 안전교육을 받는다. 면허자 보호와 교통사고 예방 등 공익적 목적을 위한 것이다. 이에 따른다면 다른 면허들도 더 엄격하게 관리될 필요가 있다. 특히 불법적인 면허 대여나 오남용, 관련 비리나 범죄에 대해서 면허 취소 등의 강한 제재로 다스려야 한다. 면허 소유자의 무능력, 비리와 범죄 등을 추적하고 관리하는 시스템이 필요하다. 특히 부적격자의 면허 유지는 새로운 후보자의 해당 영역 진입 기회를 차단하는 것일 수가 있다. 한번 받은 면허로 평생 권리와 혜택만을 누리는 것은 정당하지 않다. 범죄를 저지르고 소비자와 공공의 이익을 크게 훼손해도 처벌받지 않는 것이 문제이다. 운송 영역의 지입제 현상도 혁신되어야 한다. 해당 운송회사의 면허를 취소하고 지입 차주 개개인에게 직접 면허를 부여할 필요가 있다. 토지개혁 때 지주의 토지를 소작인에게 나누어 주듯 하는 것이다. 새로운 기술과 지식의 시대에 면허 소지자가 전문성이나 능력을 유지하는지 주기적으로 점검할 필요가 있다. 특정 면허가 해당 영역의 서비스 제공을 독점한다면 소비자 후생은 충분한지, 담합 등으로 기술 발전과 혁신을 저해하지 않는지 등에 대해 수시로 평가하고 조치를 하여야 한다. 무엇보다 국가는 개인이나 단체의 특정 영역 독점과 경쟁제한을 용인하지 않는 원칙을 채택할 필요가 있다.[6] 누군가에게만 무엇을 할 수 있도록 허용하는 것은 다른 사람에게서 그 권리를 빼앗는 것이다.

3. 교육 개혁

▶ 학생을 위한 교육

교육의 주요 목적은 삶과 행복의 기반이 되는 인성과 자질을 연마하는 데 있다. 1998년 노벨경제학상을 수상한 인도의 아마르티야 센은 "인간은 자신의 능력을 최대한 발휘할 때 행복해진다."라고 하였다. 우리 헌법 전문의 "…능력을 최고도로 발휘하게 하며…"라는 표현과 상통한다. 미국 경영학자 마이클 포터는 국가경쟁력의 주요 기반으로서 요소 창조(factor creation)를 강조했다. 그는 토지, 자본, 노동 중에서 특히 지식 기반 노동을 중요하게 여겼다. 국가는 인적자원이라는 요소를 새롭게 개발하고 창조할 필요가 있다는 것이다. 하지만 한국 교육은 인성과 역량 개발 모두에서 실패하고 있는 것은 아닌지 돌아보아야 한다. 청년층의 높은 실업률과 저출산 등도 입시 위주의 교육과 학벌사회의 영향이 크다. 배움은 즐거움이며 삶 자체이어야 한다. 한 번의 승부가 된 입시 중심의 교육을 평생 스스로 필요한 역량을 개발하는 교육으로 바꾸어야 한다. 노동 현장 체험을 통해 경제를 익히고 삶을 이해하는 프로그램들이 필요하다. 프로젝트 학습 등을 통해 비판적 사고, 문제 해결, 자기 관리, 협업 등의 역량과 인성을 기를 수 있다.

미래를 위해 특정 영역의 입구를 통과하는 도구가 아니라 평생 자유롭게 발휘할 역량과 자질을 개발하는 교육이어야 한다.

한국 교육의 문제는 근본적으로 교육계 내부보다 외부로부터 왔다. SKY 등 학벌에 가치를 두는 사회가 입시 중심의 교육을 만들었다. 또한 연공급 임금체계는 좋은 학벌이나 고학력 선호 분위기를 강화하는 역할을 하였다. 젊을 때 어떤 곳에서 어떤 신분으로 시작하느냐가 평생을 결정했다. 입시가 한 번의 승부가 된 주요 배경이다. 교육은 사회가 무엇에 가치를 부여하느냐에 따라 큰 영향을 받는다. 교육과정과 내용을 개선하는 것이 중요할 것이다. 하지만 학벌에 따른 보상체계를 바꾸는 것이 무엇보다 중요하다. "교육 개혁은 매번 실패한 것이 아니라 시도된 적이 없다."라고 한다. 지금까지의 개혁이 교육의 이러한 본질적 문제에 접근하지 못했기 때문이다. 프랑스의 사회학자 부르디외는 학벌 중심의 배타성을 '구별짓기'라고 비판한 바 있다. 학벌이 체계적인 불평등을 낳는 역할을 하기 때문이다. 북한은 만경대혁명학원 같은 것으로 특권층 중심의 계급 질서를 공고히 하고 하류층의 진입을 막는다. 개인주의가 발달한 서구는 이러한 학벌의 횡포에 격렬하게 저항하고 개인의 존엄을 스스로 지키려는 노력이 활발하다. 성공의 기준은 학력이나 돈만이 아니라 다양한 가치에 따라 달라진다. 한 가지 기준으로 사람을 깔보아서는 안 될 것이다. 열심히 공부하겠다는 생각 자체가 성장 환경이나 운과 연결된 것일 수 있다. 재능의 차이는 상당 부분 우연의 결과이다. 재능에 따른 성과는 자신만의 것이라는 생각에 문제가 있다.[7] 재력을 바탕으로 하는 금수저론 등이 학벌사회의 쇠퇴를 의미할 수도 있다. 최근 인터넷이나 AI 활용, 비대면 강의 등으로 대학 졸업장이나 고학력의 가치는 예전만 못하다. 학벌 중심 사고에서 벗어나고 관련 제도를 혁신하는 것은 우리의 소명이다. 오랜 시간이 걸릴 수도 있지만 그럴수록 학벌 이외의 것으로 개인을 평가하고 보상할 수 있어야 한다. 다양한 가치를 인정하고 존중하는 방법과 문화가 정립되어야 한다. 학력이나 학벌보다 노동의 수고와 가치를 충분히 평가하고 보상하여야 할 것이다.

한국의 교육 개혁은 그간 교육부나 교육계가 주도했다. '교육은 학교의 것'이라는 생각의 범주를 벗어나지 못했다. 누구를 위한 교육인가? 그동안 교육 개혁은 학생이나 부모가 아닌 교육부와 학교를 중심에 두었기 때문에 실패하였다. 교육의 주체는 교사이지만 교육의 주인은 학생이다. 교사와 교수, 교육부 공무원을 위한 개혁이 아니라 학생을 위한 개혁이어야 한다. 학생들은 매일 시험공부에 시달리고 학교 졸업 후에는 더 이상 공부하고 싶어 하지 않는다. 미국이나 일본에서도 입시는 치열하지만 일부 고등학생에게만 해당할 때가 많다. 그렇게 하지 않아도 잘 사는 여러 방법이 있기 때문이다. 하지만 한국 학생들에게 입시는 모든 또래가 거치는 하나의 관문이다. 다양한 종의 식물은 동일한 토양과 기후에서는 살 수 없다. 사람 또한 똑같은 규범과 기준 아래 다양하고 건강한 삶을 누리기는 어렵다. 남이 다 하는 일을 안 한다고 비난해서는 안 될 것이다. 누군가를 왕따하면 중국 여인들의 전족처럼 모두를 불구로 만들 수 있다.[8] 4차 산업혁명 시대는 정답이 없는 사회라 한다. 다양성과 창의성이 중요하다. 정답을 찾는 교육에 얽매여서 움직이지 못하면 모두가 불행할 수 있다. 공급자 중심에서 수요자 중심 교육으로 변해야 한다.

　학위보다 일과 노동을 존중할 필요가 있다. 교육은 공부 잘하는 일부가 아니라 모두의 삶과 행복을 위한 것이어야 한다. 학교만의 노력으로 학벌사회에서 벗어날 수는 없다. 학교와 학부모, 기업과 정부가 함께 노력하여야 한다. 드러커는 "학교는 새로운 직업에 필요한 지식을 유연하게 제공하는 학습체계로 바뀔 필요가 있다."라고 하였다. 노동시장에서 고졸은 부족하고 전문대졸 이상은 과다한 현상이 지속되고 있다. 교육이 학벌을 얻는 수단이 아니라 유능한 직업인을 길러 내는 역할을 제대로 할 수 있어야 한다. 독일인 기자 안톤 숄츠는 말했다. "한국 교육은 핵심이 잘못되어 있다. 독일은 교육을 잘 받으려고 시험을 본다. 한국은 시험 잘 보려고 교육을 받는다. 시험은 도구인데 한국에서는 시험이 목적이다…. 독일은 구직자를 평가할 때 사람을 보는데 한국은 학벌, 부모의 직업, 토플 점수 등의 숫자를 본다. 나는 토익, 토플 시험을 한 번도 안 보고 통역 일을 했다. 독일에서는 시험 문제가 아니라 인생 문제를 잘 풀 사람을 원한다. 창의성과 실질적 경험을 중시한다." 스위스는 12세부터 실무형 직무교육을 받기 시작한다. 청소년들은 10대부터 이론과 실습을 결합하여 기술을 배우고 진로를 결정한다. 스위스 정부의 장관 50%는 이러한 직무교육을 받은 사람들로 구성되어 있다. 스웨덴에서는 고등학생의 직업교육에 많은 신경을 쓴다. 인문계에 비하여 직업교육에는 학생 1인당 정부 교육비를 50% 이상 더 지출한다. 스웨덴 고등학생들은 충실한 직업교육을 받는다. 대학 입시에서는 직장 경험을 가진 사람이 더 유리하다. 고교 졸업 후 바로 대학에 가는 경우보다 직장 생활을 거쳐 대학에 가는 사람들이 더 많다. 대학생 중 24세 이하의 비율은 50%가 되지 않는다. 미국 고등학교는 대학을 위한 과정이 아니라 성인을 위한 교육의 무대이다. 고등학교에서는 보통 대학 진학을 위한 교육 외에 직업인을 양성하는 각종 커리큘럼을 제공한다. 직업 과목을 한 단위(120시간 정도) 이상 취득한 학생이 전체의 90% 이상, 3단위 이상 취득 학생이 전체의 44.5%에 달한다. 미국 고등학생들은 평균적으로 사회, 수학, 과학 과목보다 직업 과목 이수에 더 많은 신경을 쓴다. 독일의 22세 이하 청년 약 75%는 3년 또는 3년 반이 걸리는 '3+2 체제'의 도제식 직업훈련을 받는다.[1] 이원제 직업교육이다. 학생은 주 5일 중 3일을 기업에서 훈련받고 나머지 2일은 학교 수업을 받는다. 직업 현장에서 실천적 능력이나 전문적 능력을 배우고 익힌다. "전문적 역량은 실습에 의해서만 완성된다."라는 독일적 사고가 반영된 결과일 것이다.

외국에 비해 한국의 고등학교 직업교육은 크게 위축되어 있다. 2020년 기준 한국의 전체 고등학교 졸업생 중 실업계 비율은 16%였다. OECD 평균 37%, 유럽 평균 44%에 비하면 매우 낮은 수준이다. 네덜란드, 프랑스, 스위스의 동 비율은 70%를 상회한다. 대부분 국가에서 고등학교 교육은 괜찮은 직업을 갖는 데 필요한 기본적인 내용을

---

[1] 한국이나 독일은 고등학교가 크게 인문계, 취업계 고등학교로 나뉘어 있다. 독일에서 이러한 구분은 차별적인 것이 아니다. 대학을 졸업하고 변호사가 되어도 일반인들과 급여 차이가 거의 없다. 장인(Meister)이 되면 대학을 나오지 않더라도 특정 분야의 창업, 직업학교 교사 등의 자격을 얻는 등 사회적 인정을 받는다.

중심으로 구성한다. 하지만 한국의 고등학교 교육은 대부분 대학 입시를 위한 내용으로 구성된다. 실업계인 특성화고 졸업생의 절반 정도도 대학에 진학한다. 인문계고에서 직업교육은 언감생심이다. 대학에서도 현장실습 등 제대로 된 직업교육의 기회는 없다. 돈에 진심인 사회임에도 불구하고 교육에서는 노동과 산업, 경제 관련 내용은 멀리하고 있다. 이율배반적이다. 학교가 학생의 미래 직업이 아니라 자신들이 교육하기 좋은 내용 중심으로 가르친다. 고교와 대학은 교육과정에 직업 과목, 현장실습 등을 강화하고 중요한 비중으로 평가할 필요가 있다. 지식 암기 위주의 학점 제도, 분과 지식 중심의 학과 운영, 직무능력과 무관한 커리큘럼 등을 그만두고 실습과 팀 훈련 위주로 융복합적 창의력을 기르는 일에 집중할 필요가 있다. 필요한 지식을 찾고 활용하며 문제를 해결하는 역량을 길러야 한다. 인터넷에는 수많은 정보가 흐른다. 이 중 신뢰할 수 있는 정보는 어느 것이며 무엇이 문제 해결에 더 적합한지 판단할 수 있어야 한다. 정보의 주관성과 편향성을 감지하고 평가하는 능력이 필요하다. 백 세 시대에 대학 입시 한 번으로 배움이 마무리되지는 않는다. 평생에 걸쳐 어학, 수학, 공학, 인문학을 공부하고 좋은 인성, 창의력, 비판적 사고력, 협력, 소통 역량 등을 기를 일이다. 지식(what) 못지않게 역량(how)이 중요하다. 한국의 청년들은 직무 경험과 경력개발 기회에 목말라 있다. 신입 직원에게 직무 관련 지식과 더불어 업무 경험, 일반적인 업무역량과 태도 등을 원하는 직장이 많다. 그들은 자격증, 학력, 외국어 능력보다 실무 능력을 더 원한다. 그렇지만 실무 능력을 갖춘 신입 직원은 드물다. 그러한 역량을 기를 기회가 별로 없기 때문이다. 그래서 요즘 기업들은 신입 직원 공채보다 경력자 수시 채용을 선호한다.

　외국의 기업이나 공공기관은 인턴이나 실습으로 청년들에게 직업 경험의 기회를 제공하는 등 직업교육에 적극적으로 참여한다. 학교와 지역사회, 기업이 유기적으로 협력하며 학생들이 직업 현장을 경험하고 직업을 준비하도록 돕는다. 미국에서는 견습을 받는 젊은이들이 크게 증가하고 있다. 견습생 제도는 전통적으로 건설·기계 산업군에 많았지만 점차 은행, 보험, 사이버 보안 등의 직군으로 확산하였다. 미국 국무부는 외교에 관련된 인턴 기회를 제공하고 의회는 의원 사무실이나 위원회 등에서 인턴을 고용한다. GE 계열의 한 보험회사는 4학년 아닌 대학생이 이론과 실습을 같이 배우는 인턴십을 운영한다. 인턴에게는 명확한 업무기술서와 더불어 전문적인 과제가 부여된다. 회사는 인턴사원 1인당 한 명의 멘토를 임명하여 조직문화 적응을 돕는다. IBM은 학생들에게 업무 경험 기회를 제공하고 기업 문화와 업무 스타일을 알리기 위해 인턴제도를 활용한다. 업무 경험과 더불어 사교의 장이 될 수 있도록 애쓴다. 인턴은 보수와 복지 혜택에서 정규직 직원과 동일한 처우를 받는다. 코업(Co-op)이라 불리는 미국 대학의 현장실습 과정은 주로 공과대학 학부 과정에서 활용한다. 전공 관련 기업 프로젝트에 참여하여 급료도 받고, 학점도 취득한다. 보통 1년 이내의 기간에 학업과 일에 번갈아 가면서 종사한다. 예컨대 퍼시픽 대학에서는 총 129학점 중 코업 프로그램으로 50학점을 취득하여야 한다. 현장실습을 통해 이론을 이해하고 엔지니어들의 도움으로 문제 해결 역량을 배양할 수가 있다. 급료를 받아 학비에 보태기도 한다. 캐나다는

1970년대 이후 현장실습 모델을 만들어 활발하게 진행하고 있다. 정부가 적극적으로 교육과 노동시장의 차이를 줄이는 다리 역할을 하는 것이다. 공대뿐만 아니라 사회과학이나 인문학에서도 직업훈련과 더불어 기업과 연계된 현장 교육을 진행한다. 워털루대학은 4~5년의 대학생활 동안 2년 정도의 현장 실무를 경험한다. 졸업의 전제조건으로 4개월 수업하고 4개월은 근무하는 식이다. 대학은 이 프로그램 진행을 위해 기업 등 외부의 6,300개 기관과 협력하고 있다. 동 프로그램은 캐나다의 100개 이상 대학에 전파되었다.

각국 대학 내외부에는 인턴이나 현장실습 과정을 원활하게 운영하기 위한 조직이 존재한다. 캐나다 워털루대는 산학협력교육센터(CECS, Cooperative Education Career Services)를 두어 기업과 학생 간 행정 문제의 창구가 되고 학생의 커리어 관리를 지원한다. 미국에는 NACE(National Association of College and Employers)라는 인턴십 지원 및 중개 기구가 있다. 대학과 기업의 인턴십 프로그램을 지원하는 역할을 한다. 약 2,000개 대학의 8,100여 취업 지원 담당자, 3,100여 명의 기업 채용 담당자가 회원이다. 100만 명 이상의 학생들에게 정보를 제공함으로써 인턴십을 효과적으로 활용하도록 지원한다. 기업에는 채용에 필요한 정보를 제공하고 있다. 일본에서는 학과 교수가 인턴십을 매칭하여 준다. 학교 내의 공식적인 프로세스와 체계적인 관리로 인턴십 운영을 지원하고 있다.[9]

직업에 필요한 현장의 지식, 노하우, 기술, 문화 등은 관련 현장에 있다. 직업교육을 위해서는 기업과 공공기관 등의 협력이 중요한데 한국의 학교와 산업 현장은 엄격히 분리되어 있다. 학교와 더불어 기업과 공공기관 등이 직업교육의 주체로서 역할을 할 수 있어야 한다. 관련 제도가 필요하다. 국회가 앞장서 관심을 가지고 법령 등을 준비해야 할 것이다. 기업과 공공기관은 인적자원의 수요자이다. 인적자원 역량이 조직 운영과 경쟁력을 결정한다. 기업 등은 고교와 대학 학생들의 직업교육에 참여할 의무가 있고 권리도 있다. 학교와 기업은 존재 이유와 운영하는 방식이 달라도 인적자원을 개발하고 활용하는 면에서 밀접하게 연결되어야 한다. 학교와 기업은 각자 영역에서 나와 적극적이고 개방적인 협력을 할 필요가 있다. 우리 사회에도 점차 인턴이나 실습의 기회가 증가하는 것으로 보인다. 하지만 '열정페이'라는 구실로 인턴에게 제대로 보수를 지급하지 않거나 위험한 일을 맡겨 실습생에게 산업재해 등의 사고가 발생하고 있다. 후진적 직업교육의 적나라한 모습이다. 공공부문 인턴의 경우 정부 시책 실적용으로 과대 포장되거나 멘토 없는 경우가 수두룩하다. 최근 도입된 일 경험 프로그램에는 대기업 5개 사를 포함하여 불과 20개 기업이 참여하였다고 한다. 입시나 지방대학 살리기 등에 비해 직업교육에 대한 정부의 정책 의지는 빈약하고 내용은 부실하다. 정부나 국회가 그 임무를 나태하고 있다.

시험 중심의 교육에서 탈피하여 학생들이 충분한 직업교육을 받을 수 있어야 한다. 국가는 현장실습과 인턴 등에 관하여 필요한 정책과 제도를 제대로 만들고 운영하여야 한다. 이를 위해 우선 교육, 산업,

기업, 노동 등에 관련된 부처들이 참여하는 정부의 통합 팀이 필요하다. 국회도 관련 위원회 등을 통해 필요한 입법을 하여야 한다. 채용형 인턴 등의 제도가 있기는 하지만 훨씬 더 '충실한 직업교육'을 지향할 필요가 있다. 필기시험 치중으로 직업 역량을 개발하지 못하는 교육의 문제를 치유하여야 한다. 모든 고등학교 이상의 학교는 기업, 공공기관 등과 유기적으로 연계되고 협력할 필요가 있다. 실습이나 인턴 등의 과정을 학기 단위로 편성하고 평가하며 결과를 기록한다. 학교나 현장에서 교육을 담당할 교사나 교수도 양성되어야 할 것이다. 실습생이나 인턴에게 지급할 보수와 교육비 등에 충분한 국가 예산을 배정할 필요가 있다. 학생의 현장실습이나 인턴 과정 성적은 입시, 취업 등에서 중요하게 고려되도록 제도화되어야 한다. 특히 학생들의 실습이나 인턴 배치 등에 인맥이나 연줄이 작용하지 않도록 공정하고 투명한 관리가 필요하다. 공채가 줄고 수시 채용이나 인턴 등에 의한 취업이 증가하는 상황에서 중요한 부분이다. 미국, 스위스, 캐나다, 독일, 일본 등 주요국의 관련 사례를 충분히 검토할 필요가 있다. 가장 중요한 것은 우리들의 인식이다. "할 것 없으면 기술이나 배워라!"라는 정도의 사고로는 충실한 직업교육을 하기 힘들다. 고교의 직업교육을 정상화할 수 있다면 시험공부 편향의 교육과 재력에 따른 교육 불평등을 획기적으로 개선할 수 있다. 현장실습이나 취업에는 사교육비가 필요치 않다. 시험점수보다 직업훈련 성적이나 직업 경력을 우대할 때의 효과는 클 것이다. 특히 대학은 입시에 직업교육 성적을 큰 비중으로 반영하여야 한다. 면접 등으로 수험생의 직업 경험이나 직업훈련 경험의 진실성을 검증하는 것이 중요하다. 경력의 위조와 변조 등을 막고 입시의 투명성을 높여야 하기 때문이다.

▶ 대학 혁신

유학비자로 입국한 외국인들의 불법 취업이 만연하고 있다. 베트남 등의 브로커와 재정 상황이 나쁜 한국 대학들이 연결되어 일을 벌인다. 2022년 기준 외국인 유학생은 16만 7천 명 정도인데 불법 체류자는 1만 2천 명, 유학생 불법 체류율은 7.13%이다. 재정이 열악한 지방대학에 어학연수생 등은 주요 수입원이다. 베트남의 한 한국 유학원 대표는 "돈만 주면 한국으로 보내 주는 업체가 80% 이상이다. '한국에서 공부할 학생인지, 공장으로 도망갈 학생인지' 걸러 내는 과정이 전혀 없다."라고 한다.[10] 중국인 유학생은 6~7만 명 수준에 이른다. 그들은 "중국 대학보다 한국 대학에 진학하는 게 훨씬 쉽고 학위 취득도 쉽다…. 한국 대학 졸업장으로 귀국하여 한국어 강사가 되거나 한류 등 미디어 분야에 진출할 수가 있다…. 대학원 진학도 한국이 중국보다 훨씬 쉽다."라고 말한다. 교육부는 한국어능력시험(TOPIK) 3급 이상일 때 학생을 선발하도록 권고한다. 하지만 서울의 한 사립대 처장은 "TOPIK 3급 수준으로는 한국어 진행 전공 수업을 따라가기 어렵다."라고 한다. 이들 유학생은 대리수강을 통해 학점을 따기도 한다. 대리수강 알바비가 시간당 1~2만 원, 한 학기 전체 대리수강비는 과목 당 50~60만 원 수준이다. 한 교수는 "재정난을 겪는 대학이 유학생 유치에만 신경 쓰고 제대로 관리를 하지 않는다. 자격이 부족한 유학생을 유치하는 것은 도덕적 문제가 크다. 유학생 선발 및 자격 관리를 강화하여야 한다."라고 말한다. 한 유학생은 "중국인 유학생 전체에 대한 인식이 나빠질까 우려된다. 대학에서 더 엄격하고 꼼꼼하게 관리한다면 대리수강도 줄고 학업 성취나 만족도도 높아질 것"이라고 말했다.[11] 한국 사립대학은 재정을 대부분 학생 등록금에서 충당한다. 그런데 오랫동안 등록금은 동결되고 내국인 입학생은 감소하고 있다. 중국인 학생들에게 '한국은 돈 내고 졸업장 사러 가는 곳'이라는 인식이 퍼져 있다. 통상 유학생은 귀국하여 자기가 공부한 나라와의 가교 역할을 하는데 한국에 유학한 중국인 학생 상당수는 한국에 대한 감정이 좋지 못하다. 언어와 실력 등의 문제로 공부가 쉽지 않으며 여러 갈등을 겪는다. 반한(反韓) 인사가 될 가능성이 큰 것이다. 그들로 인한 수업 질의 저하 등으로 한국인 학생의 불만도 크다. 유학생들의 입학 기준을 높여 학생 수준을 끌어올릴 필요가 있다. 유학생들이 필요한 공부를 할 수 있도록 대학의 수준도 높아져야 한다. 재정난을 겪는 대학, 교육의 질이 낮은 대학, 그러한 대학을 지원해 온 교육부 등의 문제이다.

한국 대학은 오랫동안 특수를 누려 왔다. 대학 교육은 공급자 우위(seller's market)의 시장이었다. 근대 유럽의 도제조례는 7년의 도제 기한으로 길드의 기반 역할을 충실히 했다. 한국의 교육열은 도제조례가 길드를 살렸듯 대학들을 먹여 살렸다. '대학에 가야 한다'는 교육열 속에 인구는 증가하였다. 교육 여건이나 서비스 품질에 무관하게 대학 신입생은 계속 증가하였다. 대학은 노력하지 않아도 재정에 문제가 없었다. 졸업 품질에는 신경 쓰지 않았다. 그러다가 저출산 현상으로 학령인구는 감소하고 재정은 어려워졌다. 정부는 학령인구 감소를 알면서도 대학 입학 정원을 늘려 왔다. 하지만 2020년 189만여 명인 대학생은 2025년 164만 명, 2040년에는 123만 명 수준으로 감소할 것이다. 대학 대부분은 등록금이 수입의 전부이지만 별다른 노력 없이 정원 확대에만 매달려 왔다. '대학'이라는 특권에 안주하면서 학생 교육과 취업 지원 등에는 등한했다. 대졸 미취업자가 100만 명을 넘고 있다. 대학의 변화는 중요하다. 학령인구 감소는 물론 디지털, AI 환경 등도 변화를 요구한다. 대학 수나 입학 정원 감소에는 대학, 지역주민, 지자체의 반발이 크다. 하지만 분명한 것은 학생 수는 줄고 대학 상당수는 사라질 것이라는 사실이다. 정부는 대학설립과 설립 이후 대학 운영에 대하여 제대로 감독하지 않았다. 서류만 보고 대학 설립 인가를 내주었고 부실, 부패의 징후가 있어도 솜방망이 징계만 하였다. 대학 진학률 70%를 30%대로 낮추어야 한다는 주장이 있다. 하지만 쉽지 않은 일일 것이다. 학력과 학벌에 따른 임금 격차를 줄이는 것이 더 근본적이고 현명한 길일 것이다. 이를 위해 대기업과 공공부문 노조, 정부, 국회가 머리를 맞댈 필요가 있다. 4년제 대학 학위와 관련 없이 능력과 성과에 따른 보상체계를 만드는 것이 무엇보다 중요하다.

소멸 위기를 맞은 지방대학을 살려야 한다는 목소리가 크다. 교피아(교육부 마피아)들이 있다. 교육부 퇴직 공무원이 사립대학의 총장, 부총장, 산학협력단장, 교수 등으로 있는 것이다. 교육부로부터 재정 지원을 받아 내는 로비스트 역할을 하기도 한다. 지방대학은 지역과 교육에서 중요한 역할을 할 수 있다. 평생교육이나 직업교육 등을 통해 국가 사회에 기여하는 것이다. 대학 입학은 공부의 끝이 아니라 새로운 출발점이다. 대학은 학생의 인성과 창의력, 직무능력을 제대로 개발할 수 있어야 한다. 교수가 아닌 학생 중심으로 교과를 개편하고 교육 방식을 다양화할 필요가 있다. 학생들이 미래에 대비하여 충분히 준비하도록 산학협력 체계를 갖추는 것이 중요하다. 획일적인 강의 교육에서 벗어나 다양한 문해력, 창의력, 비판적 사고력, 문제 해결 능력, 소통과 협업 능력 등을 함양할 수 있어야 한다. 교수는 온-오프라인 통합 교육은 물론 산학협력 코디네이터가 될 수 있어야 한다. 학생이 현장 기술과 지식, 문제 해결 역량을 획득하도록 도움을 주는 것이다. 인턴 시스템을 개발하고 운영하여야 한다. 대학은 정부에게 예산 지원 등을 요구하기 전에 학문적 연구와 좋은 교육을 할 수 있는 능력과 자세를 먼저 갖추어야 할 것이다. 하버드, MIT, 예일, 프린스턴대 등도 디지털 시대에 맞는 교육을 위해 여러 노력을 하고 있다. 사이버 대학과 일반 대학의 경계가 사라지고 있다. 대학은 고등교육에만 머물지 말고 평생교육으로 경계를 확장하여야 한다. 밥그릇이 된 학과 중심주의를 극복하고 학생들이 자유롭게 전공을 선택하도록 지원할 필요가 있다. 교육부를 없애라는 이야기가 나오고 있다. 교육부와 대학은 기득권을 내려놓고 학생과 국가를 위한 대학을 만들어야 한다. 대학 교육 시장을 대폭 개방하는 것도 고려하여야 한다.[12]

마이클 샌델은 미국 입시를 비판한 저서에서 '돈 따라가는 SAT 점수'라고 하였다. SAT는 한국의 수능 같은 대학 수학능력 시험이다. 그는 SAT와 더불어 동문 자녀, 체육 특기생, 기부금 입학제 등으로 오염된 미국 입시를 개혁하는 방안을 제안했다.[13] 예일대의 한 입학 사정관이 "때때로 수천 명의 지원자를 모두 합격시키고 싶다는 충동을 느낀다. 그들의 지원서를 계단 아래로 집어 던져 버리고 아무나 골라 1,000명을 뽑을 수 있다. 그래도 여전히 훌륭한 학생들을 뽑을 수 있을 것이다."라고 한 말에 기반을 두었다. 우선 하버드 등의 대학은 4~5만 명의 지원자 중 분명하게 대학 수학능력이 부족하다고 판단되는 2~3만 명을 솎아 낸다. 남은 2~3만 명의 지원자는 누가 합격하더라도 학업을 잘해 나갈 것으로 본다. 따라서 이들을 대상으로 다시 선별할 것이 아니라 제비뽑기로 2,000명 정도의 최종 합격자를 뽑자는 것이다. 현실적으로 18세 청소년의 미래 수학능력에 대한 엄밀한 평가는 쉽지 않다. 현재 겉으로 드러난 점수와 재능은 지원자 수학능력의 극히 일부이다. 더구나 그것은 부모의 재력 등이 크게 반영된 결과로서의 한계가 크다.

한국에서도 수능 결과를 5등급으로 나누고 나머지는 추첨에 의하자는 주장을 한다. 사람은 크게 다르지 않다는 생각이 그 배경에 있다. "유럽 고등학생은 어떤 도로(대학)로 가도 상관없고, 미국 고등학생은 다양한 도로(100여 개의 명문대학)로 갈 수 있고, 한국 고등학생은 아주 좁은 도로(SKY 대학)로 가야 한다."라고 한다. 한국 청년들의 자살률이 세계 최고인 것과 관계가 있다. 세계 최저의 출산율로 한국은 '지도에서 사라질 첫 번째 국가'라고 한다. 학벌을 개혁하는 과감한 작업이 필요하다. 교육 전문가 등의 제안대로 서울대와 지방 국립대들을 묶어 전국에 10개 정도의 통합 서울대를 만들 필요가 있다. 서울대 서울 캠퍼스, 부산 캠퍼스, 대구 캠퍼스, 광주 캠퍼스 등을 만드는 것이다. 학생들은 수도권에 가지 않아도 좋은 교육을 받고 서울대 졸업장을 받는다. 입시지옥을 해소하고 초·중등 교육은 정상화되며 학생들의 수도권 쏠림 등의 문제를 해결할 수 있을 것이다. 각 대학이 개혁하고 연계하면 통합 서울대는 세계적인 연구 중심 대학, 미래형 교육 플랫폼 대학으로 거듭날 수 있다. 세계 수준의 고급 인력 양성으로 세계의 인재들이 한국으로 유학을 올 수도 있다. 각 캠퍼스를 지역 산업 등과 연계하면 지역 경제를 견인하는 중심이 될 것이다. 매년 사교육비에 수십조 원을 지출하지만 통합 서울대를 만드는 데는 3조 원 정도면 충분하다고 한다.[14]

4. 보상체계 변화

▶ 기여-보상의 체계

　소득이나 보상이 진입 통제의 결과가 아니라 각자의 시장 성과나 사회적 기여를 반영한다면 좋을 것이다. 그 시장은 자유롭고 기회가 균등한 곳이어야 한다. 그런데 개인의 '시장 성과나 사회적 기여'를 측정하기 어려운 경우들이 많다. 취업자 다수는 기업 또는 공공기관이라는 조직에 속해 있기 때문이다. 기업은 전체의 시장 성과는 측정하더라도 부문이나 개인의 기여도를 측정하고 평가하기는 쉽지 않다. 공공기관은 조직 성과를 매출액이나 이익 등으로 측정하기 어렵고 개인의 기여나 성과를 가려내기도 쉽지 않다. 또한 성과 기준 보상의 또 다른 근본적 문제는 현재 성과가 반드시 현재 구성원의 기여에 의한 것이 아니라는 데 있다. 오늘의 성과는 지난 시간의 노력과 투자의 결과인 경우가 많다. 즉 조직에 대한 그들의 기여를 평가하려면 성과와 더불어 조직의 미래에 공헌한 바를 같이 보아야 한다. 하지만 기업이나 공공기관에서는 미래를 위한 투자를 희생하여 현재 성과를 부풀리는 일이 종종 발생한다. 현재의 광고나 마케팅은 종종 미래의 매출에 기여한다. 오늘의 신제품은 지나간 기간 기술을 개발하고 설비에 투자한 결과일 것이다. 오늘 마케팅과 기술개발에 게으르면 당장 비용은 감소하고 이익은 증가하겠지만 미래 성과는 감소할 것이다. 이와 같은 이유로 성과에 근거한 보상체계는 한계가 있다. 미래를 위한 능력이 중요하고 그 능력에 따른 보상이 필요하다. 무엇이 능력인가? 기업 등은 종사자의 직무능력을 업무 배치만이 아니라 임금 결정의 주요 기준으로 삼으려 한다. 이러한 필요를 반영하여 서구의 기업이나 기관 등은 직무급을 활용하고 있다. 국가가 다양한 기관별, 직무별로 필요 역량을 정의하고 그것을 임금 결정 등 인적자원 관리에 적용하는 데 신경 쓰고 투자를 한다. 직무별 역량은 개별 조직은 물론 국가 전체의 인적자원을 개발, 활용, 보상하는 데 중요한 역할을 하기 때문이다.

한국도 직무급 도입에 관한 논의가 무성하고 공공기관이나 기업은 연공급을 직무급 등으로 바꾸려는 시도를 지속하고 있다. 하지만 실제 직무역량을 기준으로 채용하고 임금을 지급하는 등의 제도는 정착되지 못했다. 각 조직에 견고한 연공급 체계에 큰 변화가 없는 것이다. 시험점수를 기준으로 사람을 뽑고 근속에 따라 임금을 지급하는 곳이 많다. 일단 특정 집단의 입구를 통과하는 것이 중요하므로 입시와 면허 획득, 입사 시험 등에 온 힘을 쏟는다. 일이나 성과보다는 소속과 근속 기간에 따라 임금 격차가 크다. 고교나 대학은 학생들의 직업 역량을 키우는 데 별 관심이 없는 경우가 많다. 기업이나 공공기관에서는 수직적 위계질서가 조직을 지배한다. 성과 산출과 창의성 발휘보다 조직 질서에 순응하는 것이 중요하다. 조직 생산성은 물론 노동시장 등 국가의 인적자원 활용 면에서의 문제가 크다.

학벌과 학력, 각종 입구 통제와 연공급에 따른 보상체계를 성과와 기여, 일 중심의 보상체계로 바꾸어야 한다. 좋은 학벌, 제도적 독점, 연공급에 따라 혜택을 받는 근로자일수록 기득권을 버리고 자유와 경쟁 기반의 질서에 동참할 필요가 있다. 삶의 긴 여정에서 사람들은 매일 새롭고 창조적인 도전을 한다. 성공하는가 하면 실패할 수도 있다. 연륜에 따라 성과가 쌓이고 경험이 축적된다. 보상은 그에 따르는 것이다. 입시, 면허, 입사 등 한 번의 선택으로 평생의 보상이 결정되는 체제는 자유주의 시장경제에 맞지 않는다. 하지만 이러한 체제는 우리의 오랜 공동체적 사회질서에 연결되어 있다. 경쟁보다 공생이 더 중요한 사회였다. 한솥밥을 먹는 공동체가 개인의 역량과 기여를 따지고 분배를 차별하지는 않았다. 가족은 혈육의 정과 연에 기반을 두고 생사고락을 같이한다. 개인의 능력이나 성과보다 집단 내 위계가 중요했다. 신분이나 혈통에 따른 위계가 조직 질서의 근간이었다. 그런데 어느 날 시장경제 체제가 도입되었고 자유와 평등이 중요한 시대가 되었다. 삶의 판이 바뀌고 경제는 발전하였다. 계급과 신분이 사라지면서 개인의 선택이 중요해졌다. 누구나 자유롭게 일을 선택하고 결과에 따라 보상받게 된 것이다. 그렇지만 사람들은 갑작스러운 변화에 잘 적응하지 못한다. 새로운 현실을 받아들이고 적응하는 데 시간이 걸린다. 학벌사회, 면허에 의한 경쟁 회피, 근속에 따른 임금차별 등의 현상이 지속되고 있다. 하지만 이러한 구시대적 질서의 폐해가 너무 크다. 인위적 차별 대신 자유롭게 경쟁하고 보상받는 새로운 질서로 바꾸어야 한다. 특권과 지대가 많은 곳의 면허 발급을 늘리고 자유로운 경쟁을 확산하여야 한다. 한 번의 승부가 아니라 창조적인 도전과 축적된 노하우에 대해 보상하여야 한다. 기업과 공공기관 등은 이러한 원리에 기반하여 관련 제도를 정비할 필요가 있다. 부문이나 직무별로 필요한 역량을 구체적으로 정의하고 채용과 보상의 기준으로 삼을 수 있어야 한다. 또한 관련된 기준과 정보는 각급 학교와 공유하고 학생의 역량 개발에 활용할 필요가 있다.

한국은 공공부문이나 대기업의 정규직 종사자와 비정규직, 중소기업, 자영업 종사자 간의 보상 격차가 너무 크다. 격차와 분리는 능력이나 성과에 의한 것이 아니라 인위적 구별의 결과인 경우가 많다. 한국의 대·중소기업 간 임금 격차는 세계적이다. 중소기업 종사자의 임금은 원청 대기업 종사자 임금의 30~50% 수준에 불과하다. 최종 제품에의 기여도와 관계없이 낮은 납품 가격이 주요 원인이다. 독일과 같이 산업별 교섭으로 임금을 결정한다면 이러한 격차는 있을 수 없다. 공공부문이나 대기업 노조는 임금협상에서 강한 교섭력을 발휘한다. 생산성 이상으로 임금이 인상되기도 한다. 중소기업 종사자, 비정규직, 특고종사자 등은 누리지 못하는 혜택이다. 정상을 벗어난 임금 격차는 비합리적이며 정의롭지 못하다.

인위적인 분리와 비합리적 차별을 극복하고 노동시장을 통합하여야 한다. 대·중소기업 간 공정한 거래, 합리적 임금체계 등을 통해 임금 격차를 해소할 수 있어야 한다. 정규직 중심의 노동보호에서 벗어나 비정규직 등 모든 형태의 노동을 대등하게 보호하여야 한다. 정규직 중심의 노조는 비정규직 근로자를 보호하는 방향으로 발전하여야 할 것이다. 소속이나 신분보다 일의 특성이나 기여에 따라 소득 등을 보상하는 체계가 되어야 한다. 노동시장 모든 곳에 동일노동 동일임금의 원칙을 구현해야 하는 것이다. 특히 국회와 정부가 앞장서야 한다. 어디에서 일하든 일이 같으면 임금도 동일한 체계를 개발하고 적용토록 하는 것이다. 임금 결정에 대한 애덤 스미스의 권고를 되돌아볼 필요가 있다. '더럽고, 힘들고, 위험한 일일수록 충분히 보상하라.' '필요한 지식이나 기술 습득에 소요된 비용을 보상할 수 있어야 한다.' '고용 안정성이 높으면 낮은 임금을, 고용이 불안정하면 높은 임금을 지급하라.' '책임의 정도를 보수에 반영하여야 한다.' 등. 임금 결정에 이 같은 권고가 충실히 반영된다면 소득과 고용에 관련된 여러 문제가 해결될 것이다. 정규직, 비정규직 차별 문제가 사라질 것이다. 현재 안정적 고용의 정규직 임금이 불안한 고용의 비정규직에 비해 높지만 애덤 스미스는 그것을 반대로 하라고 한다. 고용이 안정적이면 낮은 임금을, 고용이 불안하면 높은 임금을 받아야 한다. 만약 이러한 원리가 실현된다면 정규직, 비정규직 간의 구별 자체가 사라질 수 있다. 현재 공공부문이나 대기업은 더럽고, 힘들고, 위험한 일들은 하도급 거래를 통해 싼 가격으로 해결한다. 그래서 중소기업 종사자나 3D 작업의 임금은 낮다. 하지만 위의 원리에 따른다면 이러한 문제는 사라질 것이다.

왜곡된 임금 결정 체계 등을 바로잡는 데 오랜 시간이 걸리고 문제는 계속될 수도 있다. 그럴수록 국가는 부당한 격차 해소에 공을 들여야 한다. 2023년 10월부터 소위 납품 대금 연동제가 시행되었다. 원자재 가격이 급등하면 거래 중소기업의 납품 가격에 그 상승분을 반영해 주는 제도이다. 납품 가격은 일차적으로 중소기업 근로자가 아닌 사업주에게 중요하다. 그것에 의해 손익이 결정되기 때문이다. 그간 숙원이었던 원자재 가격 급등의 문제를 일단 해결한 셈이다. 아쉬운 것은 대·중소기업 간 임금 격차 해소에는 별다른 노력이 보이지 않는다는 점이다. 대·중소기업 간 임금 격차는 중소기업 근로자는 물론 중소기업, 대기업, 국가 모두에게 중요하다. 각종 사회 문제가 이와 연결되어 있다. 중소기업의 인력 부족과 종사자의 생계 문제, 대기업의 가치사슬 위협, 뿌리 산업[2] 생태계 소실, 청년 실업 등이 그것이다. 정규직 중심 노동보호, 공정거래보다 상생 정책, 근로자보다 기업주 이익의 보호, 3D 작업자에 대한 낮은 임금 등에 변화가 필요하다. 미국 하원의장을 지낸 폴 라이언은 만드는 자(경제에 기여가 많은 사람)와 가져가는 자(납세액보다 정부에서 받는 액수가 많은 사람)를 구분하였다. 가져가는 자가 만드는 자보다 많아지는 현상을 우려한 것이다. 복지국가로서 많은 세금을 쓰기 전에 먼저 할 일이 있다. 임금이나 소득 등에서 부당한 격차를 최소화하는 일이다. 노동시장의 모든 취업자가 사회에 기여한 만큼 가져가는 구조를 만들어야 한다. 면허 획득자, 고임금 정규직, 제도적 독점자 등의 지대를 없애고 더 공정한 사회를 만들기 위해서이다.

---

[2] 주조(鑄造), 금형(金型), 소성가공(塑性加工), 용접(鎔接), 표면처리(表面處理), 열처리(熱處理) 등의 산업으로서 제조업의 기반과 뿌리가 됨. 제조업 경쟁력의 기반으로서 뿌리 산업의 건재가 중요함.

▶ 임금체계 혁신

영국 공공부문에는 임금 검토평가기구(Pay Review Bodies)라는 위원회 조직이 있다. 군인, 의사, 간호사, 교도소 종사자, 교사, 고위직 공무원, 경찰, 국가범죄수사국 공무원 등 8개 분야에 설치되어 있다. 각각 정부와 분리된 독립적 기구로서 학계나 노동계의 해당 분야 전문가, 인적자원과 임금 전문가, 노조 대표, 정부 대표, 경제학자 등 6~8인으로 구성된다. 위원회는 매년 영국 전체 공공부문 45% 근로자에 대한 임금수준 권고안을 만들어 해당 부처에 제출하거나 직접 임금 인상 수준을 결정한다. 발전적인 임금체계나 저임금자에 대한 임금 인상폭을 늘리는 등의 제안을 하기도 한다.[15] 독일의 기업이나 기관에는 과장, 부장 등의 직급 대신 직무별 임금 등급과 직책이 존재한다. 베를린시와 브란덴부르크주의 공동 출자로 설립된 평생교육기관이 있다. 그곳의 18명 직원은 경영관리와 경영지원, 교육 운영과 기획, 프로젝트 부문에 근무한다. 직무별 임금 등급은 모두 16개이며 각 등급 내에서 다시 1~6단계의 차등이 있다. 경영관리직 2명은 15등급의 5~6단계, 교육 운영과 기획의 10명은 13등급의 5~6단계, 경영지원의 6명은 8~9등급의 3단계로 각각 평가되었다. 개별 근로자의 임금 등급은 직무에 따라 사용자가 결정하는데 직장평의회 및 외부 전문가가 참여하는 심의회의 협의를 거친다. 독일의 임금체계는 직무에 따라 임금 등급을 정하며 단체협약에 따라 기본급 수준을 정한다. 임금 등급 내 임금 단계는 근속에 따라 상향된다. 전체 임금은 기본급과 제수당 및 상여금으로 구성된다. 대체로 상여금은 하후상박 원칙에 따라 낮은 임금 등급에 상대적으로 높은 지급률을 적용한다. 예컨대 낮은 임금 등급에는 기본급 임금의 90%, 높은 임금 등급에는 60%를 적용하는 것이다.

주요국들은 더 나은 임금체계 운영을 위해 계속 노력하였다. 그 결과 미국, 영국, 독일 등은 직무 중심 임금체계에 연공급이나 성과급을 가미한 형태를 운영하고 있다. 나름대로 동일노동 동일임금 원리를 실현하는 것이다. 일본의 경우 직무급은 아니더라도 능력을 기준으로 직급을 부여하고 성과급을 추가로 지급하는 방식을 운영하고 있다. 물론 우리 기업과 공공기관 등도 세분된 직급을 통합하고 근속에 따른 자동 승진제도를 폐지하는 등의 노력을 해 왔다. 근속과 무관하게 30대도 임원이 되고 40대도 사장으로 발탁되기도 한다. 하지만 전반적으로 근속 등 인적 특성이 아닌 직무나 성과를 기준으로 임금 등을 결정하는 수준에 이르지 못하고 있다. 직무급을 도입했다는 경우에도 근속기간을 능력으로 평가하는 등 모양만 갖춘 예들을 볼 수 있다. 연공급을 직무급으로 바꾸는 것은 동일노동 동일임금 원리를 실현하려는 것이다. 시늉하고 그럴듯한 모양을 갖춘다고 해서 될 일이 아니다. 실제 일의 가치와 작업의 어려움 등을 제대로 평가하고 보상의 기준으로 삼을 필요가 있다. 이제 연공에 따른 고임금으로 50세 전후에 퇴직하는 상황도 바뀌어야 한다. 평균 수명 백세 시대에 50세 전후에 퇴직한다는 것은 무언가 잘못되어 있음을 의미한다. 고임금 등으로 인해 기업들이 해외에 공장을 세우는 상황도 계속되고 있다. 노동으로 산출한 가치, 즉 생산성만큼 임금을 받아 기업 등이 고용에 부담을 느끼지 않는 상황을 만들어야 한다. 연공이 아니라 일한 가치만큼 보상을 받는 것이다. 직무급이나 직무급에 성과급 등을 결합한 새로운 임금체계를 고안하고 적용하여야 한다.

  직무급 등 새로운 임금체계 정립에는 준비가 필요하다. 기업 등은 먼저 조직의 각 업무를 파악하고 정리하여 기술하여야 한다. 각자의 업무를 일정한 형식에 서술하여 직무기술서를 만드는 것이다. 각 직무기술서를 검토하고 그것이 한 사람이 맡은 직무로서 적절한 것인지 판단하여야 한다. 현재의 직무를 그대로 인정하거나 직무를 재설계하기 위한 작업이다. 이렇듯 직무와 그 업무들을 정의하는 것은 합리적인 직무 설계와 인사관리를 위해 중요하다. 종사자가 많고 업무가 다양할수록 업무 전체를 조직적으로 파악하고 분석할 필요가 있다. 조직이 어떤 업무들을 통해 가치를 창출하고 어디에 집중해야 하는지를 인식하는 주요 계기가 된다. 직무들이 결정되면 직무별 필요 역량을 정의해야 한다. 해당 직무에 필요한 지식, 기술, 관리 능력, 소통 능력, 경험 등을 구체화하는 작업이다. 이러한 직무 요건은 인력 채용과 배치, 교육훈련은 물론 임금 결정 등의 근거나 기준으로서 중요하다. 그것은 직무가 산출해야 할 성과나 가치를 고려하면서 구체적으로 표현될 필요가 있다. 학력이나 전공은 물론 기술이나 노하우, 마인드와 자세, 리더십과 소통 등 직무에 필요한 역량을 구체적으로 정의하는 작업이다. 조직 내부나 구직자가 해당 내용을 명확히 인식하고 역량 개발이나 인력관리 등에 활용할 수 있어야 한다. 직무급은 직무의 상대적 가치에 따라 등급을 부여하고 임금을 결정하는 제도이다. 그러므로 직무의 어떤 특성에 어떤 가치를 부여할 것인지가 중요하다. 직무 간의 상대적 가치는 직무 요건과 직무에 따르는 책임, 업무 환경 등을 종합적으로 평가하여 결정한다. 책임이란 개인 또는 담당 부문의 성과, 소관 인력 관리 등의 결과에 대한 책임을 포함한다. 업무 환경은 작업 위험과 난이도, 노동 시간, 작업 자율성 등을 말한다. 직무평가란 조직 차원에서 이러한 사항들을 고려하여 해당 직무의 상대적 중요도, 전체 성과에 대한 공헌도 등을 종합적으로 평가하는 것이다.

각 조직의 직무평가 경향은 국가적으로도 중요하다. 각 직무에 대한 가치 부여와 평가는 사회의 평균적 가치관을 반영하는 것이다. 그 결과는 산업경쟁력과 교육 등 사회 전반에 반영될 것이다. 어떤 일을 인정해 주고 제대로 보상할 것인지의 문제이다. 한국의 경우 무엇보다 제조업의 지속적 발전이 중요하다. 개별 직무들의 가치는 제조업 경쟁력 강화에 부합하는 방향으로 평가될 필요가 있다. 예컨대 뿌리 산업은 제조업의 기반이다. 주조, 금형, 소성가공, 용접, 표면처리, 열처리 등의 산업이 그것이다. 그러한 공장에서 생산되는 부품이나 장비가 한국 제조업의 기반이 되고 있다. 하지만 관련 공정에는 분진, 고열, 소음 등은 물론 안전사고의 우려가 뒤따른다. 이러한 공장에서는 최근 젊은 한국인 작업자들을 보기 어렵다. 주로 고연령층이나 외국인 작업자들이 보인다. 특히 이러한 산업은 현장 작업자에게 체화된 노하우가 경쟁력인 경우가 많다. 작업자가 사라지면 관련 기술과 노하우도 사라진다. 미국과 유럽 등 선진 산업국가의 제조업 쇠퇴는 이와 같은 배경에서 시작되었다. 관련 제품이나 서비스 공급에는 어렵고 힘든 작업이 뒤따른다. 그러한 작업과 직무에 높은 가치를 부여하고 충분히 보상하지 않는다면 관련 산업은 쇠퇴하게 될 것이다. 시험 점수에만 높은 가치를 부여하는 상황에 획기적인 변화가 필요하다. 중소기업 등의 현장 노동에 충분한 보상을 하지 않는다면 한국 제조업의 미래는 밝지 않다.

　직무를 분석하고 직무 가치를 평가하는 일에는 시간이 걸리고 전문가가 필요할 수도 있다. 하지만 그것은 노사 모두에게 중요한 일이다. 임금체계 변화에는 노사나 근로자 간에 갈등과 대립이 뒤따를 수도 있다. 평생 받을 소득, 고용 안정성 등에 큰 영향을 줄 것이기 때문이다. 새로운 체계는 다수가 수긍할 때까지 수정과 조정을 거치면서 수용될 필요가 있다. 무엇보다 각 직무에 대한 공정한 평가가 중요하다. 다수 근로자에게서 공감을 얻어야 하기 때문이다. 법은 근로조건이 근로자에게 불리하게 변할 때는 근로자 과반수의 동의를 얻도록 하고 있다. 노조는 연공급을 직무급으로 바꾸는 것에 대체로 반대한다. 새로운 임금체계가 조합원 간 갈등과 대립, 노조의 투쟁성 약화 등을 유발할 것이라 우려할 수도 있다. 하지만 새로운 임금체계가 평생의 소득이나 보상 공정성에 긍정적이라면 변화에 적극적일 필요가 있다. 외국의 노조들은 보상 공정성을 높이는 임금체계 정립에 적극적인 역할을 한 바 있다. 한국은 비합리적 임금 격차, 조기퇴직, 일자리 창출 저해 등의 문제로 고통받고 있다. 노조에게는 적극적인 역할로 문제 해결에 기여할 기회가 다가와 있다.

　미국, 영국, 독일, 일본 등은 부당한 임금차별을 금지하고 동일노동 동일임금 원칙을 실현하는 성과들을 거두었다. 직무급 등 보다 공정한 임금체계 도입은 정부나 국회의 적극적인 노사협의 주선과 법 제정 등 역할에 힘입은 바 크다. 어떤 지방정부는 직무급 도입 후에도 그 수정, 통합에 10년 가까이 걸리기도 하였다. 주 정부, 공공부문, 민간부문 등 곳곳에 임금협상이나 임금체계 협의를 위한 조직들이 활동한다. 산업이나 공공 영역별로 사용자, 근로자, 전문가, 시민 등이 참여하여 임금체계를 설계하고 임금협상을 지원한다. 예컨대 2005년 독일 바덴-뷔르템베르크주 노사는 협약을 통해 직무급 중심의 임금체계를 확립하였다. 보통 중앙 차원에서 임금체계와 임금수준의 큰 그림을 그리면 하위 기관은 그 범위에서 자율적으로 임금체계 및 임금수준을 결정한다.

임금체계에 관한 외국의 노력에 비하면 한국 정부나 국회의 태도는 한가하다. '공공기관에 직무급을 도입할 예정이다' 등의 홍보성 발표를 하는 것에 그치고 있다. 대통령실이나 국회에 관련 범정부적 조직을 만들어 노력해도 부족한 상황이다. 기업 등 민간부문의 임금체계는 민간의 일이고 국가가 할 일은 아닌 것으로 생각할지도 모르겠다. 시장경제에서 임금은 노사의 자율과 사인 간의 계약으로 결정할 일이기는 하다. 하지만 국가는 근로기준법 등으로 노동관계 규율에 나서고 있다. 노동 문제가 온전히 시장에만 맡길 일은 아니기 때문이다. 임금체계는 모든 노사는 물론 국가 전반에 미치는 영향이 지대하다. 일과 보상에 관한 질서 형성의 기본 규칙이라 할 수 있다. '시장을 열고 규칙을 만드는 것은 국가이고 그곳에서 일하고 사업하는 것은 국민'이다.

임금체계는 게임을 하는 운동장의 기본 규칙 같은 것이다. 국가는 노동부문 전반에 최선의 임금체계를 개발하고 적용하는 것에 적극적으로 나서야 한다. 다수 국가의 정부와 의회는 동일노동 동일임금 원칙 기반의 임금체계 도입에 노력하였으며 성과를 거두었다. 노조의 반대 등으로 국가가 임금체계 혁신에 소극적이라면 책임을 회피하는 것이고 직무 유기이다. 국회에는 근로기준법 개정안이 발의되어 있다. '정규직·비정규직, 원·하청 등 근로자의 소속, 계약 상태 또는 근속과 관계없이 동일노동·동일임금을 지급한다는 원칙'을 명시하는 내용이다. 동일 직무에 종사하는 한 근로자는 정규직·무기계약직·기간제 등 고용 형태와 관계없이 동일한 기본급을 받도록 하는 것이다. 방향 자체는 옳다. 문제는 법을 만들고 임금체계를 구체화하는 일에 진전이 없다는 것이다. 임금 지급 기준의 변화에는 모두가 민감하다. 근로자, 노동조합, 사용자, 정부의 생각이 다를 수 있다. 변화의 구체적인 방안에 이들의 동의를 얻어 내는 일은 간단치 않을 것이다. 특히 중요한 것은 근로자들의 입장이다. 장기 근속자와 신입사원, 생산직과 사무직, 정규직과 비정규직의 입장과 생각이 같지 않다. 모든 산업의 모든 근로자로 범위를 확대하면 그야말로 각양각색일 것이다. 이때 중요한 것이 국회를 비롯한 국가의 역할이다. 정치적 유불리를 따져 이러한 임무에 게을러서는 안 될 것이다. 토론과 협의를 통해 다양한 생각과 주장을 수렴하고 총의를 모아 가야 한다. 임금체계 변화에 관하여 근로자, 노동조합, 사용자 등의 대표와 관련 전문가 등이 충분히 논의하고 협의하도록 하여야 한다. 각자의 현재 이해만을 따질 것이 아니라 청소년 등 미래 세대에게 좋은 일터를 많이 제공한다는 지향점을 공유할 필요가 있다. 정권 변동과 관계없이 논의의 장과 관련 조직을 가동하여 실질적 결과를 만들어 내야 할 것이다.

임금체계 변화에 관해 다수가 수용할 수 있는 기본 방향을 정하여야 한다. 예컨대 다음의 내용들이다. '소속이나 직위와 무관하게 일이 보상의 주요 기준이 된다. 소속이나 계약 형태에 따른 부당한 임금 격차를 해소한다. 일자리 창출에 도움이 되어야 한다. 현재보다 평생 받는 임금이 증가하고 정년도 연장되는 방향이어야 한다.' 잘못된 임금체계로 인해 일찍 일자리를 떠나는 일이 있어서는 안 될 것이다. 특히 연공급은 여성들이 출산 등으로 일자리를 떠날 때 연공 단절을 초래할 수 있다. 직무급은 이러한 문제를 넘어 출산 여성의 일자리 복귀에 긍정적일 수 있다는 점에서도 가치가 있다. 변화는 현재 세대는 물론 미래 세대에게도 긍정적으로 작용할 수 있어야 한다. 현재의 근로자가 변화에 부정적이라면 미래 세대 중심으로 변화를 시작할 수도 있다. 가능하다면 신입 직원에게 우선 직무급 등을 적용하는 것이다. 청년 세대의 소리를 충분히 수렴할 필요가 있다. 누구도 쉽게 거부하기 어려운 합리적인 임금체계를 고안하는 것이 중요하다. 구체적인 임금체계는 개별 공공기관이나 기업 등 내부의 교섭이나 협상에 맡길 수도 있을 것이다. 중요한 것은 국가의 의지이다. 국회와 정부가 국가 전반의 새로운 임금체계 정립 임무에 소홀하지 않아야 한다. 특히 중요한 일의 하나는 공무원이나 공공부문 종사자의 임금 및 인사체계를 합리화하는 일이다. 사실 연공급과 연공에 따른 인사관리의 문제가 가장 심각한 곳이 공공부문이다. 그곳에는 국민의 세금이 투입되는데 급여는 일의 성과나 능력에 무관하게 인상되고 고용은 보장되고 있다. 조직 내 수직적 문화의 폐해도 크다. 관피아 등의 개입을 쉽게 용인하며 부패의 고리가 되는 것이다. 공공부문 임금체계 개편은 오랫동안 주요 숙제였지만 성과는 지지부진하다. 이제 공공부문은 임금체계 변화의 모범이 되는 역할을 할 필요가 있다. 연공급에서 탈출하려고 하지만 변화가 쉽지 않은 기업 등에게 모델이 되는 것이다. 국가 예산으로 운영되는 공공부문의 변화가 중요하다. 직무급 도입 등으로 산업 전반의 임금체계를 개편하는 실마리가 되어야 할 것이다.

V. 변화의 길

1. 희망과 변화

입구 통제적 체계는 헌법에 명시된 '자유와 민주, 각인의 기회균등' 등의 이념과 어울리지 않는다. 직업 등 진로를 자유롭게 선택하고 능력을 발휘할 기회를 제약하고 빼앗기 때문이다. 마음껏 일하고 그에 따라 보상받을 권리를 제한하는 것이다. '자유와 기회균등'은 국가의 이상이자 우리 삶의 이유이기도 하다. 국가의 여러 제도와 정책, 문화 등은 '자유와 평등'이라는 이념과 잘 어울려야 한다. 이러한 이념을 현실에서 잘 실현하면 경제와 정치 모든 분야가 발전할 것이다. 하지만 이러한 방향에 배치되는 제도나 정책을 선택함으로써 교육의 문제, 불공정한 소득 격차, 경제와 정치 발전의 지체 등의 현상을 낳았다. 시장경제 사회임에도 생각과 제도는 여전히 '자유로운 시장'에 배치되는 경우들이 많다. '자유와 평등'은 근본적으로 개인주의 기반의 이념이다. 각 개인은 존엄하며 자유롭고 평등할 권리를 가지고 태어난다. 행복을 추구할 자유와 더불어 성별, 종교, 신분 등에 의해 차별받지 않을 권리가 있다. 하지만 우리는 오랫동안 유교적 가족주의 속에서 살았다. 민족과 국가, 계급 등을 앞세운 집단주의에 익숙하다. 개인의 자유와 평등보다 집단의 이익을 앞세우는 경우가 많다.

미국의 정치학자 에드워드 밴필드는 비도덕적 가족주의에 대해 말했다. 오직 자신과 가족의 이익이 중요하며 가족 이외의 사람들을 잠재적 경쟁자이자 적으로 여긴다. 가족의 이익을 위해 서슴없이 범죄를 저지르는 마피아의 가족주의가 그것이다. '비도덕(amoral)'은 '부도덕(immoral)'과 달리 반도덕적이기보다 도덕관념이 없거나 약한 것을 뜻한다. 이러한 가족주의가 가족 바깥으로 확대되면 비도덕적 집단이기주의가 된다. 비도덕적 가족주의는 입구 통제적 체계와 통하는 부분이 많다. 입구가 통제된 집단 구성원들은 밖의 사람들을 차별하고 자신들만의 이익을 추구한다. 노동의 대가나 자리 배분은 학벌이나 서열 등에 의하는 경우가 많다. 집단이 우선이고 개인은 다음이다. 가족이 아닌 집단에서도 3강 5륜의 윤리가 강하게 살아 움직인다. 공공기관 등의 임금 결정이나 자리 배치에 그러한 원리가 작동할 때가 많다. 성과나 기여보다 상하 간의 위계가 중요하다.

라인홀드 니버는 그의 저서 『도덕적 인간과 비도덕적 사회』에서 단체나 집단이 개인보다 더 많은 죄를 범한다고 주장한다. 도덕적 인간들이 모여 비도덕적인 사회를 만든다는 것이다. 개인들의 이기적 충동은 개별적일 때보다 공통된 충동으로 결합할 때 더욱 생생하게 누적되어 표출된다. 개인의 이기심은 집단 속에서 더 과감하고 강력하게 이익을 추구하게 된다. 구성원의 공통적 이기심이 집단의 목표가 되고 단체 행동으로 나타날 때가 많다. 특히 리더를 뽑는 선거 때 그러한 공통적 이기심들이 강하게 분출하기도 한다. 개인들의 양심이나 책임감은 집단의 이익 추구 뒤에서 소멸한다. 세계적으로 가족주의가 강한 나라일수록 부정부패가 심하다. 가족에 대한 의무를 유난히 강조하는 동아시아 국가의 부패는 중앙아시아 국가보다 더 심하다.[1] 물론 서구 개인주의에 비해 공동체 중심 사고의 장점도 많다. 하지만 비도덕적 집단주의는 개인의 자유와 평등을 훼손하고 집단 내 부패를 조장하는 문제가 크다. 그들은 집단 내 부도덕이나 비리를 외부로 누설하는 것에 예민하다. 집단 내 비리나 불법을 외부에 고발하면 해당 집단은 그 고발자를 징계하고는 한다. 일본은 미투 운동이 제대로 시작되지 못할 정도로 집단 내 문제 노출에 예민하다. 집단 내 잘못은 감추면서 개인의 권리는 쉽게 훼손한다.

어떻게 이러한 문제를 해결할 것인가? 집단이 공통의 이익을 추구하는 과정에서 개인의 도덕성이 약화할 수도 있다. 하지만 개인의 도덕성은 집단의 영향을 받기도 하지만 집단에 영향을 주기도 한다. 예수나 싯다르타, 세종이나 에디슨이 아니더라도 세상은 창조적 소수에 의해 진보하곤 하였다. 라인홀드 니버는 집단 내 개인의 도덕성 발휘가 힘들다고 진단한 바 있다. 단체나 집단이 개인보다 많은 죄를 범하고 비도덕적인 사회를 만든다고 본다. 그래서 "집단의 이기심을 공권력 등 다른 힘으로 견제해야 한다."라고 말한다. 그렇더라도 중요한 것은 결국 개개인의 노력이다. 개인의 이기심이 모여 집단의 행동으로 표출되기도 하지만 그것을 제어하는 것 역시 각 개인일 것이다. 물론 현실에서는 개인의 도덕성이 집단의 욕구에 종속될 때가 많다. 곳곳에서 집단의 비도덕적 이익 추구가 지속되는 이유일 것이다. 집단 이익을 위해 신규 참여자의 진입을 차단하고 경쟁을 제한한다. 자유롭게 진입하여 공정하게 경쟁하는 대신 조직 내 위계로서 질서를 잡고 지대 등을 나누어 갖는다.

고려는 어떤 면에서 조선보다 훨씬 평등했었다. 반면 조선은 군신, 부자, 남녀, 장유 등을 구별하는 성리학 윤리를 확립하면서 경직적인 사회가 되었다. 계급과 서열로 사회질서를 유지하였다. 그러한 사고는 대등한 위치에서 자유롭게 경쟁하는 시장을 반기지 않는다. 대신 울타리를 치고 집단 이익을 챙기는 구조를 선호한다. 자유롭고 평등하게 경쟁하는 세상을 인정하고 수용하기 어려웠다. 시장에서는 사농공상이나 장유유서 의식을 넘어 누구나 대등한 위치에서 경쟁한다. 그러한 경쟁에 자신 없으면 신분적 계급 질서에 적응하며 살려고 할 수 있다. 자유로운 개인보다 집단의 일원으로 존재하는 것이 편할 수 있다. 교육으로 계급을 형성하고, 입구 통제로 경쟁자의 진입을 막으며, 연공급으로 선의의 경쟁을 차단하는 체계를 만든다. 비도덕적이고 이기적인 집단주의에 자신을 숨기고 외부에 폐쇄적으로 된다. 경쟁의 자유를 포기하는 대신 독점적 지대를 공유하는 음모에 참여한다. '공익과 우리'를 강조하지만 실제로는 집단 소수의 이익을 챙긴다. 시장진입을 강하게 통제할수록 능력과 성과가 미흡한 자들이 시장을 지배할 수 있다. 경쟁력 없는 사업자의 시장 지배는 산업경쟁력 저하와 일자리 축소로 연결된다. 어른 대신 어린이와 청소년이 대신 승부를 펼치게 될 수도 있다.

경쟁 회피의 체계로부터 더 자유롭게 경쟁하는 체제로 바뀐다면 어떤 변화가 올까? 입구가 좁아진 각종 영역에 더 많은 이가 진출하여 자유롭게 경쟁하게 될 것이다. 일의 성과와 사회적 기여에 따라 보상받고 경제적 격차는 완화된다. 각자의 능력을 마음껏 개발하고 발휘하는 환경을 만들 수 있다. 좋은 학벌과 자격 면허에 대한 보상은 줄고 입시 경쟁은 완화될 것이다. 다양한 영역에서 자유로운 경쟁을 통한 성공 사례가 증가한다. 시장 역동성 증가로 경제는 더 성장하고 좋은 일자리는 늘어날 것이다. 소비자 후생은 증가하고 사회적 갈등은 감소할 것이다. 자살률도 감소하고 출산율은 증가할 가능성이 크다. 많은 문제가 해결되고 국가는 한 단계 더 도약할 수 있을 것이다. 한국은 경제 성장과 한류 등으로 이미 세계의 주목을 받고 있다. 하지만 경쟁 차단의 체계를 혁신하여 더 자유롭고 기회 균등한 사회가 될 필요가 있다. 더욱 발달한 삶의 모습을 세계인에게 보여 줄 수 있을 것이다.

> 희망이란
> 본래 있다고도 할 수 없고 없다고도 할 수 없다.
> 그것은 마치 땅 위의 길과 같은 것이다.
> 본래 땅 위에 길은 없었다.
> 한 사람이 먼저 가고
> 걸어가는 사람이 많아지면
> 곧 또 길이 될 것이다.

20세기 중국의 대표 소설가이자 사상가인 루쉰의 「고향」에 나오는 구절이다. 그는 봉건적 폐습과 서양의 침탈이라는 중국의 구조가 변혁

되기를 바랐다. 희망은 땅 위에서 길이 될 때 현실이 된다. 많은 사람이 그곳에 갈수록 길은 더 넓어질 것이다. 아무리 희망을 품는다고 해도 실제로 시작하지 않으면 실현되지 않는다. 불확실하고 위험하더라도 새것을 받아들여야 새로운 행복을 만날 수 있다.

한국은 짧은 기간에 많은 변화를 경험하였다. 그로 인해 한국인의 세대별 경험의 차이는 매우 크다. 일본, 대만, 중국 등에 비할 때 한국 젊은이는 자유민주적 평등주의와 개인주의 의식이 가장 강하고 노인 세대는 유교적 가부장제 의식이 유독 강하다고 한다. 생각과 경험의 다양성은 어떤 이슈에 대하여 각기 다른 의견을 갖게 한다. 중요한 정책이나 제도에 대해서도 의견들이 갈릴 수가 있다. 하지만 정책이나 제도를 만들려면 시민의 다양한 의견이나 여론을 수렴하여 하나의 결론에 이르러야 한다. 주권은 국민에게 있고 모든 권력은 국민에게서 나온다. 경쟁 차단의 체계를 더 자유롭고 개방적인 체계로 바꾸기 위해서는 새로운 변화에 대한 확고한 지지가 필요하다. 반대를 극복하고 여럿이 같이 꾸는 꿈을 만들어야 하는 것이다. 특히 지식인과 언론 등의 역할이 중요하다.

새로운 꿈을 실현하려면 관성을 극복하는 것이 중요하다. 굳어진 생각이나 행동을 바꾸어야 하는 것이다. 감자는 안데스산맥 고지대에서 야생하였다. 언제부터인가 잉카제국 티티카카호 주변에서 재배되었다. 감자의 헥타르당 수확량은 밀, 보리 등의 서너 배에 이르렀다. 중세 이후 영국, 아일랜드 등 유럽의 기근 해결에 큰 도움이 될 수 있었다. 1530년대 스페인의 프란시스코 피사로 집단은 잉카제국 정복 뒤 처음으로 감자를 접했다. 하지만 풍습과 편견 등이 감자가 유럽대륙에 퍼지는 것을 막았다. 18세기 초까지도 영국 성직자는 교구민의 감자 섭취를 금했다. 성경에 언급되지 않았다는 것이 이유였다. 1748년 프랑스 의회는 감자가 한센병을 일으킬 수도 있다고 하면서 재배를 금지하였다. 1765년 영국 선거에서는 "감자는 안 돼, 카톨릭도 안 돼"라는 구호가 난무하였다. 하지만 이윽고 1760년대 이후 룩셈부르크, 독일 등지에서 감자 재배가 확산하였다. 멸시받았던 감자는 1800년대가 되면서 유럽 식단의 필수가 되었다.[2] 굶주림과 기근을 해결할 수 있었던 식자재의 재배 허용에 무려 200여 년이 걸렸다. 새것이 기존의 것을 대체하는 데는 여러 혼란이 뒤따른다. 특히 여러 기술이 연결되고 조직들이 상호 의존하는 사회에서 변화는 여러 부문의 동시적 혼란을 요구한다. 자동차 발명은 그때까지 번성했던 마차 및 마구 제조업체의 몰락을 가져왔다. 말 목장을 비롯하여 마차의 제조 및 유통에 종사했던 많은 사람이 일자리를 잃었다. 창조적 파괴는 사람들에게 창조의 혜택보다 파괴의 비용을 더 직접 느끼게 할 때가 많다. 양말 짜는 기계의 생산성보다 그로 인한 바느질 일자리의 상실이 더 걱정되는 것이다. 창조는 파괴의 비용을 수반한다. 그 비용이 혜택보다 더 명백한 것처럼 보이고 더 일찍 나타날 수가 있다. 창조를 쉽게 받아들이게 하려면 파괴의 우려를 완화해 주는 정책들이 필요하다.[3] 호주 정부는 우버 서비스 기업에 부담금을 부과하여 택시업계의 기금으로 사용하였다. 택시업계에는 세금을 낮추고 관련 규제를 정비하는 등 우버와 경쟁할 수 있는 정책을 펼쳤다.

창조적 파괴의 수혜자가 아닌 피해자들이 뭉쳐 기술이나 혁신을 반대하거나 저지할 때가 있다. 이때 정부의 태도가 중요하다. 일자리 상실 등 심각한 궁핍으로부터 시민을 보호하는 것은 정부의 주요 역할이다. 따라서 실업 급여 지급, 새로운 일자리를 위한 전직 훈련 등으로 혁신 피해자들을 지원할 필요가 있다. 하지만 어떤 경우에도 혁신 자체를 저지하거나 방해해서는 안 될 것이다. 혁신할 자유와 경쟁을 보호하는 것이 우선되어야 한다. 혁신으로 인해 곤란해진 사람들을 지원하고 보호하는 것은 시장 외부에서 이루어져야 할 일이다.[4] 창조적 파괴 등 혁신을 통해 경제가 성장하고 국부가 증가한다. 그렇게 만들어진 재원으로 실직자나 저소득자 등을 지원하여야 할 것이다. 창조하고 경쟁하는 시장의 자유는 혼란과 역동성을 동반한다. 스스로 창조에 실패하기도 하고 경쟁자를 구렁텅이에 빠트리기도 한다. 자유로운 세상을 위해 감수해야 할 것들이다.

2. 담합과 포획 분쇄

▶ 가야 할 길

오늘날 많은 국가는 저성장과 불평등의 문제를 겪는다. 소득 증가, 일자리 창출, 격차 완화 등의 과제들을 해결해야 한다. 잘살면서도 평등한 사회가 되어야 하는 것이다. 시장경제는 자유로운 경제활동을 통해 성장하지만 빈부 격차를 유발하는 것으로 여겨져 왔다. 성장과 분배 문제를 동시에 해결하기가 쉽지 않을 것으로 보았다. 이러한 맥락에서 토마스 피케티는 조세를 통한 불평등 해결을 제안하였다. 정부는 사전적으로 불평등의 원인을 손보는 것이 아니라 사후적으로 불평등을 해결하는 존재이어야 한다는 것이다. 격차는 어쩔 수 없는 것이며 사후적으로 그것을 보완하는 정책이 있을 뿐이라고 본다. 하지만 그것은 올바른 처방이라 하기 어렵다. 물론 시장경제가 격차를 유발할 때도 있을 것이다. IT 기술 발전과 경제의 세계화가 거대 기업들의 출현을 낳은 것은 사실이다. 미국의 5대 플랫폼 기업인 애플, 마이크로소프트, 알파벳, 페이스북, 아마존의 연간 수익은 2020년 약 2,000억 달러였다. 2017년에 비해 2배 정도 증가한 수치이다. 각 영역에서 세계 시장의 상당 부분을 지배한 덕이다. 한국에서는 전통적 재벌 기업 이외에 쿠팡, 네이버, 카카오 등이 플랫폼 시장의 강자로 등장했다. 하지만 이러한 현상이 국내외 경제 주체들의 소득이나 부의 격차를 심화했는지는 알 수 없다. 영세한 많은 사업자가 플랫폼 기업들을 통해 기회를 얻고 새롭게 성장하기도 했다. 공정거래법 등으로 독점자의 불공정행위나 갑질을 적절히 규제한다면 부의 격차나 분배 불공정 현상은 많이 줄어들 것이다. 시장경제가 언제나 소득이나 부의 격차를 심화시키는 것은 아니다. 오히려 국가가 시장 독점자 등의 부당한 행위를 방임하거나 조장할 때 문제가 발생한다. 시장에서는 독점 사업자가 새로운 경쟁자 때문에 쇠퇴하거나 물러나기도 한다. 시장 경쟁에 의한 독점은 법에 따른 제도적 독점과 달리 안정적으로 시장을 지배하는 것이 아니다. 언제든 변할 수 있는 것이다. 불평등은 자본주의의 결과이기보다는 정치와 제도의 산물인 경우가 많다. 시장에 대한 잘못된 규제와 간섭을 시정하여 공정하게 경쟁하는 시장을 만드는 것이 중요하다.

미국 부자는 시장의 승자보다는 경쟁이 없거나 불충분한 곳에서 많이 발견된다고 한다. "시장은 불평등을 유발한다."라고 하지만 그렇지 않은 경우가 많다. 시장경제와 자유를 주장할 때 '자유가 아닌 부' 자체를 옹호하는 경우들을 볼 수 있다. 자유와 경쟁을 제한하거나 담합을 방관함으로써 격차가 확대되기도 한다. 시장을 규제하여 기업의 창조적 행동을 저지하고 시장 역동성 약화를 초래하기도 한다. 자유롭게 경쟁하고 공정하게 보상받는 경제를 만들어야 하는데 그렇지 못한 것이다. 자유롭고 균등한 기회는 구호에 불과할 때가 많다. 기울어진 운동장을 평평하게 하거나 공정한 규칙으로 경쟁하게 하여야 한다. 저성장과 불평등 문제를 개선하는 가장 좋은 방법은 자유롭고 공정한 시장을 복원하는 것이다. 하나의 돌로 성장과 평등의 두 마리 새를 잡는 것이라 할 수 있다.[5] 국가는 기회 균등한 경제 형성에 실패한 것이 아니라 아예 불평등한 방향으로 정책을 만들고 경제를 이끌었다. 저성장과 불평등의 문제는 부패에 뿌리를 둔 정치와 제도에서 비롯된 것이다. 보이지 않는 손이 아니라 자유와 경쟁을 훼손하는 정책과 제도가 문제를 만들었다. 기업가정신과 경쟁을 억압하여 경제를 위축시키고 공정성을 훼손하였다. 사회경제적 강자들은 자신에게 유리하게 기회를 활용하고 축적하며 규칙을 조작했다. 불법적 지대추구, 면허에 의한 경쟁 제한, 감독기관과의 결탁 등의 부패가 저성장과 불평등을 초래하였다. 정치의 장에서 이러한 것들을 공모하는 행위를 막아야 한다. 내부자 보호 중심의 정실주의에서 벗어나 경쟁이 살아 있는 시장을 복원하여야 한다. 새로운 기업의 진입과 혁신을 통해 시장은 과도한 지대와 불평등을 줄일 수 있다. 노벨경제학상 수상자 스티글리츠 등은 자유롭게 경쟁하는 시장을 문제 해결의 핵심으로 보았다. 자본주의 경제를 유지하되 강자의 약탈을 최소화하는 것이다. 기존 사업자보다 신규 사업자, 생산자보다 소비자에게 유리한 제도를 만들고 정책을 펴야 한다.

포용적 체제와 착취적 체제에 대하여 논의하였었다. 포용적 체제가 자유와 경쟁을 근간으로 시민 전체를 위한다면 착취적 체제는 새로운 기술의 진입을 막거나 경쟁을 제한하여 소수의 이익만을 지원한다. 오스트리아-헝가리, 러시아 제국 등은 착취적 체제로 창조적 파괴를 저지하고 산업혁명에서 뒤처졌다. 반면 포용적 체제로서 산업혁명과 혁신에 성공한 영국과 미국은 세계 경제를 이끌었다. 소수를 위한 경쟁 차단의 체계를 전체 시민을 위한 포용적 체계로 전환할 때 격차와 저성장의 문제를 풀 수 있다. 한국의 주요 서비스산업들은 진입규제와 경쟁제한으로 생산성은 낮고 역동성은 부족하다. 주요 영역에 자유로운 진입과 퇴출을 가능하게 하여 경제 역동성과 경쟁력을 회복하여야 한다. 금융 보험업, 법률 서비스, 의료 및 보건, 교육, 운송, 정보통신 분야 등의 혁신과 발전이 중요하다. 제조업과 더불어 서비스 산업까지 경쟁력을 회복하면 한국경제는 한 단계 더 성장할 것이다. '지대추구와 복지' 중심의 정치경제 체제를 '자유와 경쟁 기반의 복지' 체제로 바꾸어야 한다.

부문별 시장 경쟁의 정도를 비교하여 혁신 영역을 찾을 필요가 있다. 음식업 등의 경쟁은 매우 치열하지만 은행 산업이나 의료, 법률 서비스 등의 경우는 그렇지 않다. 후자의 경우에 치열한 가격경쟁은 거의 없다. 일이 아니라 소속이나 영역에 따라 부가 결정된다면 사람들은 일이 아니라 원하는 곳에 속하는 데 열심일 것이다. 지대의 존재, 경쟁의 정도, 소득 수준 등을 기준으로 문제 분야를 선별하고 경쟁의 형평성을 추구하여야 한다. 경쟁정책(competition policy)은 공정거래위원회의 소관이다. 기업의 반경쟁적 행동을 규제하고 경쟁을 촉진하며 거래 공정성을 지원한다. 카르텔 등 담합을 금지하고 경쟁을 저해하는 기업 합병(M&A) 등을 규제하고 감독한다. 독과점 기업의 약탈적 가격 인하, 끼워팔기, 바가지 가격, 거래거절 등의 시장지배력 남용 행위를 규제하기도 한다. 하지만 동 위원회는 타 부처가 법령으로 경쟁을 차단하거나 제한하는 것을 건드리지는 않는다. 부처는 달라도 같은 국가기관이기 때문일 것이다. 법무부는 법률 서비스, 기획재정부와 금융위원회는 은행이나 증권업, 교육부는 대학이나 학원, 국토교통부는 건설이나 운수업을 관할한다. 각 부처는 해당 퇴직 관료가 업계 이익을 옹호하며 활동하는 것을 막기 쉽지 않다. 학연, 고시 선후배, 동료 등의 연이 작동하기 때문이다. 국회는 국민을 대변하여 이러한 행위들을 견제하고 수정하는 역할을 할 수 있어야 한다. 행정부의 부패를 견제하고 국민의 편에서 입법 활동을 해야 하지만 그렇지 않은 경우가 많다. 사업할 자유를 규제할 때 특히 중요한 것은 기술 발전 등을 고려한 미래지향적 사고이다. 새로운 기술을 지닌 사업자들이 등장했을 때 특히 그렇다. 현재 사업자와 가까운 관계의 관료와 국회의원이 그들 편에서 그 영역의 신기술을 거부할 때가 많다. 신기술을 거부하고 현재 사업자와 현재 기술을 보호하는 것은 미래를 버리는 일이다. 기존 사업자의 이익보다 소비자와 미래 세대의 이익을 우선하면서 정책을 결정할 필요가 있다.

정책 결정기관이 시민 모두의 이익과 권리를 수호하려면 소수에게 포획되지 않아야 한다. 시장에는 진입규제, 담합 등으로 독점적 이윤을 유지, 확대하려는 다양한 집단들이 존재한다. 자신들만이 해당 영역을 독점하고 지배하기를 원한다. 언론은 물론 정부나 국회를 통해서도 자신들의 주장을 집요하게 전파하려고 한다. 소비자나 시민 전체를 위한 소리는 작은데 이익집단을 대변하는 소리는 강력하고 은밀할 때가 많다. 새로운 기술과 혁신은 기존 사업자들의 이익과 지위를 위협하고 권력관계의 기반을 흔들 수도 있다. 창조적 파괴의 피해자들은 잘 뭉치지만 소비자들은 흩어지는 경향이 있다.[6] 혁신과 창조에 성공하려면 로비, 뇌물, 담합, SNS 등에 의한 저항을 극복하고 기득권과 싸워야 할 때가 많다. 누가 생선 가게를 지키는가? 관료는 소속 부처를 우선 생각하는 경향이 있다. 소속 업계와 부처의 이익을 위해 국민적 이익을 저버릴 수도 있다. 어떤 부처는 통신업계를 감싸고 어떤 위원회는 은행이나 보험사들의 이익을 감싸며 어떤 기관은 전문성 부족으로 업계에 휘둘린다.[7] 국회도 마찬가지이다. 로비스트가 된 전문가 집단과 정치인은 각자의 이익을 추구하면서 시민 전체 이익은 뒷전이 된다. 경제적 강자와 권력 집단이 결탁할 때의 문제는 크다.

정책 결정자들이 적극적으로 포용적 제도와 정책을 입안하도록 독려하는 사회문화적 환경이 필요하다. 소수를 위하는 자가 아닌 국가나 시민 전체의 이익을 대변하는 자가 우대받아야 한다. 특정 직역을 대변하거나 그 이익을 옹호할 사람은 국회의원 등의 선출직에서 배제할 필요가 있다. 다수의 이익을 희생하고 소수를 대변하는 공직자가 될 수 있기 때문이다. 공직자 선출 시 학력이나 자격보다 성과나 능력을 평가하는 정서나 문화가 필요하다. 사람 평가는 출신이나 학벌보다 그가 세상에 기여한 바에 의해야 할 것이다. 먹고사는 문제 다음으로 명예가 중요하다. 그의 직위나 부가 아니라 그가 한 일이나 사회적 기여로 명예로울 수 있어야 한다. 정책 결정자가 제도를 입안하고 결정할 때 이러한 기준이 중요하게 작용할 필요가 있다. 자유롭고 공정한 경제를 만드는 데 공헌하는 사람이 존경받아야 한다.

▶ 정책 결정 과정의 공정화

　같은 단지 아파트 소유자들은 아파트 가격 유지와 상승을 위해 서로 짤 때가 있다. 법조계나 의료계는 제한된 인원으로 구성되며 서로 간의 유대가 강하다. 다른 업역과 분리되어 자신들만의 이익을 공유할 수 있으며 정치적 영향력도 크다. 반면 소비자들은 손해를 보더라도 조직화의 가능성은 작다. 제약회사가 특허 약을 비싸게 팔아도 환자나 소비자는 힘 모으기 쉽지 않은 것이다. 미국 등을 비롯한 대부분 국가의 의회에는 고학력자가 많다. 저학력자나 노동 계층이 의회에 진출하는 경우는 많지 않다. 국회는 국민을 대표해야 한다. 하지만 면허나 담합으로 이익을 추구하는 소수를 옹호하고 시민의 자유를 쉽게 제약한다.[8] 공익을 앞세우는 법령이나 정책이 실제로 공익을 위한 것인지 불분명한 경우도 많다. 지대 추구자는 상대가 비무장일 때 완전 무장을 하여 지대를 획득한다. 아파트 가격을 같이 올려서 매물로 내면 소유자들은 가격 상승의 혜택을 누린다. 누군가 더 싼 가격에 아파트를 내놓지 않는다면 구매자는 그 가격에 아파트를 구매할 것이다. 합격 정원 등으로 경쟁을 제한하는 제도는 이와 같은 일방적 게임을 통해 생성되는 경우가 많다. 그 소비자나 새롭게 시장에 진입할 자의 소리는 듣지 않는다. 부자들의 힘은 돈에서 나온다. 그들은 이익을 위해서 모이고 돈을 정치적 힘으로 전환한다. 법무법인, 대학, 싱크탱크 등에 적지 않은 자금을 투자하기도 한다. 자료와 정보를 생성하여 정책을 만들고 네트워크를 활용한다.

민주주의는 여론 기반의 정치체제이다. 하지만 한쪽의 이익이나 주장에만 귀 기울이지 말고 다양한 의견을 청취하고 수렴할 일이다. 목소리 큰 소수 의견에만 귀 기울이고 그들을 위해 일하는 것은 좋지 않다. 목소리 작은 다수를 기억하고 그들을 위한 정책을 입안하여야 할 것이다. 현재만을 생각할 것이 아니라 정책이나 제도가 가져올 미래를 생각하여야 한다. 주요 의사결정에는 현재의 문제, 새로운 정책의 내용과 실현 방안, 기대 효과 등에 관한 다양한 자료와 정보가 필요하다. 정책 결정자가 관련 내용을 이해하고 판단하며 주요 이해관계자를 설득하는 데 도움이 되어야 한다. 고교 직업교육을 강화하는 정책을 입안한다고 가정해 보자. 학생들이 직업 현장과 관련 기술을 실습 등으로 학습하고 입시에 관련 성적을 중요하게 반영하는 것이 목표이다. 이러한 정책에 대하여 찬성하고 반대하는 등 여러 의견이 있을 것이다. 현재의 입시와 고학력의 틀을 유지하려는 입시 산업 종사자 등은 반대할 것이다. 고학력과 높은 청년실업률에 비판적이거나 인력난을 겪는 중소기업 경영자는 대부분 찬성 의견일 것이다. 이들은 자신의 의견을 반영하려고 자료를 만들고 정책 결정자를 설득하려 할 수도 있다. 이때 국회 등의 정책 결정자는 해당 정책의 목적, 정책의 내용과 방법, 예상되는 반대, 기대 효과 등을 숙지하고 상대 의견에 답할 필요가 있다. 현재의 입시와 교육의 문제, 직업교육의 방법, 그것을 위한 준비와 극복할 문제, 예상 효과 등에 관한 충분한 자료와 정보가 중요하다. 물론 학부모와 기업 등 교육 소비자와 관계자 등의 의견도 수렴되어야 할 것이다. 이 같은 정책이 교육부나 관련 학계 등의 의견만으로 결정된다면 문제가 크다. 그들은 기존 입시제도와 학벌사회 형성에 기여하였고 기득권을 가졌을 수 있다. 정책 변화에 민감하고 변화에 반대할 가능성이 크다. 가장 중요한 것은 교육 제도의 소비자인 학생과 학부모에게 미칠 영향이다. 지금과는 다른 방식으로 교육 서비스를 제공할 사람들의 의견도 중요하다. 여러 차례 '교육개혁' 시도에도 문제가 여전한 것은 이러한 정책 결정 과정에 소홀했기 때문이다. 과도한 진입규제와 지대추구, 경쟁 회피, 정규직 중심의 노동보호, 연공급 등의 제도나 정책도 마찬가지이다. 그 결과 법이나 제도로 경쟁할 자유를 제한함으로써 다수가 피해를 보는 상황이 지속되고 있다.

무엇보다 제도나 정책을 입안하거나 바꾸는 과정이 투명하고 공정하여야 한다. 컴컴한 곳에서 사업자 이익에 편향되어 심의되고 결정되어서는 안 될 것이다. 정책 결정의 가장 중요한 기준은 사업자의 이익이 아닌 소비자 후생이다. 서비스 대가를 부담하는 자[1]가 누구이든 전체적으로 최소 비용에 최고의 서비스가 제공될 수 있어야 한다. 고비용에 질 낮은 서비스는 대부분 사업자 이익을 우선하는 시스템 때문이다. 정책이나 제도를 심의하는 장소를 밝고 개방된 곳으로 옮겨야 한다. 이해관계자는 물론 다수 국민이 무엇이 진행되고 논의되며 결정되는지 알아야 할 것이다. 정책이나 제도의 입안은 사전에 공지되고 투명하게 논의되어야 한다. 물론 현재도 심의에 관한 규정이 있고 절차도 정해져 있다. 하지만 현실에서는 국민 전체보다 사업자 이익을 중심으로 논의가 진행될 때가 많다. 법률 서비스는 변호사, 의료 서비스

---

[1] 예컨대 의료 서비스는 개인과 정부가 공동 부담하고, 변호 서비스는 각 개인이 부담한다.

는 의사, 운송 서비스는 그 사업자나 종사자, 교육은 교육자 노조나 학계, 노동 문제는 정규직 중심의 대형 노조 등의 소리만 크다. 해당 영역에 종사하더라도 목소리 큰 집단 소속이 아닌 이들의 소리는 들리지 않을 때가 많다. 의료에서는 수많은 직종의 협업으로 서비스가 제공되지만 유독 의사들의 목소리가 크다. 어떤 면허 발급 위원회가 그 면허 소지자나 그와 가까운 사람들로 구성된다면 가능한 한 면허 발급을 억제할 가능성이 크다. 그 영역에 새로이 진입하려는 사업자와 소비자의 소리는 잘 듣지 않을 것이다. 위원회와 사업자단체는 사실상 같거나 매우 가까운 관계이다. 소비자 후생을 생각하거나 경쟁을 확대하는 등의 논의를 하기 어렵다. 그 결과 '정부가 정책을 만들면 국민은 대책을 세운다.'라는 상황이 된다. 정책 결정자가 사업할 자유나 경쟁을 제한할 때는 반드시 소비자 후생 효과 등에 관한 심의를 포함하여야 한다. 그것을 강제하는 입법이 필요하다. 사업에 새로이 진입하려는 자의 소리도 경청하여 반영하여야 할 것이다. 각종 정책이나 제도의 입안에서 목소리 작은 경제적 약자, 저학력자, 2차 노동시장 종사자 등의 입장을 충분히 고려하여야 한다. 이익단체의 목소리는 큰데 반대편의 소리가 작거나 없다면 입법 과정이 공평치 않은 것이다. 제도와 정책을 만드는 운동장을 평평하게 만들어 그 과정이 공정해져야 한다.

한국은 통상 국가이다. 기업 다수가 국제경쟁력을 지닐 필요가 있다. 경쟁력은 기업의 자유로운 활동과 경쟁 시장을 기반으로 한다. 정부 부처와 많은 기관이 기업들의 활동과 경쟁력을 지원하는 사업들을 하고 있다. 하지만 신기술과 새로운 제품을 지닌 사업자의 시장진입을 막는 것은 산업경쟁력을 포기하는 일이다. 정부나 국회는 현재의 사업자가 아니라 시장 경쟁과 혁신을 지원해야 한다. 정책의 초점을 기업 지원이 아닌 기술 발전과 경쟁 촉진에 두어야 하는 것이다. 특히 관피아, 정피아 등으로 불리는 로비스트들의 행위를 엄하게 규율하여야 한다. 국가경쟁력을 후퇴시키고 은밀한 범죄를 조장할 수가 있다. 전직 관련 분야에 취업을 제한하는 것으로 그쳐서는 안 된다. 부당하게 시장 경쟁을 해치거나 정부의 예산 등에 영향력을 행사하는 행위는 엄벌하여야 할 것이다. 정책 결정자들의 눈은 현재와 더불어 미래에도 가 있어야 한다. 역사는 현재 사업자의 이익을 보호하려다 국가의 미래를 망친 많은 사례를 보여 주고 있다. 산업의 미래를 생각하면서 시민이나 소비자의 이익을 먼저 챙겨야 할 것이다.

국회나 정부는 통계나 정보를 생산하기도 하지만 의사결정 과정에서 많은 자료와 정보를 소비한다. 통계, 학계 등 외부의 보고서, 언론이나 이익단체가 생산하는 자료 등에 의존하는 경우가 많다. 정책 결정자는 좋은 정책이나 법령을 만들었다는 평가를 받고 싶을 것이다. 정책 결정에 도움이 되는 다양한 정보가 필요하다. 법령이나 정책안에 대한 찬성과 반대에는 각각 그 근거와 관련 자료가 제시될 수 있다. 양측의 자료와 정보가 원활하게 제공된다면 정책 결정에 도움이 될 것이다. 그렇지 않다면 정책은 설득력 있는 자료를 제공한 한쪽 의도에 경사될 수도 있다. 정책이나 제도의 결정은 결국 자료와 정보의 싸움이 될 수 있다. 정책 결정자에게 유용한 정보를 제공하는 자는 영향력 발휘의 기회를 얻는다. 돈은 로비에 쓰이기도 하지만 정책 결정에 유용한 자료나 정보를 만드는 데도 쓰인다. 국회의원 사무실 직원이나 정부 공무원은 이익단체나 연구기관 등이 제공하는 정보 확보에 많은 시간을 쓴다. 관련 이슈에 대해 편향된 정보는 가려내고 객관적 판단에 도움이 되는 자료나 정보를 획득하기 위해서이다. 사실에 근거한 깊이 있는 자료들이 중요하다. 정책에 대한 의지가 중요하고 자료를 획득할 역량이 있어야 한다. 그렇지 않으면 필요한 자료와 지식을 습득하기 어려울 것이다. 관련 자료와 정보 등을 획득하는 데는 전문가들의 도움이 필요할 수도 있다. 하지만 고액 연봉을 주면서 각 분야 전문가를 상시 고용하기는 쉽지 않다.

한국의 정부출연연구기관 제도는 이러한 문제 해결을 위한 주요 수단이다. 이 기관들의 운영 재원 상당 부분은 정부 출연금이다. 국무총리 산하 경제인문사회연구회 산하 연구원들은 대부분 해당 부처들의 정책 관련 사항들을 연구한다. 예컨대 한국개발연구원, 통일연구원, 산업연구원, 한국보건사회연구원, 한국노동연구원, 한국교육개발원, 국토연구원 등이 있다. 이들은 해당 부처 소관 정책에 관련된 자료를 수집하고 연구하는 일을 한다. 정책에 관한 주요 자료들을 축적하고 개발하는 싱크탱크들이다. 그러나 이들 연구기관은 기관 운영 예산을 소관 주무 부처에 의존한다. 부처의 의견이나 요구에 반하는 방향의 연구를 하거나 의견을 제안하기 어렵다. 즉 정부 부처들의 산하 연구기관에 대한 자세가 중요하다. 부처가 소관 분야 산업의 기술 발전이나 경쟁력보다 현재 기업들의 이익 보호에만 관심이 있다면 문제가 크다. 기술개발이나 산업의 발전보다 현재 기업의 이익을 보호하는 쪽의 연구를 요구할 것이기 때문이다. 이들 연구기관 운영에는 상당한 예산이 필요하다. 그들이 현재 사업자의 이익보다 해당 산업의 기술이나 경쟁력 향상에 도움 되는 연구를 많이 할 수 있어야 한다. 영역별로 해당 연구원의 연구 방향이나 연구 주제를 설정할 때 시민, 학계, 국회 등의 제언이나 의견을 수렴하고 반영할 필요가 있다. 총리실, 국회 등에 주요 국가 정책에 관한 위원회 등을 두어 연구 방향을 논의하고 연구에 반영할 수도 있을 것이다. 다수의 정책 연구기관이 있음에도 각종 지대나 불공정 문제 해결은 물론 연금, 노동, 교육 등의 개혁을 위한 연구는 많지 않다. 각 연구기관의 연구 범위가 부처별 관심사로 제한되기 때문일 것이다. 노동, 교육 등의 개혁이나 저출산 문제 해결은 기업, 근로자, 노동조합, 학교, 학부모, 일반 시민 등에 관련되며 범국가적인 과제이다. 노동부나 교육부 등 한, 두 부처의 문제가 아니다. 교육, 산업, 노동, 복지 등 관련 연구기관이 연계하여 연구하고 같이 해법을 찾을 필요가 있다. 국가 차원에서 제도화가 요구되는 부분이다.

3. 우리의 리더

몇몇 신문에서 '반기업 정서'라는 단어를 쓴다. 문자대로의 뜻은 '기업에 대한 반감'이다. 그런데 실제로는 재벌 총수의 터널링이나 불공정행위를 비난하는 것을 비판할 목적으로 쓴다. 기업이 아니라 재벌 소유주의 불공정행위를 비판하는 것인데 '기업을 반대'한다고 호도한다. 한국은 세계적인 통상 국가이자 자영업 비중이 매우 높다. 직접 기업을 경영하거나 그곳에 종사하는 인구가 많다. 시장경제나 경쟁에 대해서 긍정적 인식을 하는 경우도 많다. 국민 다수는 국가가 시장경제를 기반으로 도약했고 기업이 그 중심에 있음을 잘 안다. 즉 한국인은 대부분 친기업적이다. 그런데 일부 언론은 '반기업 정서'라는 말로 사실을 왜곡하고 호도하고 있다. 한국 재벌의 공과를 논하려는 것이 아니다. 그러한 표현의 잘못과 그로부터 파생되는 위험을 지적하려는 것이다. 부당한 방법으로 이익을 획득한다면 정당하지 못한 것이고 지적받을 만하다. 그것을 부정하고 정당한 행위로 호도한다면 시장경제를 흔들고 공정한 경쟁 질서를 훼손하는 결과가 될 것이다.

민주주의는 여론에 민감하다는 점에서 언론의 단어 선택은 매우 중요하다. 각종 정책 목적에 소비자 보호, 안전, 중소기업, 근로자, 정의,

상생, 국민 등의 단어가 포함된다. 하지만 그 정책의 결과는 해당 법령의 목적이나 슬로건에 쓴 단어 이미지와 다를 때가 많다. 소비자의 안전을 위한다는 제도가 실제로는 주로 생산자나 사업자에게 이익이 된다. 중소기업을 위한다는 경우 몇몇 중소기업이 해당 시장을 장악하고 기술개발에는 소홀한 결과가 되기도 한다. 근로자를 위한다는 정책이 정규직 근로자에게만 혜택을 주어 근로자 간 소득 격차는 오히려 확대된다. 이러한 결과는 처음부터 어느 정도 의도되었던 것들이다. 정책 목적이나 슬로건에 공익적 이미지의 단어가 과도하게 연출되었을 뿐이다. 노동, 교육, 경제 등에 관련된 주요 정책이 충분한 성과를 내지 못하는 주요 배경의 하나이다. '모든 악한의 마지막 도피처는 애국'이라고 한다. 중요한 것은 세상에 공짜는 없다는 사실이다. 어느 한쪽을 우대하고 보호하면 다른 쪽은 그만큼 손해를 보고 기회를 잃는다. 약자 지원에 국가 예산을 투입하면 다른 곳에 쓰일 돈을 줄여야 한다. 공정한 경쟁을 통해 격차와 약자를 줄이고 돈 쓸 곳을 줄이는 정책이 필요한 이유이다. 상생과 보호를 강제하기보다 경쟁할 자유를 보호하면서 구조적인 격차를 완화하여야 한다.

"힘을 가진 계급이 한 나라를 조직하고 지배한다." "세상의 모든 질서는 지대를 공유하는(rent sharing) 엘리트들의 동맹에 기초한다." "아무리 민주적인 조직이라도 소수의 엘리트에 의한 지배는 필연적이다." 등 소수가 세상을 지배한다는 이론과 주장은 많다. 민주주의 체제에서도 결국 주요 조직의 대표자에게 개인의 권리와 자유가 위임될 때가 많다. 대부분 조직에서는 위계나 재력, 선거 등에 의해 집단 내 몇

몇 개인에게 권력이 위임된다. 사회는 결국 주요 지도층에 의해 조직되고 유지되는 것이다. 각종 단체의 장, 경영자, 관리자, 행정가, 정치가 등이 그들이다. 이들은 조직 전체나 대중을 위하는 봉사자로서 그 직을 시작할 수 있다. 하지만 자신을 그 직에 앉게 한 힘이나 조직 내 여론을 무시할 수 없다. 힘 있는 소수의 이익을 위하거나 유리한 여론을 형성하는 일에 관여하게 된다.

브루킹스연구소의 부문장이자 연구원인 리처드 리브스는 "불공정한 사회를 변하게 하는 것은 상위 20%에 달려 있다."라고 주장했다.[9] '불평등의 책임'이 상위 1%에게만 있는 것은 아니다. 중상층 다수는 자신들이 최상층이 아니라 대중과 같은 배를 탄 것으로 여기는 경향이 있다. 하지만 그들 대부분은 기업의 중간관리자, 기자, 학자, 기술자, 경영자, 관료 등의 전문직에 종사한다. 이른바 먹물이 많다. 계층 간 격차를 줄이고 모두에게 더 기회 균등한 사회가 되려면 이들의 역할이 중요하다. 예컨대 중하층 학생의 학비 조달 및 인턴 기회 확대, 중상층의 세금 부담 증대, 토지 규제 개선을 통한 주택가격 인하 등에 협조하는 일이다. 하지만 중상층 다수는 보통 이러한 제안에 맹렬히 반대할 때가 많다. 이들의 마음과 태도에 변화가 필요하다. 자신이 누리는 특권을 인식할 필요가 있는 것이다. 리브스는 그것이 아메리칸드림을 되살리는 길이라고 주장한다. 상위 20%는 여러 혜택의 수혜자이며 격차를 유발하는 당사자라는 점에서 역할이 필요하다고 본다. 사실 그들 다수는 치열한 시장 경쟁에 노출되지 않고 면허나 독과점 등으로 보호된 영역에 종사한다. 이러한 불평등은 어린 시절부터 시작되고 세대를 이어 전승되기도 한다. 노동의 대가는 불평등하고 계층 이동성은 제한적이다. 이들의 겸손, 염치, 배려의 마음은 큰 의미가 있다. 중하층 사람들과 같이 평평한 운동장에서 경쟁하는 것을 기꺼이 수용하는 것이기 때문이다.

프랑스나 영국 등의 중산층 기준에는 '불의와 불공정에 저항하고 공분에 참여하는 자세'가 포함된다고 한다. 물론 그것이 리브스가 말하는 상위 20%의 역할과 같은 것은 아닐 것이다. 하지만 약자를 배려하고 공정한 사회를 지향한다는 면에서 공통적이다. 한국의 경우 특히 먹물이라고도 불리는 지식인의 역할이 중요하다. 문치와 과거제의 오랜 역사가 한국의 높은 교육열로 이어졌다. '지식'이라고 불리는 것의 대부분은 문자로 표현된 것들이다. 학교 교육, 입시, 각종 자격시험 등도 문자 지식을 중심으로 한다. 그러한 지식을 얻기 위해 긴 시간과 많은 돈을 투입한다. 더 많은 돈을 벌기 위해서인 경우가 많다. 시장경제에서 돈은 제품이나 서비스 제공 등을 통해 벌 수 있다. 음악, 드라마, 영화, 만화 등으로도 돈이 벌린다. 그런데 제품과 서비스, 음악과 영상 등의 생산에는 문자 지식도 필요하지만 사업자의 고뇌와 전략, 근로자의 기술과 땀, 예술인의 기예와 노력 등의 기여가 필요하다. 문자 지식은 기술을 공유하게 하고 그것을 현장에 적용하는 데 유용하다. 하지만 최종 산출물이 나오기까지는 문자가 아닌 창조적 아이디어와 노하우, 리더십, 열정과 땀이 중요한 역할을 한다. 문제는 경제와 사회의 주요 산출물의 가치 중에서 먹물들에게 분배되는 몫은 크고 기타 부분은 너무 작다는 점이다. 기존 지식 기반의 형식지가 창조적 노하우, 리더십, 육체노동과 서비스 등의 암묵지보다 우대받고 있다. 문자 지식을 기반으로 각 부문에 종사하는 고학력 엘리트들의 책임이 크다. 변화가 요구되는 부분이다.

  한국 대중은 그 누구보다도 열정적이며 응집된 에너지를 잘 발산한다고 한다. 밑으로부터 끓어 넘치는 에너지가 정권을 바꾸고 민주주의를 전진시켰다. 불평등과 저성장 문제를 넘어 더 자유롭고 기회 균등한 나라가 되려면 이러한 에너지가 필요하다. 잘못된 정책 결정자들에게 포획된 국가를 구출해 내야 한다. 가장 중요한 것은 대중의 인식과 합의이다. 이기적 집단주의를 물리치고 자유와 기회균등의 소중함을 재인식하는 것이다. 부자와 강자에게 기울어진 운동장을 다시 평평하게 만들어야 한다. 고학력 엘리트들이 그러한 일에 앞장서도록 여건을 만들 필요가 있다. 부자나 권력자이기 때문이 아니라 성실한 노력으로 부자가 되었고, 세상에 공헌했기에 존경하는 것이다. 좋은 대학을 나왔기 때문이 아니라 세상에 많이 공헌했기에 그를 존경한다. 존경받는 부자와 엘리트가 많다면 좋을 것이다. 많은 이들이 존경받는 부자나 엘리트가 되려고 노력하는 사회일 필요가 있다.[10]

참고문헌

Ⅰ. 시장경제

1. 애덤 스미스, 2022.10. 국부론(상), 비봉출판사, pp. 552-553
2. 조홍식, 2020.5. 자본주의 문명의 정치경제, 서강대학교출판부, p. 156
3. 대런 애쓰모글루 외, 2012.9. 국가는 왜 실패하는가, 시공사, pp. 199-221
4. 최병선, 2023.1. 규제 vs 시장, 가갸날, p. 80
5. 최병선, 앞의 책 p. 285
6. 매트 리들리, 2023. 혁신에 대한 모든 것, 청림출판, pp. 24-36
7. 매트 리들리, 앞의 책 pp. 272-321
8. 대런 애쓰모글루 외, 앞의 책 pp. 267-275
9. 나무위키, 네덜란드 동인도회사
10. 이의영, 2001, 미국 경쟁법의 입법 배경과 입법 의도: 셔먼법, 군산대학교
11. 애덤 스미스, 앞의 책 pp. 498-508
12. 존 스튜어트 밀, 2022.5. 자유론, 책세상, pp. 123-153
13. 존 스튜어트 밀, 앞의 책 pp. 35-44
14. 밀턴 프리드먼, 2022.6. 자본주의와 자유, pp. 302-303
15. 프리드리히 A. 하이에크, 노예의 길, 2022.11. 자유기업원, pp. 142-145
16. 밀턴 프리드먼, 앞의 책 p. 44
17. 존 스튜어트 밀, 앞의 책 p. 97
18. 매트 리들리, 앞의 책 p. 331
19. 존 스튜어트 밀, 앞의 책 p. 31

20. 프리드리히 A. 하이에크, 앞의 책 p. 206
21. 프리드리히 A. 하이에크, 앞의 책 p. 285
22. 애덤 스미스, 앞의 책 p. 798
23. 대런 애쓰모글루 외, 앞의 책 pp. 283-293
24. 김위찬 외, 2005, 블루오션 전략, 교보문고, pp. 67-71
25. 애덤 스미스, 앞의 책 p. 168
26. 프리드리히 A. 하이에크, 앞의 책 pp. 80-83
27. 대런 애쓰모글루 외, 앞의 책 p. 113-123
28. 애덤 스미스, 앞의 책 pp. 155-161
29. 애덤 스미스, 앞의 책 pp. 706-708
30. Brink Lindsey and Steven M. Teles, 2017, The Captured Economy, OXFORD, pp. 90-93
31. 밀턴 프리드먼, 앞의 책 pp. 224-227
32. Brink Lindsey and Steven M. Teles, 앞의 책 pp. 94-95
33. Brink Lindsey and Steven M. Teles, 앞의 책 p. 108
34. 애덤 스미스, 앞의 책 pp. 130-139
35. 밀턴 프리드먼, 앞의 책 pp. 252-266
36. 마이클 샌델, 2020. 공정하다는 착각, 와이즈베리, pp. 206-219
37. 마이클 샌델, 앞의 책 pp. 307-312
38. 마이클 샌델, 앞의 책 pp. 27-32
39. 밀턴 프리드먼, 앞의 책 pp. 252-259
40. 마이클 샌델, 앞의 책 pp. 162-166
41. 마이클 샌델, 앞의 책 pp. 167-201
42. 프리드리히 A. 하이에크, 앞의 책 pp. 270-271
43. 한국노동연구원, 2018.4. 월간 노동 리뷰, pp. 27-56
44. 고용노동부, 2016.8. 임금체계 개편을 위한 가이드북 pp. 26-40
45. 한국 위키백과

46. 대런 애쓰모글루 외, 앞의 책 pp.225-231
47. 대런 애쓰모글루 외, 앞의 책 pp.61-63
48. 앨런 그린스펀 외, 2020. Capitalism in America, 세종, pp. 303-304
49. 대런 애쓰모글루 외, 앞의 책 pp.113-119
50. 매일경제, 2023.9.23. "오늘부터 월급 2배"…
51. 손재권, 2022. 11-12, 미국 혁신 문화의 중심: 2018 실리콘 밸리의 오늘, 기술과 혁신, 한국산업기술진흥협회
52. 매트 리들리, 앞의 책 pp. 264-265
53. 매트 리들리, 앞의 책 pp. 395-396
54. 앨런 그린스펀 외, 앞의 책 pp. 457-483

II. 경쟁제한과 입구 통제

1. 조윤제, 최연교, 2023.7. 지난 60년 경제환경 변화와 한국기업 재무지표 변화, BOK 경제연구, pp. 8-9
2. 한겨레, 2022.6.27.
3. 김민호, 2022.8. 중소기업 적합업종 제도의 경제적 효과와 정책방향, KDI 정책포럼 제289호
4. SBS, 2011, 경쟁에 대한 시민인식조사, 한국사회과학자료원
5. 정한울, 2018.3. 한국사회 공정성 인식조사, 여론 속의 여론(한국리서치)
6. 나무위키, 타다(서비스)
7. 매일경제, 2022.2.9. 로톡, 강남으로 확장 이전…
8. 디지털데일리, 2022.6.15. 대한민국 시민은 왜 20년전 법률서비스를 지금도 이용해야 하는가?
9. 매일경제, 2021.5.19. 변호사 3만 명인데도 수임료 비싸…
10. 이데일리, 2021.4.20. 원격의료 글로벌 흐름 "더 늦기 전에 규제 풀어야"

11. 문화일보 2022.1.11. CES 휩쓴 미래기술도 내치는 규제
12. 조선일보, 2023.3.13. 미국은 은행 1만 개인데…
13. 중앙일보, 2023.10.6. 현역은 4년 내내 '의정보고'…
14. 박태웅, 2023.6. 박태웅의 AI 강의, 한빛비즈, p. 213
15. 대한상공회의소, 2019.5. 경쟁국보다 불리한 신산업 규제 사례, 보도자료
16. 리걸타임즈(http://www.legaltimes.co.kr), 2022.2.17. 한국 로펌들, 법률서비스 收入도 사상 최대
17. 매일경제, 2022.1.12. 2022 신년기획 금융리더 100인에게 듣는다.
18. Better Policies Series KOREA, OECD, 2015.
19. 최병선, 앞의 책 pp. 404-405
20. 한국경제, 2023.2.6. 60년 묵은 화물차 '지입제' 제거 수술 착수…
21. 존 스튜어트 밀, 앞의 책 pp. 27-30
22. IMD, IMD World Competitiveness Yearbook 2022.
23. 김희삼, 2017.6. 사회자본에 대한 교육의 역할과 정책방향, KDI, pp. 65-66
24. 마이클 샌델, 앞의 책 pp. 6-7
25. 교육부, 2021.12. OECD 교육지표 2021 pp. 67-68
26. 교육부, 2022.10. 「OECD 교육지표 2022」 결과 발표
27. 교육부, 2021.12. OECD 교육지표 2021, p. 99
28. Global Insight vol.65, 2021.11. 대졸 청년 일자리 현황과 과제, 전경련
29. 전경련, 2022.3. 「20022년 상반기 대기업 신규채용 계획 조사」 보도자료
30. 정한울, 앞의 조사
31. 리처드 리브스, 20 vs 80의 사회, 2019.8. 민음사, p. 174
32. OECD, 2021, 21st-Century Readers, DEVELOPING LITERACY SKILLS IN A DIGITAL WORLD
33. 김희삼, 앞의 책 pp. 41-42
34. 김희삼, 앞의 책 pp. 66-71

35. 박준 외, 2021.2. 국가포용성지수 개발 연구, 경제·인문사회연구회, p. 117
36. 이데일리, 2020.10.12. 〔2020국감〕'학벌 대물림' 심화
37. 주간동아, 2019.2.11. "군비 경쟁 같은 입시 경쟁 끝내야"
38. 김용성, 2017.7. Enhancing Korea's Work Competency: Focusing on Problem-solving Skills, KDI Policy Forum
39. 김세움, 2016.4. 임금 및 생산성 국제비교 연구, 한국노동연구원
40. 이데일리, 2021.11.08. "한 근속연수 10년 늘면 임금 15.1% 올라… OECD 1위"
41. 주민경, 2022.12. 2022년도 임금체계 및 인력운용 실태조사, 한국노동연구원
42. 김승일, 2022.3. 자영업 문제의 구조적 해결방안 연구, 장은공익재단, p. 32
43. 통계청, 2022.2. 2020년 임금근로일자리 소득(보수) 결과, 보도자료
44. 박준 외, 2021.2. 국가포용성지수 개발연구, 경제·인문사회연구회, p. 122
45. BBC NEWS 코리아, 2022.12.7. 여성 차별: 한국, 26년째 OECD 성별 임금 격차 1위. https://www.bbc.com/korean/news
46. 고용노동부, 2023.2.2. 미래세대를 위한 임금체계 개편 본격 추진, 보도자료
47. 정동관, 2017.9. 공공부문 임금체계 현황과 과제, 월간 노동리뷰 2017년 9월호

III. 부문 간 격차와 국가 포획

1. 전경련, 2022.4. 서비스업 고용구조 및 노동생산성 국제 비교
2. 경총, 2022.2. 한·일.EU 업종별 임금수준 국제비교
3. 김상조, 2012.3. 종횡무진 한국경제, 오마이북, p. 160
4. 통계청, 2022.9. 2021년 사망원인 통계, 보도자료
5. 김상조, 앞의 책 pp. 144-145
6. 중소기업중앙회, 중소기업통계DB, 중소기업실태조사 중 수·위탁거래

7. 한국은행, 2022년 가계금융복지조사 결과, 보도자료
8. KOSIS, 노동통계
9. 장하성, 2016.1. 왜 분노해야 하는가? 헤이북스, pp. 116-131
10. 김승일, 앞의 책
11. 고용노동부, 2021.12.30. 「2020년 전국 노동조합 조직현황」 자료 발표, 보도자료
12. 프리드리히 A. 하이에크, 앞의 책 pp. 191-192
13. Global Insight vol.65, 앞의 자료
14. 박준 외, 2021.2. 국가포용성지수 개발연구, 경제·인문사회연구회, p. 129
15. 김승일, 앞의 책
16. 경총, 2021.9. 2011~2020년 간 주요 고용지표 국제비교와 시사점
17. 이원진 외, 2021.12. 한국 소득분배 추이와 영향 요인, 한국보건사회연구원
18. 이병기, 2015.1. 서비스산업 진입규제와 일자리 창출을 위한 정책과제, 한국경제연구원
19. 강상준 외, 2022.5. 한국의 절망사 연구, 대통령 직속 정책기획위원회/한국방송통신대학교
20. 통계청, 2022.9. 2021년 사망원인통계 결과, 보도자료
21. 강상준 외, 앞의 책 pp. 12-22
22. 통계청, 2022.9. 세계와 한국의 인구현황 및 전망, 보도자료
23. 여유진, 2021.11. 최근 분배 현황과 정책적 시사점, 보건복지 ISSUE & FOCUS
24. 김희삼, 앞의 책 pp. 107-108
25. 위키백과
26. 제롬 케이건, 2016, 무엇이 인간을 만드는가, 책세상, p.189
27. 애덤 스미스, 앞의 책 p. 323
28. Brink Lindsey and Steven M. Teles, 앞의 책 pp. 136-149
29. 최병선, 앞의 책 p. 221

Ⅳ. 개방적 경쟁과 공정한 보상

1. 통계청, 2023.3. 보도자료, 2022년 초중고사교육비조사 결과, pp. 1-10
2. Brink Lindsey and Steven M. Teles, 앞의 책 pp. 4-6
3. 매트 리들리, 앞의 책 pp. 108-110
4. 프리드리히 A. 하이에크, 앞의 책 p. 161
5. 밀턴 프리드먼, 앞의 책 pp. 67-68
6. 프리드리히 A. 하이에크, 앞의 책 pp. 77-79
7. 마이클 샌델, 앞의 책 pp. 209-211
8. 존 스튜어트 밀, 앞의 책 pp. 146-148
9. 김향아, 2013.4. 국내기업의 채용관행 변화 실태와 개선과제, 한국노동연구원
10. 서울경제, 2023.1.4. '돈벌이 수단'된 유학생 비자…
11. 중앙일보, 2023.5.20. "10분 앉아있으면 1만원씩" 중국유학생 '대리수강' 판친다
12. 여호영, 미래를 스케치하라, 2022.6. 학이사
13. 마이클 샌델, 앞의 책 pp. 259-293
14. 서울신문, 2020.9.13. 서울대 10개를 전국에 만들자/김종영 경희대 사회학과 교수
15. Pay review bodies, www.institutefor government.org.uk

Ⅴ. 변화의 길

1. 네이버 지식백과, 비도덕적 가족주의
2. 매트 리들리, 앞의 책 pp. 131-135
3. 앨런 그린스펀 외, 앞의 책 pp. 493-496

4. 프리드리히 A. 하이에크, 앞의 책 pp. 195-196
5. Brink Lindsey and Steven M. Teles, 앞의 책 pp. 3-14
6. 앨런 그린스펀 외, 앞의 책 p. 39
7. 조선일보, 2016.8.2. 민간으로 뛰쳐나온 관료들…
8. 프리드리히 A. 하이에크, 앞의 책 pp. 106-130
9. 리처드 리브스, 앞의 책 pp. 30-33
10. 중앙일보, 2022.10.5. 노동개혁 최악의 시나리오…